韓国建国に
隠された
左右対立悲史

1945年、26日間の独立

吉 倫亨──著
吉永憲史──訳

ハガツサブックス

1945年、26日間の独立

韓国建国に隠された左右対立悲史

『26 일 동안의 광복』
by Gil yun hyeong

本書は、吉倫亨《キル・ユニョン》著『26日間の光復　1945年8月15日－9月9日、朝鮮半島の今日を決定づけた時間』（西海文集、2020年）を翻訳し、まとめたものです。

はじめに

1945年8月15日、日本降伏の知らせを聞いた朝鮮人は、この地に統一した独立国家を作るための建国プロジェクトを始めた。建国準備委員会（建準）が結成された解放当日から、米軍が京城府（ソウル特別市）に進駐する9月9日まで、朝鮮民族にとっては外国の「直接介入」なしに自らの運命を決定することができる貴重なチャンスだった。本書はこの26日間の話と、そこに潜む韓国現代史の起源を探るドキュメンタリーだ。

第1章では夢陽《モンヤン》こと呂運亨《ヨ・ウンヒョン》の電話から始まる韓国現代史の1ページ目、解放当日の息苦しい時間を、続く第2章は解放翌日から旧朝鮮総督府庁舎で植民地支配の幕が下り、建国期となるまでの3週間の歴史――具体的には「左右合作」の試みと失敗――を再現する。

75年前（訳注：原著執筆の2020年から）の8月15日は韓国の歴史で最も輝く日であると同時に、最も暗い日であった。その理由は、冷戦を目前にした米ソという「外勢によって与えられた解放」にある。この矛盾の中で独立国家を樹立するためには、すべての民族が一つにまとまるしかなかった。よって、朝鮮のすべての政治勢力が結集する「左右合作」は、必ずや成し遂げられなければならない建国プロジェクトの核心であったといえる。

しかし、この試みは双方の増悪を残したまま破局を迎えることになる。その対価は大きかった。3年間の同族の争いと75年を超えても続く分断は、今日まで朝鮮半島と東アジアの秩序を規定し続け、朝鮮民族8千万人の心を強く締めつけている。

悲劇の結末だとわかっている短い解放の日々を振り返ることは、胸が痛い。しかし、この日々の足取りを詳細に追ってみると、6つの共和国体制と11人の大統領を経て、今日に至る大韓民国の輝く成果であると同時に、朝鮮半島を二つに分けた分断体制の本質が、当時から少しも変わっていないという事実を知ることができる。

歴史は繰り返す。冷戦がもたらした分断が解消されない朝鮮半島に、今、米中対立という「新冷戦」の波が押し寄せている。また、日本は強固な日米同盟を掲げて、朝鮮半島への影響力を維持するため躍起になっている。我々はどうすべきなのだろうか。朝鮮半島の今日を決定づけた解放という美名に隠された26日間の多事多難を振り返ることで、危機を突破する知恵を得ることができると信じる。

翻訳にあたって

●日本語版制作（以下「本書」という。）にあたっては、原書の表現、文章構成を尊重し、努めて正確に訳した。ただし、国名と地理的概念が混在する「韓国」、「朝鮮」等の表記、１９４５年8月15日を表す「光復」、「解放」、「終戦」等の表記については、当該表記が出現する時代背景及び表現の主体を考慮して、適切と判断される表記とした。

●原書は韓国人の人名をハングルで表記しているところ、本書が主に記述する時代（１９４０年代）においては韓国人の人名は漢字表記が一般的であり、かつ読者である日本語話者の理解を容易にするため、韓国人の人名は漢字表記に置き換えた。この際、韓国学中央研究院が運営する「韓国民族文化大百科事典」(http://encykorea.aks.ac.kr/) など公的資料で漢字表記を確認した。ただし、公的資料で漢字表記が確認できなかった者については、カタカナ表記とした。

●韓国人の人名には、章又は節の初出に韓国語読みのルビを付した。この際、姓氏と名に分けて記載し、名の読みには発音変化を適用せず、漢字一文字ずつの音を付した。

●本書に登場する地名のうち、主要な洞（日本の町に相当する行政区画）については、現在の洞名又は属する行政区の名称を「（ ）」で付した。

●日本統治時代の朝鮮の地名は公的には日本語読みであったところ、朝鮮人は日本語読みの地名と朝鮮語読みの地名を状況によって使い分けていたという経緯がある。よって、本書に登場する地名については、一部の主要な地名に韓国語読みのルビを付すにとどめた。

●現在のソウル特別市は、日本統治時代は「京城府」と呼称されていたところ、終戦後は「京城」「ソウル」「漢城」が混用されていた。その後、１９４６年8月15日に発表された「ソウル市憲章」で、「京城府をソウル市と称し、自由特別市とする」と規定されたが、同憲章に法的拘束力がなかったため、同年9月18日、米軍政庁法令第１０６号「ソウル特別市の設置」が制定され、現在のソウル特別市となるに至った。よって、本書では、現在のソウル特別市の呼称について、日本統治時代と朝鮮総督府が主体となる文脈においては京城府を使用し、その他は原書又は時代区分に従った。

●その他、訳者が必要と認めた部分に「訳注」を付した。

1945年、26日間の独立

韓国建国に隠された左右対立悲史

目次

プロローグ

8・15は開いた傷口だった

ハノイの悲劇

冷戦終結から30年近く続く東アジア現代史で最も悲劇的な「1日」を挙げろと言われれば、ハノイの「ノーディール」が決定された2019年2月28日を挙げるほかない。

ベトナムのハノイで開催された第2回米朝首脳会談に向かうため、ドナルド・トランプ大統領は25日午後12時30分（現地時間）、米国メリーランド州のアンドリュース空軍基地で大統領専用機「エアフォースワン」に搭乗した。トランプよりも2日早い23日午後、金正恩《キム・ジョンウン》北朝鮮国務委員長も、平壌《ピョンヤン》駅からベトナム北部のドンダン駅まで、66時間もかけて専用列車で移動した。

会談を見つめる韓国人の期待は、天を焦がすほどだった。トランプ大統領と金正恩委員長が、ハノイで朝鮮半島の平和と繁栄を妨げる足枷である北朝鮮の核問題解決に意味ある一歩を踏み出せば、朝鮮半島を取り巻く分厚い「冷戦の壁」は一気に崩壊し、平和の薫風が吹いてくる。

今でもその日のことを思い起こせば、鋭い刃が心臓を突き刺すような痛みが走る。会談結果は衝撃的な「ノーディール」だった。決裂の理由は明かされていない。北朝鮮は過去に公開した核開発の象徴である「寧辺《ヨンビョン》核施設」を解体する代わりに、米国が実行する経済制裁の解除を求めた。

しかし、米国の要求は、寧辺はもちろんのこと、北朝鮮がひた隠しにする核施設をすべてさらけ出す「寧辺＋α」であった。トランプ大統領は会談を終えるとＪＷマリオットホテルに戻り、「金委員長は寧辺核施設を解体すると言った。寧辺は大規模な施設だが、第一段階の寧辺核施設解体だけで満足することはできない。追加の非核化を行って初めて、制裁解除が可能だ」と述べた。

すると崔善姫《チェ・ソンヒ》北朝鮮外務省次官は、日付が変わった29日午前0時15分ごろマリオットホテルに急いで記者を呼び集めて、「米国側の反応を見て、国務委員長同志が今後の朝米交渉に意欲を失わないだろうか」と嘆いた。

衝撃的な結果に、みな言葉を失った。金宜謙《キム・ウィギョム》、青瓦台スポークスマンは、会談決裂直後に公開した声明文を通じて、「首脳レベルでお互いの立場を直接確認して具体的な事項を協議したのだから、後の協議での良い成果を期待する」と肯定的に解釈しようと努めた。マスコミも「対話の糸口」は残ったとして、米朝の破局を回避しようという政府の努力を支持した。

文在寅《ムン・ジェイン》大統領が２０１９年の光復節慶祝辞を通じて、「平和に繁栄を成し遂げる平和経済を構築して、統一で解放を完成しよう」と提案すると、北朝鮮の祖国平和統一委員会は2日後、スポークスマン談話を発表し、「ゆでた牛の頭も天を仰いで大笑いする戯言」と一蹴した。

ハンギョレ新聞社6階の片隅に座った私は、北朝鮮特有の「罵り談話文」を読んで、２０１８年2月の平昌《ピョンチャン》冬季オリンピックをきっかけに始まった南北対話と米朝核交渉が、事実失敗に終わったことを直感した。朝鮮半島が日本から解放されて75年が過ぎたが、米国という外勢の規定力は、依然としてあまりにも圧倒的であった。朝鮮半島の真の解放は、未だ成し遂げられてないようだ。

降伏という決断

ハノイ会談の失敗は、個人的にも小さくない衝撃として迫ってきた。深夜2時か3時、地中深く沈み込んでしまいそうな憂鬱な気分を抑えるため、手当たり次第に本を読んだ。そのうち偶然手に取った1冊が、半藤一利が1965年に著した、『日本のいちばん長い日』という歴史ドキュメンタリーだった。この本のサブタイトルは「運命の八月十五日」だが、実際は14日正午から翌15日正午までの24時間を描いている。

その日、日本は国土が壊滅するかもしれない、絶体絶命の危機に直面していた。米国の新兵器である原子爆弾が広島と長崎に投下され、9日午前にはソ連の満州侵攻が始まった。このような惨状を知っても、軍国主義にとらわれていた日本軍部は、依然として「本土決戦」「一億玉砕」を叫んでいた。日本という国が、地図から消えてしまう絶体絶命の危機の中、鈴木貫太郎首相が率いる内閣は、軍部の反対を顧みずに「降伏」を決断した。

もちろん、その過程は容易ではなかった。日本が「連合国に無条件降伏する」という国家意思を確定するためには、全会一致で閣議決定をしなければならなかった。軍がいつクーデターを起こすかもしれない状況で、すべての閣僚の意思を一つにするということはたやすいことではない。

手をこまねいて鈴木内閣が崩壊すれば、日本の降伏は1、2カ月遅れることになる。そうなればソ連軍は朝鮮半島とサハリンを占領した勢いのまま、海を渡り北海道になだれ込んできただろう。朝鮮半島は統一を維持する代わりに共産化され、朝鮮ではなく日本が分断国家となっていたかもしれない。

では、朝鮮半島の1945年8月15日は、どのように朝を迎え、何が起こり、夜のとばりが下りたのだろうか。日本の植民地に転落して運命を自ら決めることができなかった朝鮮人は、思いがけず解放の時を迎えた。記録を探してみても、所々で万歳《マンセ》の声が起こっただけで、その後の大勢に影響を与えるほど事件は広がらなかった。日本の8月14日が、降伏に向かって決定的な一歩を踏み出した日本現代史の「いちばん長い日」だとすれば、朝鮮の8月15日はその歴史的重要性に比べて、少々味気なく終わってしまった「いちばん短い日」であったといえるだろう。

植民地朝鮮を代表する最高の言論人であり、9回にわたり収監されながらも転向しなかった非妥協的な民族主義者、安在鴻《アン・ジェホン》（1891～1965）は、1948年に雑誌「新天地」7月号に寄稿した「民政長官を辞任して」という短い文で、「8・15以来、ますます失望が深まっている民衆が喜んだのは8月16日だけであったと嘆いている」と記した。日本が天皇の「玉音放送」を通じて降伏を宣言した15日を、ほとんどの朝鮮人は知らなかった。本当に解放の喜びを味わうことができたのは、解放当日ではなく16日ただ一日だけだったという話だ。

安在鴻は、なぜそのように思ったのか。国会図書館に行って、当時の人々の回顧録を探し出して読んでみた。朝鮮人のみならず、当時、朝鮮にいた日本人の記録も探して読んだが、森田芳夫の『朝鮮終戦の記録』という１０３８ページの大著に出会えたことは幸運だった。同書には「日本人としての視線」という限界があるにもかかわらず、解放直後の朝鮮半島で繰り広げられたほとんどすべてのことが整理されていた。大書のコピーを前に茫然自失であったところに、Amazon日本語版サイトで古本が販売されていることを知った（調べてみると、似たような大きさの資料集が3冊以上あった！）。私は大枚をはたいて本を注文した。

この他にも発見があった。学習院大学附設の東洋文化研究所は学術誌「東洋文化研究」に、朝鮮総督府と隷下の行政機関で政策決定や執行の実務作業を受け持った人々の、膨大な肉声録音を含む「友邦文庫」の資料の一部を抜き出して紹介していた。その中に８・15当時、総督部のナンバー2であった遠藤柳作（１８８６〜１９６３）政務総監と日本軍のナンバー2であった井原潤次郎第17方面軍参謀長のインタビューが掲載されていた。

しかし、これらの資料だけでは不十分で、客観的な情報が必要だった。その役割を果たしたのは、当時朝鮮で発行された唯一の朝鮮語新聞であり、朝鮮総督府の機関紙であった「毎日新報」だった。１９４５年8月15日付「毎日新報」までは、デジタル化されて誰でも簡単に原文を読むことができるが、解放から「ソウル新聞」に変わる11月末までの紙面については、どういう理由なのかデジタル化されていない。仕方なく国会図書館に2日ほど通って、8月15日から翌年3月までの新聞をコピーしたが、残念なことに元の新聞の印刷状態が悪く、幾日かの紙面はほとんど読むことができなかった。

そのほか、解放直後の朝鮮建国準備委員会（建準）を結成して政局の主導権を握った呂運亨

（１８８６〜１９４７）の活動記録、李基炯《イ・ギヒョン》や李萬珪《イ・マンギュ》の記録と、彼らとは反対の立場であった李仁《イ・イン》、金俊淵《キム・ジュンヨン》の回顧録等が当時の状況を知る上で大変役に立った。双方の主張を比較して、客観的な事実と考えられる話を集めることができた。米軍政の動向は、１９４５年と翌46年の「米国外交機密文書FRUS」と、国史編纂委員会が２０１４年に翻訳した「駐韓米軍史1HUSAFIK」を通じて把握することができた。

そのほか、多くの卓越した二次資料を参照した。特に、２０１３年から２０１７年の「ハンギョレ新聞」東京特派員在職時の、朝鮮半島情勢について深みのある分析を聞かせていただいた小此木政夫慶應大学名誉教授が書いた『朝鮮分断の起源　独立と統一の相克』、李庭植《イ・ジョンシク》ペンシルベニア大学名誉教授の『呂運亨　時代と思想を超越した融和主義者』、一橋大学に長らく奉職した在日コリアンの学者、姜徳相《カン・ドクサン》先生の４巻におよぶ『呂運亨評伝』などから、大きなインスピレーションを受けた。

これらの資料を読むことで、「解放の喜びに万歳《マンセ》の声が溢れた」という皮相的で典型的な描写から、ぼんやりとではあるが「その日」の光景が比較的明瞭に姿を現しはじめた。

左右合作と南北分断

これから記していく、解放された朝鮮を舞台にする歴史上の動きには、大きく３つのプレイヤーが登場する。

１つ目のプレイヤーは、呂運亨を中心とした左派であった。呂運亨は15日未明、遠藤政務総監から、日本降伏後の朝鮮内の治安維持に協力してほしいと要請を受けたことを契機として、総督府の治安権と行政権を引き継ぎ、朝鮮人が主体となった独立政府樹立に歩み出そうとした。呂運亨らは解放当日から、足早に建国準備委員会を結成し、政局の主導権を掴むことに成功した。呂運亨は遠からず進駐してくるソ連軍が、朝鮮人の自由意思を尊重して建国作業を積極的に支援してくれるだろうと信じた。それ故に呂運亨の使命は、建準を朝鮮国内のすべての政治勢力が集結した、「渾然一体の過渡政府」として育てることであった。そのためには、宋鎮禹《ソン・ジンウ》など国内に残った右派を説得して、建準に参加するように説得しなければならない。つまり、左右合作は、解放を迎えた朝鮮人が、必ず達成しなければならない「時代的課題」であった。

2つ目のプレイヤーは、呂運亨らと対立した右派民族主義者であった。彼らの相当数は、日帝時代末期に転向して親日活動を始めた、恥ずべき過去を隠していた。日本の敗北は彼らにとっても喜ばしいことであったが、正統性に大きな欠缺《けんけつ》があったため、左派に比べて守勢的な姿勢で解放を迎えるしかなかった。彼らは、自身の弱点を大韓民国臨時政府の推戴《すいたい》を通じて補おうとした。この勢力を代表した宋鎮禹は、合作を要請する呂運亨に「臨時政府に徹底して従わなければならない」「軽挙妄動してはならない」と主張して、最後まで動かなかった。

そして、最後のプレイヤーは、1905年の日露戦争以降、朝鮮の支配者として君臨した朝鮮総督府であった。日本の降伏という大激変を前にして、総督府は約70万人の在朝日本人の生命と財産を保護しなければならなかった。総督府は、朝鮮半島北部に侵攻したソ連軍が、破竹の勢いで京城に南下してくると予想した。このような状況で、最悪の惨事を避けようとするならば、朝鮮民衆の尊敬を集めた左派の呂運亨に治安維持への協力を頼み、日本人への復讐心を抱く朝鮮人政治犯と思想犯（大部分が共産主義者であった）の行動を統制しなければならなかった。そのため、総督府は解放翌日の16日、呂運亨の立ち合いの下、西大門刑務所に収監されていた政治犯などを釈放する先制措置をとった。しかし、総督府はすぐにその決定が大きな誤りであったことに気づく。

そのほか、朝鮮半島の運命を決定した勢力として、第1章には登場しないが米国とソ連という2つの大国がある。この2つの国はドイツ、日本、イタリアなど枢軸国を相手にした、長くむごたらしい戦争で肩を組んだ同盟国であった。ソ連は、ナチス・ドイツを相手にした西部戦線で、自国民2千万人の命を投げ出す壮絶な戦いの後に勝利した。戦争が終わった後、ヨシフ・スターリンの関心は、ドイツと日本が再びソ連の脅威にならないよう徹底的に粉砕し、この2つの国とソ連の間に自国の意思が貫徹される強力な緩衝地帯を作るということにあった。しかし、スターリンの視線は主に東欧に注がれており、朝鮮半島は主たる関心事ではなかった。

米国の考えは微妙に違っていた。ソ連が欧州戦線で孤軍奮闘したというのであれば、米国は真珠湾から沖縄に続く3年半の残虐至極な太平洋戦争を一国で戦った、と考えていた。米軍の関心事は日本を「単独占領」して、再び米国の覇権に挑戦できないようにすることであった。したがって、米国は依然として戦後の東アジア秩序を決定する日本占領政策に没頭しており、朝鮮半島に特別の関心はなかった。当然だが、１９４５年8月に日本が降伏を宣言するまで、米ソ間には朝鮮半島の処理方針について、明確な青写真はなかった。日本降伏までにまとめられた「緩やかな合意」は、朝鮮半島を米ソ英中など4大国が信託統治するということだけだった。

日本の降伏意思を確認した米軍はソ連に対して、北緯38度線を境に朝鮮半島を二つに分けて米ソで占領しようと緊急提案した。スターリンは、この提案を受け入れた。彼らにとって、一日でも早く独立した祖国を作りたいという朝鮮人の熱望は二の次であった。朝鮮人は日本の敗北は朝鮮の解放であると同時に独立であると信じて疑わなかったが、米国とソ連はそうは考えなかった。その結果、冷戦の渦に巻き込まれた朝鮮人は「同族相撃」と、現在まで朝鮮民族の人生を規定している、地獄のような「分断」という悲劇的な運命に向かい合うことになった。

当時の朝鮮人は、このような破局を回避する方法を一切持ち得なかったのだろうか。その答えは否だ。わずかだが回避する機会が残されていた。朝鮮人が左右を網羅した単一政治勢力を形成して連合国を迎えていたら、歴史は変わっていただろう。ソ連が占領した北朝鮮地域の事情とは別にして、少なくとも「韓国内の分断」は回避することができた。もし、韓国内の分断が回避されていれば、１９４５年12月のモスクワ三国外相会議の決定が公表されたとき、信託統治案をめぐる激しい左右対立はなかったかもしれない。その後開かれた米ソ共同委員会も友好的な雰囲気で行われ、モスクワ三国外相会議の決定で朝鮮半島南部に臨時政府を樹立することができた。つまり、冷戦という「構造的制約」の中においても、分断を回避する「最後の機会」は残されていたのだ。

朝鮮半島の今日を決定づけた解放の日と、3週間の歴史ドキュメンタリー

この本の目的は、遠藤政務総監が呂運亨を呼んで治安維持の協力を要請した1945年8月15日未明から、9月9日午後4時20分頃に総督府庁舎国旗掲揚台から日の丸が降ろされ、星条旗が掲げられる瞬間までの26日間の歴史を整理することだ。その過程で、解放朝鮮の時代的な課題であった左右合作のために奮闘し、最後には失敗した多様な人間群像に触れることができる。

当時を生きた平凡な人々にとって、解放は何の前触れもなくやってきた。だが、世界情勢を密かに観察していた数少ない朝鮮人は、その日に向けて準備を進めていた。日本の敗北を確信し、1年前から「建国同盟」を結成して独立を準備してきた呂運亨は、建準を通じて左右を包括する過渡政府を樹立しようとした。

15日未明、京城にソ連軍が入ってくるという総督府の情勢見積もりを聞いた呂運亨は、準備を始めた。彼は、左右を網羅した朝鮮のすべての政治勢力が渾然一体になりさえすれば、ほどなく朝鮮半島に進駐する連合国に対して大きな交渉力を持つことができると考えていた。しかし、朝鮮の左右人士の間に生じた相互不信の溝は思ったより深く広かった。宋鎮禹は解放直前の14日から15日、ともに建国事業に歩み出そうという呂運亨の要請を最後まで拒否した。これが左右合作の最初の失敗であった。

16日、一日中続いた解放の感激が去った後、朝鮮半島で依然として強力な勢力を維持していた日本軍は、翌17日から本格的な反撃を試みた。彼らは「内地人保護」という名分を掲げて、京城など主要都市の所々に戦車と兵士を配置した。昨日まで万歳《マンセ》の声で満ちあふれた解放朝鮮の

街が、戒厳令でも宣布されたように殺伐としはじめた。

このような混乱の中でも、左右合作の努力は続けられた。右派民族主義者である安在鴻は、自身が副委員長に就任していた建準を通じて民共協力（左右合作）を推進した。解放直後、「絶対守勢」に追い込まれていた右派は、安在鴻の試みに関心を寄せた。一方で建準の既得権を確保していた左派は、右派の合流に強く反発して合作を妨害した。

しかし、左右合作を最終的にはねつけたのは右派であった。彼らは京城府に進駐する勢力がソ連ではなく思想的に近い米国であったことがわかった瞬間、独自の政治勢力（韓国民主党（韓民党））を構築する選択に舵を切った。解放直後の左右合作の試みはこの時点で破綻した。

合作が失敗した後に芽生えたのは、相手陣営に対する憎悪だった。朝鮮に進駐する勢力が当初の予想とは異なり、米国であることがわかると、共産主義者は「米軍進駐に備えなければならない」という名目を掲げて建準を解体し、9月6日、朝鮮人民共和国（人共）〝建国〟を宣布した。だが、それは解放された朝鮮に、新たな国を作るという極めて重大な事業にふさわしい手続きを、まったく経ていない拙速な決定であった。

それから2日後の9月8日、米軍が仁川《インチョン》から朝鮮半島に上陸した。冷戦の入口にあり、ソ連と朝鮮半島内の共産主義者の動向に神経を尖らせていた米国は、共産主義者による「人共建国」を、米軍政の正当性に対する明白な挑戦であると受け取った。これは左翼小児主義が生んだ、思いがけない惨事であった。

右派は、この失敗を見逃さず反撃に出た。解放直後に発足した韓民党は、人共の打倒を露骨な目標に掲げた。つい先日まで鬼畜米英の打倒を叫んだ右派は、流暢な英語を武器に呂運亨と安在鴻を親日派と罵倒して攻撃した。彼らの批判は破廉恥なものであったが、とてつもない威力を発揮した。

9月9日、京城に進駐した米軍は、朝鮮総督府が提供した「汚染された情報」と韓民党の一方的な謀略に影響され、呂運亨と人共を敵対視した。すべての人民を包括する統一戦線組織になろうとした建準が、人共という左翼連合に姿を変えてしまったことは、その後の解放政局で展開される左右対立の縮図となる不吉な前兆となった。左右対立、分断、戦争。そして、約70年にわたった相互不信と敵対という破局に向かって突っ走るようになる朝鮮半島の「悲劇の種」は、残念ながらこの短い3週間に起こったものだ。

京城に進駐した米軍は解放軍ではなく、平壌に到着したソ連軍も解放軍ではなかった。日帝時代に「朝鮮日報」と「毎日新報」で勤務し、解放後に「ソウル新聞」副社長を務めた金乙漢《キム・ウルハン》（1905〜1992）は、当時の人々の当惑を「安物買いの銭失い、タダより高いものはない」と表現した。

連合国は、解放のために朝鮮人が流した血と汗を認めなかった。そればかりか、「濡れ手に粟」でものにした解放と考えていただけに、朝鮮人は高い代償を支払わなければならなかった。問題はその代償があまりにも過酷であったということだ。

本書は、私たちが75年間支払っている「長い刑罰」のような事後精算が始まった3週間の話だ。当時を生きた人々にとっては、自らの良心と損得計算に従って最善の判断を下してきたはずだったが、結果はむごたらしい破局であった。そのような意味で、8・15はあふれる感動を感じるのと同時に、依然として解決されない開いた傷口として残っている。

第1章
24時間の三つ巴の戦い

8/15

午前0時

呂運亨《ヨ・ウンヒョン》、漢城·桂洞の自宅で、
弟の呂運弘《ヨ・ウンホン》をはじめとした
建国同盟員を招集。
解放が迫っていることを知らせて、
建国準備委員会(建準)樹立を主導

8時

呂運亨-遠藤柳作会談

11時

宋鎮禹《ソン・ジンウ》、金俊淵《キム・ジュンヨン》を通じて
呂運亨に建準不参加を通告

正午

天皇、ラジオ放送で降伏宣言
(玉音放送)

14時

呂運亨、龍山《ヨンサン》憲兵隊を訪れて
曺奉岩《チョ・ボンアム》をはじめとした
独立運動家を釈放

宋鎮禹、右派と独立を慶祝。
この場で日本からの政権引継ぎ提案と
呂運亨·安在鴻《アン・ジェホン》からの建準参加の勧誘を
すべて拒絶したと告白

午後遅く

安在鴻、建国同盟員とともに
建準樹立に着手

総督府庁舎前で
独立万歳デモが開始

夜

洪増植《ホン・ジュンシク》の自宅で
在京革命者大会を開催
(長安派共産党結成)

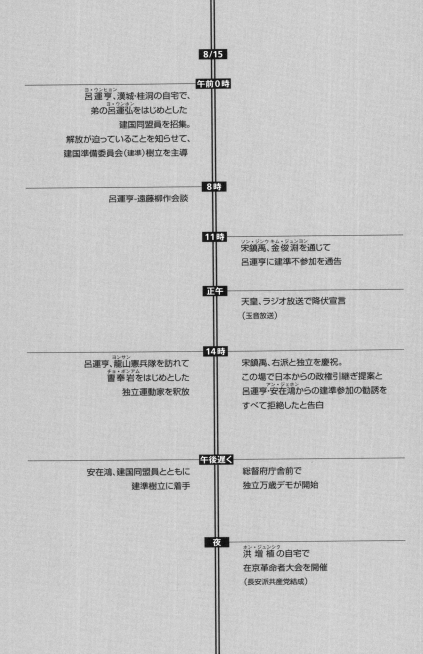

第1節

ある夜の電話 呂運亨の8・15

「ああ、間違いない。
明日、日本が降伏する。
決死隊を組織しなさい」

呂運亨

ある晩の電話

「おい、すぐに桂洞の家に来い。急ぎ相談したいことがある」(*1)
呂運弘《ヨ・ウンホン》(1891~1973)が兄、呂運亨の電話を受けて床を離れたのは、1945年8月14日の夜遅くであった。呂運弘は蒸し暑い夜、蚊帳に入って扇でぬるい風をかき回しながら、寝苦しさに耐えていた。

解放が迫ってきた1945年頃、呂運弘は長い京城生活を整理して、故郷である漢江南岸の楊平(京畿道楊平郡)に戻っていた。現在のように町ごとに何かしらの宿泊施設がある時代ではなかったので、上京するときは雲泥洞（ソウル特別市鍾路区）に住む知人の宋圭桓《ソン・ギュファン》の家で厄介になっていた。この家は兄、呂運亨が住んでいた桂洞140番地8号と、道路一本挟んだ所にあった。

呂運弘は、呂運亨が話した相談したいこととは「我々が望んだ知らせ、すなわち、解放の知らせだ」と直感した。呂運弘は、横で寝ていた宋圭桓を揺り起こした。時計を見ると、針は15日の0時14分を指していた。大急ぎで服を着た二人は、桂洞に向かう前に、安国洞の交差点で接骨院を営む張権《チャン・グォン》の家に立ち寄った。張権は、呂運亨に誠心誠意を尽くして付き従う最側近の一人で、この頃はキリスト教青年会（YMCA）の体育部幹事として勤務していた。万が一の事態が起こったとき、多数のスポーツマンや学生を、彼の同志あるいは部下として集めることができた。3人は焦る気持ちを抑えて桂洞の呂運亨宅に向かって足を早めた。時間はすでに午前1時30分頃を指していた。

家に着くと呂運亨は、隣人であり、彼が1930年代に「朝鮮中央日報」社長だったときの営業局長である洪増植（1895～?）と話を交わしていた。洪増植《ホン・ジュンシク》は1920年代「東亜日報」と「朝鮮日報」という2つの民族紙の営業局長を務めた新聞経営の鬼才であると同時に、知る人ぞ知る、骨の髄までの共産主義者であった。一行の到着を確認した呂運亨は、上気した表情で口を開いた。

夕暮れどきに[a]朝鮮軍参謀部のある者が訪ねて来て、「明日正午に天皇の特別放送があり、それは必ず日本の無条件降伏を伝えるはずだ」と言ってきた。また、少し前に遠藤

が人を遣わして、明日朝8時官邸に来てくれとのことだ。（*2）

呂運亨が言及した遠藤とは、朝鮮のナンバー2である遠藤柳作政務総監のことだ。遠藤は、朝鮮の初代・2代総督として容赦ない武断政治を行った寺内正毅と長谷川好道の時代に、総督府秘書官として朝鮮に勤務したことがあった。その後、三・一運動の責任を負わされて更迭された長谷川総督とともに、朝鮮の地を離れた。彼の2度目の朝鮮行きが可能となったのは、最後の朝鮮総督である阿部信行（1875～1953）との縁があったからだ。

遠藤は、1939年後半、阿部が日本の内閣総理大臣を務めた頃、現在の韓国の職制でいえば「青瓦台秘書室長」に相当する内閣書記官長（現在の内閣官房長官）として、彼を補佐していた。以降、官職を辞して「東京新聞」社長をしていた1944年7月、朝鮮総督に就任した阿部の呼びかけに応えて、総督府の〝ナンバー2〟である政務総監として2度目の朝鮮行きを選んだようだ。（*3）

呂運亨は3人の前で厳しい言葉を続けた。

［a］遠藤と井原は、8月15日正午に日本が降伏するという事実について、「同盟通信」京城支局を通じて伝えられたのは14日夜10時頃だったと証言した。それより前の「夕暮れ」に、呂運亨がこの事実を伝えられたという証言は多少疑わしい。呂運亨の発言を採録した呂運弘の記憶違いだったり、「日本の降伏が迫っている」程度の曖昧な情報だったりしたのだろう。

我々が生涯をかけて願い、闘ってきた祖国解放が到来した。明日やることを話し合おう。(*4)

36年間、朝鮮半島を悪辣に支配した日本は必ず敗れる。遠藤が呂運亨にどのような言葉を伝えるのかわからなかったが、日本が降伏した後に起こる治安問題などについて、協力を要請する内容であることが想像できた。桂洞[b]の呂運亨宅に集まった呂運亨、呂運弘、洪増植、張権、宋圭桓などは夜明けを待ちながら、「朝鮮半島に地上の楽園を建設するための多くの計画と抱負をそれぞれ吐露」することに余念がなかった。呂運亨はとり急ぎ、集まった彼らに指示した。

洪増植[c]は、新聞の経験があるから「毎日新報」を接収し、号外を数百万枚刷って、ソウルはもちろん地方の各都市と郷村のすべての国民に、解放の喜びを知らせるようにしろ。そして、運弘は放送局を必ず接収して、朝鮮語はもちろんのこと英語でも放送し、全世界の人民に朝鮮の独立を知らせろ。(*5)

しかし、「感激のその日」から16年後に発刊された回顧録「夢陽　呂運亨」(1961)で、呂運亨は悔恨に満ちた次の一文を付け加える。

もちろん今になって考えれば、そのすべてのことが一種の空想に過ぎなかったが、

我々は当時、政権が我々に、すなわち朝鮮民衆に戻れば、このような計画と抱負は必ず実践することができると考えていた。

呂運亨と安在鴻

呂運亨は万感胸に迫る複雑な心境で、「明朝、官邸に来てほしい」という遠藤の連絡を受けたに違いない。1929年7月、中国・上海で逮捕され京城に護送された後、呂運亨は総督府の徹底的な監視と懐柔に耐えながら、一息たりとも入れることができない苦痛の時間を送らなければ

［b］姜徳相が紹介する李千秋の証言によれば、呂運亨と遠藤の面談は8月15日午前の1回にとどまらなかった。遠藤は日本が事実上降伏を決定した10日頃から15日まで、権力内部で混乱防止策を多角的に協議した後、この結果を受けて呂運亨と継続的に話し合ったという。呂運亨もその内容を建国同盟の同志に伝え、ただちに行動に移す準備をした。（姜徳相『日帝末期暗黒時代の燈として』新幹社、2019、288頁）。李康国も1946年8月16日「自由新聞」への寄稿で、日本の降伏が決定的になった12日頃、総督府から呂運亨に降伏後の治安を確保することについて責任を持ってほしいという要請があったと回顧した。

［c］洪増植は1921年9月「東亜日報」に入社し、営業局長に在籍しながら、1924年5月、朝鮮最高の「新聞人」という評価を受けた李相協（1893～1957）とともに、1925年に「朝鮮日報」に移った。彼は当時有名な「火曜派」共産主義者で、朴憲永、金丹治、李承燁など、後に韓国共産主義史に大きな足跡を残すそうそうたる人物を「朝鮮日報」に入社させる手腕を発揮した。

ならなかった。

本格的な試練が到来したのは、歴代朝鮮総督の中で最悪といわれる南次郎（1874～1955）総督が登場してからだ。日中戦争が始まる一年前の1936年6月、南が朝鮮総督に就任して掲げた目標は、朝鮮青年を戦場に送り出すための徴兵制の実施だった。このため、朝鮮青年を「忠良な皇国臣民」として育成するための徹底した皇民化・内鮮一体政策が施行された。それとともに朝鮮人独立運動家を徹底して監視（1936年保護観察制度施行）し、必要とあらば拘禁（1941年予防拘禁令施行）することができる体制を整備した。総督府の厳重な監視下で、呂運亭のような「特要甲（特別要視察人物甲号）」は文字どおり身動きできない「袋のネズミ」のような状態であった。総合月刊誌『朝光』1938年5月号のインタビューで「近頃の私の暮しは憂鬱の一言だ。いつも憂鬱に過ごしているから神経痛まで出てきた」と苦しみを吐露した。

日本は1941年12月、米国の真珠湾を奇襲して戦場を中国大陸から太平洋に拡大した。後任の小磯国昭（1880～1950）総督は、朝鮮人の戦争協力を督励するために信望のある朝鮮人の著名人を抱き込んで、総督府の広報に活用しなければならないと考えた。(*6)

金乙漢は当時の朝鮮の状況について、「(訳注：三・一運動で発表された独立宣言に署名した）33人のひとりであった崔麟《チェ・リン》は転向してからだいぶ経ち、尹致昊《ユン・チホ》も朝鮮総督府中枢院参議になって民衆の信望を失った」として、「汚れのない者は」呂運亭と安在鴻の2人のほかにいなかったと記している。ここでもう一人のキーパーソンの名をあげるとすれば、「東亜日報」と京城紡績に象徴される朝鮮資本家勢力を代表する宋鎮禹《ソン・ジンウ》がいた。(*7)

「解放のその日」を朝鮮で迎えた指導層の中で、呂運亨は当時最高水準の国際感覚を持つ人物であった。彼の幅広い人脈と合理的な性格は、朝鮮総督府はもちろん、日本政界にまでよく知られていた。呂運亨が歴史に本格的に名前を残すようになったのは、１９１８年11月の上海であった。ウッドロウ・ウィルソンが提示した民族自決主義の原則を伝え聞き、パリ講和会議に金奎植《キム・ギュシク》を朝鮮代表として派遣するなど、その後、三・一運動に発展する大きな歴史の車輪を最初に回した。これを知った日本は翌年の秋、31歳の青年、呂運亨を東京に招いて懐柔工作にあたった。しかし、結果は失敗であった。呂運亨は東京のど真ん中で、古賀廉造拓殖局長官など日本の主要人士による懐柔を整然とした論理で退けた。続いて東京の中心部にある帝国ホテルで、約５００人の記者団と有力者を前にして、「日本が朝鮮の独立を認めれば、アジアの平和は青い空のように実現するだろう」と熱弁を振るった。(*8)

約10年になる中国亡命生活の間、中国の政治・経済関係者と幅広い交流を結んだことは、呂運亨のもう一つの自信であった。呂運亨は１９１７年に孫文（１８６６～１９２５）と知り合ったのち、彼の信任を受けて中国国民党の核心で中心的な役割を果たした。(*9)この過程で蒋介石（１８８７～１９７５）、汪兆銘（１８８３～１９４４）、毛沢東（１８９３～１９７６）など多くの中国革命家と親密な人脈を構築した。

日中戦争を収拾することに頭を悩ませていた日本は、呂運亨の中国の人脈を知り彼を利用して対中国工作を展開できないか真剣に検討した。日本当局は呂運亨を東京に呼び出して何度も面談し、日中戦争収拾のための対中工作に協力してほしいと要請した。その過程[d]で、総理経験者である近衛文麿（1891〜1945）と宇垣一成（1868〜1956）の朝鮮認識に大きな影響を及ぼした「大アジア主義」を提唱する思想家の大川周明（1886〜1957）とは、互いに「断金の友」と呼ぶほどに深い友情を結んだ。しかし呂運亨は、日本の度重なる協力要請を「中国から撤収して朝鮮を独立」させてこそ、日本が願う「アジアの平和」が成し遂げられると拒んだ。アジアの平和のために大東亜戦争を遂行していると語る一方で、朝鮮を植民地支配し、中国との戦争を繰り広げている「帝国主義日本」の姿を世に知らしめた。

呂運亨は、日本が太平洋と東南アジアで破竹の勢いで連戦連勝した1942年に、「日本は敗北する」と確信していた。この判断を下した直接的なきっかけは、同年4月18日、東京で目撃した、米国による初めての空襲であるドーリットル空襲[e]であった。呂運亨はその後、周囲に「日本は敗北する。最後の勝利は米英にある。米英が勝利すれば朝鮮独立は確実にできる」と述べた。それにより呂運亨は、同年11月に流言蜚《ひ》語を流布した罪で逮捕され獄につながれることになる。

総督府は牢獄に閉じ込められた呂運亨に執拗に転向を迫った。睡眠を妨げる巧妙な拷問で、呂運亨は精神的、肉体的にも少しずつ衰弱していった。呂運亨は、体調の悪化を憂慮した朝鮮人判事の白允和《ペク・ユンファ》（1893〜1956）[f]の勧告に従い、最後には転向文に署名してしまう。これによって呂運亨は懲役1年、執行猶予3年という寛大な判決を受け、1943年7月釈放された。姜徳相は呂運亨の転向について、ひとまず行動の自由を確保してから独立に備えるという「面従腹背の次善策」であると説いている。(*10)いずれにせよ、日本人と言葉が通じ、朝鮮青年の尊敬を受ける「有名人」である呂運亨は、総督府が切望する最も重要な懐柔対象であった。

京畿道・平澤出身の安在鴻の名声も侮れなかった。安在鴻は、「朝鮮日報」で主筆、副社長、社長を務め、長らく筆を振るってきた朝鮮最高の「コラムニスト」だった。朝鮮における非妥協民族主義者の代名詞と呼ばれた安在鴻は、合計9回、合わせて7年3カ月もの間服役しながら、最後まで意志を曲げない闘志の人でもあった。

彼が初めて獄につながれたのは、1914年に早稲田大学を卒業して三・一運動に身を投じた時であった。安在鴻は、「大韓民国青年外交団」という秘密組織に参加したという理由で、懲役3年の刑を宣告された。釈放後の1924年9月、「朝鮮日報」に主筆として入社すると同時に、本格的に鋭い論評を記しはじめた。1927年から1931年には、左右を網羅した民族単一戦

［d］日本の政界関係者が呂運亨に注目するようなったきっかけは、汪兆銘を通じてのことであった。彼が1939年6月14日、近衛文麿と会談中に「朝鮮の呂運亨は何をしているのか」と安否を尋ねたからだ。首を傾げて答えられなかった近衛に、汪兆銘は呂運亨のことを説明し、自分はもちろん蒋介石とも知り合いだと話した。（姜徳相「対中国和平工作『アジア連盟』構想と呂運亨—大川、田中、近衛との交流をめぐって」、『夢陽呂運亨全集』ハヌル、1997年、258〜259頁

［e］この空襲は、米陸軍中佐ジェームズ・ドーリットル（James Doolittle,1896〜1993）がB25爆撃機16機を率いて敢行したもので、攻撃による被害自体は大きくなかった。しかし、米国は真珠湾攻撃で大きな被害に遭ってから4カ月で戦力を回復し、敵の首都を打撃する能力を得たことを誇示することができた。そのため、日本軍部は大きな衝撃を受けた。

［f］白允和は1922年12月、斎藤実総督を暗殺する目的で朝鮮に戻り、自宅を訪ねて独立運動資金を要求した尹秉球、劉錫鉉、金祉燮など義烈団員を日本警察に密告するなど、治安判事として悪名を轟かせた。

線団体である「新幹会」に積極的に参画して、日帝時代末期の1942年12月には朝鮮語学会事件に巻き込まれ、晩年最後の苦難を味わった。

安在鴻について、先駆的な記録を残したジャーナリストの千寛宇《チョン・グァンウ》（1925～1991）は「1920から30年代に起こった民族主義系抵抗運動の大きな事件で、先生が関わっていたり、巻き込まれたりしていないものは稀だ」とし、「新聞を通じて発揮した粘り強いオピニオンリーダーとしての面貌と、時には民世体と呼んでもよい独特であった雄勁《ゆうけい》で荘重《そうちょう》な文章は、当時を知る多くの読者が今でも記憶している」と評した。（*11）

建国同盟結成と日本の懐柔

呂運亨が出獄した直後の1943年7月、過去約30年の間、長く強い縁を結んできた安在鴻が訪ねてきた。呂運亨の出獄日は、7月5日なので、安在鴻の訪問はその直後に行われたようだ。安在鴻が桂洞の呂運亨宅を訪ねて「夢陽《モンヤン》」と呼ぶと、すぐに夫人が門を開けた。呂運亨はその風采が朝鮮半島一と評されるほどの豪傑であった。しかし、辛い獄中生活のために「あふれんばかりの覇気と旺盛な意欲がめっきりと弱まったようで、両目だけがぎらり見開き、しおれた首筋から出る声で」安在鴻の問いに軽く応えるだけであった。転向文への署名と総督府の徹底した監視で、大きな心理的・肉体的な苦痛を受けていたことを想像することができる。

「なにがあったんだ」

「憲兵隊は、私を吊るしあげることはできないから、やつらは90時間以上も私を椅子に座らせ、一瞬たりとも寝ないように、入れ替わりで私を揺さぶり続けた」(*12)

その後2人は、総督府が独立運動家を監視し、政府施策に活かすために1940年12月に開設した大和塾[g]の餌食となってしまう。大和塾は戦争協力のための時局公演に出演しろと要求し、2人を悩ませた。呂運亨は「氷の上で転んで肋骨が折れた」、安在鴻は「病床に伏した」という言い訳で要求を一切拒絶する。

1949年9月15日付「新韓民報」に掲載された安在鴻の寄稿文「8・15当時の我が政界」によれば、呂運亨と安在鴻に対する総督府の本格的な懐柔が始まったのは1944年春頃であった。工作の当事者は「総督である陸軍大将から軍司令官とその代理、政務総監、警務局長と同局幹部、憲兵隊幹部のほか、東京から来訪した某海軍中将と陸軍少将、その他国会議員など」様々であった。

1944年初めのある日、安在鴻の訪問を受けた呂運亨はかろうじて体を起こして応対した。

[g] 大和塾は、朝鮮の独立運動家(思想犯)を一ヵ所に集め管理するため、1940年12月に結成された。結成当時、朝鮮に7つの支部、約80の分会、約2500名を率いていた。大和塾の活動目的は、反皇道思想の遮断、内鮮一体運動の強化、国語(日本語)普及の奨励、機関紙発行等で変節した独立運動家を集め、日本の朝鮮支配に利用することであった。

呂運亨の眼光に精気はなく聡明さを失っており、活気を感じることができなかった。「どこか痛いのか」と尋ねる安在鴻に、呂運亨は「あれこれ考えることが多く、昨晩は夜を明かした」と答えると、「秘密を守る200人あまりの同志がいるから、地下組織を作ろう」と提案した。安在鴻は「そこまでは考えていないので、止めておこう」と答えた。

呂運亨が安在鴻に働きかけた地下組織とは、1944年8月に結成される「建国同盟」を指していた。呂運亨の信念は、「日本は必ず負ける。したがって朝鮮は独立の準備をしなければならない」というものであった。出獄後、しばらく模索の時間を経て、呂運亨が同志を糾合し、遂に実現する解放に備えて動き始めた。その中心となったのは、呂運亨が日本政界の招請を受けて6回にわたり日本を往来しながら付き合ってきた青年たちと、その間に多くの交流を積み重ねてきた独立運動家たちであった。

建国同盟は組織力を強化する一方で、国外の主要独立運動勢力との連絡網の拡大に腐心した。1941年1月1日、朴昇煥《パク・スンファン》という満州国の航空将校が呂運亨を訪ねてきた。朴昇煥は呂運亨の指示で2回にわたって中国・陝西省延安にあった朝鮮独立同盟とその傘下の武装組織である朝鮮義勇軍を訪ねて建国同盟との連絡線を確保した。中国共産党[h]とともに「大長征」に参加した(金)武亭(キム・ムジョン)(1905~1951)が彼らの支援を受けて結成した朝鮮義勇軍は、当時、海外独立運動勢力の中で、最も多い兵力を有する武装組織であった。(*13)また、上海時代からの同志であり満州国協和会で活動した崔謹愚《チェ・グンウ》、「朝鮮中央日報」記者出身である李永善《イ・ヨンソン》、呂運亨の側近であり日本の内閣情報局で活動した李相佰《イ・サンベク》などに、中国と満州などの事情を確認して報告するように指示した。国内の連絡責任者は、旧友の趙東祜《チョ・ドンホ》（1892〜1954）と李林洙《イ・イムス》（1895〜?）などに任せた。

このような準備を経て、1944年8月に呂運亨、趙東祜、玄又玄《ヒョン・ウヒョン》、黄雲《ファン・ウン》、李錫玖《イ・ソクグ》、金振宇《キム・ジンウ》など左翼系の老荘独立運動家の7〜8名が、驪州郡瓦釜面（京畿道驪州市）の河原に集まって、建国同盟結成に合意した。続く8月10日、玄又玄の自宅である漢城府・慶雲洞の三光医院で建国同盟を結成した。現在の天道教中央大教堂付近にこれを記念する標識が立っている。委員長に推戴された呂運亨は「我々はもう年寄りなので、名誉や地位など考えずに自ら肥やしになろう」と述べた。(*14)

建国同盟は、親日分子と民族反逆者のみを除いて、民族的良心を持つすべての者を網羅する連合戦線であった。日帝時代末期の物々しい監視の中で、このような秘密結社を維持したということ自体が驚くべきことであるが、実際の力については過大評価を慎まなければならないという意見も多い。日本では、建国同盟のメンバーが数万人に上るという分析もあったが、李庭植《イ・ジョンシク》は819ページに達する分厚い学術書でこの組織を本格的に取り上げ、「日帝時代末期に特高警察や憲兵隊がストライキをしていたならば話は別だが、数万どころか数百名のメンバーを有する団体さえも組織することが難しかった」という、短い評価のみを残している。[*15]

［h］呂運亨は解放直後、「毎日新報」（1945年10月2日付）とのインタビューで「3年間、延安独立同盟と連絡して地下運動を行ってきた」と明かした。

上海で逮捕された呂運亨（1929年）
繰り返される投獄と監視の中でも、独立と「解放後」を模索してきた呂運亨は、解放直後、「政権引受人」として浮上するようになった。

安在鴻（1937年）
三・一運動以降、9度にわたって7年8カ月間の投獄を経験した安在鴻は、民族主義陣営から最後まで転向せず、解放についての楽観を維持した数少ない人物である。

流血防止と共存共栄

だらだらと続いた呂運亨と安在鴻に対する懐柔工作の雰囲気が決定的に変わったのは、１９４４年12月頃からであった。日本は同年7月、絶対国防圏の要であったマリアナ諸島を米国に明け渡した後、10月末に始まったフィリピンの戦いでも惨敗した。特に日本海軍は、レイテ沖海戦で壊滅的な打撃を受け、米艦隊に艦隊で対決する組織的な戦闘能力を喪失してしまう。これで次のターゲットは沖縄になった。

このように、戦況が日に日に不利になっていった１９４４年12月、安在鴻は呂運亨とともに会った岡久雄京畿道警察部長にひるむことなく「日本は敗北する」という展望をぶちまけた。

あなたたちは必勝の信念を常に前提にしているが、私は必勝にならないとみている。破れるしかないのに勝つとしか言わないのだからどうしようもない。あなたたちが朝鮮から出ていく日があるとして、そのとき、朝日両民族の間に大きな摩擦が起きて大量の

流血がないように、今から軍民に徹底した訓練をさせておくことが絶対に必要だ。（中略）

朝日両民族は地理上の関係から、どのような形であれ、永久の共存共栄関係を壊さないようにしなければならない。あなたたちが出ていく際に、殺掠を起こせば朝日両民族は永遠の仇敵となってしまうだろう。あなたたちの武器で多くの朝鮮人が死ねば、地方では朝鮮人の群衆によりかなりの日本人に損害が出るだろう。これは、両者が絶対に防がなければならないことだ。(*16)

安在鴻はこの日から、日本が朝鮮半島から撤退する際に守らなければならない三大原則として、「民族自主」「共存共栄」「流血防止」を提示した。そして、朝鮮人に一定程度の言論と行動の自由を与えるように要求した。

総督府の治安当局者の前で「日本の敗北」という不敬な言葉を口にしたのだから、その場で厳しい詮議にあったとしても仕方がない状況であった。しかし、岡の反応は予想とは違った。彼は「顔は紅潮させ、怒りではなく沈痛な面持ち」で安在鴻の話を聞いた後、何度かうなずいて「努力してみる」と応えた。総督府の立場でも安在鴻のこの発言は注目すべき内容であった。日本によって、実に9回にわたって獄苦を味わった安在鴻という非妥協的な民族主義者の口から、解放になれば日本に「壮絶な復讐」をするという言葉の代わりに、「流血防止」と「共存共栄」の言葉が出たからだ。

もちろん、だからといってすぐに折れる総督府ではなかった。総督府は1945年1月以降、2人と時折接触しながらも、「流血防止という趣旨はよろしいが民族自主を唱えるとは。治安維持法を適用して呂運亨と安在鴻を拘禁することもできる」と不満を爆発させた。続いて、鹿島組という日本の土建暴力団が、2人を暗殺するために虎視眈々と機会をうかがっているという噂が耳に入り始めた。

1945年4月、沖縄戦が始まった直後の5月下旬頃であった。植民地朝鮮の治安について責任を負っている西広忠雄警務局長（朝鮮総督府の警察機構責任者）が、呂運亨と安在鴻を再び呼び出した。西広は、2人に礼儀正しく姿勢を正して尋ねた。

「民族主義を主張するために、そこまでする必要があるのですか」

「いま、一般の朝鮮人は米英軍が上陸すれば、日本から解放されると期待している。民族主義くらい掲げなければ、我々は何も言えなくなってしまう」

「なるほど。では、上と十分に話し合って、実行できるようにしましょう」

西広の一転した反応に苦しんだのは、呂運亨と安在鴻であった。日本が彼らの要求どおり「民族主義」を掲げることを許容するとすれば、総督府当局と一線を引いて志操を守ってきた2人でさえも、総督府に協力する姿勢をとるほかない。呂運亨と安在鴻は、「少数の意見のみでは決めることができない。民族大会を京城で招集し、その決議をはからないことには正式に進めることはできない」と立場を改めた。総督府の懐柔工作を逆利用して内鮮一体に反対し、民族自主を掲げようという目的からであった。

いくら戦況が悪化しているとはいっても、総督府は「民族大会を開く」という2人の要求を受け入れることはできなかったので、提案は立ち消えになった。その直後、安在鴻は「2人の先輩の志が穢《けが》されるかもと独り心配」していた金乙漢と会い、総督府で行った交渉の中身を説明した。安在鴻は「時局公演はやるから、朝鮮民族を認めてくれ」と提案したが、総督府は「民族主義を認めることはできないから、時局公演はしなくてもよいことになった」を返してきたと話した。(*17) 時局収拾のために、呂運亨と安在鴻を担ぎ出そうとする総督府の計画は失敗したが、成果もあった。日本が降伏を宣言した後の収拾案について、両者の間で「胸襟を開いた」事前のコミュニケーションが行われた。安在鴻が総督府に提示した三大原則の中で、受け入れられなかったのは「民族自主」だけだった。

運命のその日が迫る

運命のその日は思ったよりも早く迫ってきた。朝鮮総督府の機関紙「毎日新報」が伝える公開情報だけを見ても、「神国不敗」を叫ぶ日本が四面楚歌に陥ったことは火を見るより明らかであった。1945年8月9日付紙面の一面には、米国が8月6日に広島へ「新兵器」を投下し、市内をことごとく焼き払ったという消息が伝えられており、翌10日付では、ソ連軍が日ソ中立条約を一方的に破棄して、満州と朝鮮の国境を超えて怒涛のように攻撃してきたという事実を知ることができる。一方で、それと同時に日帝の監視網も激しさを増しはじめた。8月4日、貫鉄洞（ソウル特別市鍾路区）の密会場所で、建国同盟員の李傑笑《イ・ゴルソ》、黄雲、李錫玖、趙東祜などが逮捕された。嫌な雰囲気を察知した呂運亨と周辺は緊張した。どん詰まりに追いやられた日本が、朝鮮人の予備拘束対象者を相手にして、何をしでかすか読めなかったからだ。呂運亨の若い側近であった李東華《イ・ドンファ》（1907〜1995）は当時の状況について、「呂運亨は逮捕を免れたが、日本警察の厳しい監視を避ける術はなかった」と記した。

呂運亨は1943年12月、米英中三カ国が「適当な時期に朝鮮を自由に独立させる」と明かしたカイロ宣言[i]の内容を正確に知っており、1944年からは京畿中学5年に在学中であった孫雄《ソン・ウン》という青年が作った短波ラジオを通じて、「1945年5月から6月以降、日本のアナウンスとは真逆の、米国からの壮絶な攻撃を受けている」という事実を把握していた。ついには8月11日未明、孫雄は呂運亨に「日本が（10日—引用者）天皇の地位さえ保障してもらえれば、カイロ宣言を受け入れると米国に哀願した」という重大な情報を伝えた。[*18]

日本が連合国に降伏の意思を伝えた10日から14日深夜に遠藤が面談要請をしてくるまで、呂運亨と総督府との間にどのような交渉があったのかを明らかにする証言や記録はない。しかし、姜徳相は10日以降、呂運亨が見せた多くの素早い行動から、「その前後に朝鮮総督府から内密に打診されたようだ」と推測している。[*19]

姜徳相の読みどおり、呂運亨は日本の敗戦に素早く備え始めた。ソ連の参戦が知らされた9日、呂運亨に従う建国同盟員である李相佰、梁在廈《ヤン・ジェハ》、李東華、李正九《イ・ジョング》、金世鎔《キム・セヨン》などの若い学者を宋圭桓の家に集めて、これから迎える解放のために政治、経済、文化全般について研究するように指示した。[*20] 10日には、李千秋《イ・チョンチュ》を恵化洞（ソウル特別市鍾路区）にある南相一《ナム・サンイル》の自宅に呼んで、親日行為を行っておらず独立運動に功労があり、今後の建国事業で重用できる者の名簿を整理するように命じた。[*21] 南相一の家は、趙東祜、李康国《イ・ガングク》（1906～1956）、崔容達《チェ・ヨンダル》（1902～？）など、建国同盟の共産主義者の大物たちが出入りする呂運亨のアジトだった。一方、側近の李萬珪《イ・マンギュ》（1882～1978）には独立宣言を起草させ、義兄弟である李如星《イ・ヨソン》（1901～？）と金世鎔には国号制定を任せた。[*22] 呂運亨は11日、李萬珪に連合国が上陸してきたときに提案する四大条件を策定するようにも指示した。それは次のような内容だった。

1　朝鮮の解放は連合国軍の善戦の結果とみなし感謝する。しかし、朝鮮民族も併合から今日まで激しく戦ってきた。朝鮮人が流した血の結実だと彼らに知らしめ、我々

[i] カイロ宣言をそのまま報道した日本の新聞と異なり、朝鮮総督府は朝鮮の民心を憂慮してこれを秘密にした。京城の新聞・放送で関連情報を発表しないのみならず、日本からの新聞も該当記事があった場合には、すべて押収した。しかし、人知れず短波放送を聞いていた一部の知識人と「毎日新報」社員は例外であった。カイロ宣言が国内に公然と運ばれたのは、満州で発行された「大連新聞」を通じてであった。当時、この新聞は1週間分を束ねて船便で運ばれた。「毎日新報」に勤務した趙容萬は「我々の何人かがこの新聞を見て歓声を上げたが、新聞社内にはスパイが多く注意しなければならなかった」という回想を残している。

の権利を主張する。

2　独立政権樹立に内政干渉をしてはならない。厳正中立を守り、傍観する姿勢をとっていただきたい。

3　国内の各工場・施設は日本人のもの、敵性資産とみなしてはならない。当然、朝鮮人の財産である。

4　治安は、朝鮮人に任せることを主張する。

8月14日のこと、呂運亨の生涯にわたる友であった李林洙[j]は、京城憲兵隊司令部に収監されていた。李林洙の息子である李欄《イ・ラン》（1925〜2011）[k]は父の食事を運ぶため、顔馴染みとなってしまった長崎祐三京城保護観察所長を訪ねていった。長崎は京城の思想分子を監視して、いつでも拘禁命令を出すことができる権限を持つ人物だった。彼は李欄に「父親に食事を入れる必要はない。明日、出所するだろう」と述べた。そして、配給用化粧石鹸をいくつか拾い上げて、持って帰れと勧めた。

李欄は混乱した気持ちで桂洞の呂運亨宅を訪ねた。彼に「明日、日本が滅ぶというのに何の心算もないのですか」と尋ねた。呂運亨は、数日前からこの日を指折り数えて待っていたので、床屋に行って身なりを整えてきたばかりだった。呂運亨は喜んで李欄に言った。

「ああ、間違いない。明日、日本が降伏する。決死隊を組織しなさい」[＊23]

［j］李林洙は、呂運亨に平素から付き従い後援した側近中の側近だった。彼は、京城医専一期卒業生で、春川で病院を運営しながら、「朝鮮中央日報」の社長であった呂運亨と縁を結んだ。呂運亨と李林洙の関係は「ソウルメイト」といえるほど特別だった。李欄によれば、洪川郡の加里山で一緒に狩りをしているとき、李林洙が転んで足を痛めると、呂運亨が90キロを超える巨体の李林洙を背負って、数十里の山道を下りてきたという。

［k］李欄は春川高等普通学校2年のとき、父親が経営していた関東医院で呂運亨から教えを受けた。これと関連して、同窓生11名と抗日読書会である常緑会を作って活動したという理由で、3年間の懲役を受けたことがある。1長崎は、朝鮮の独立運動家（思想犯）を集中的に管理するため、１９４０年12月に設置された大和塾の京城支部長を兼任した。

［l］長崎は、朝鮮の独立運動家（思想犯）を集中的に管理するため、１９４０年12月に設置された大和塾の京城支部長を兼任した。

第2節

ソ連参戦 総督府の8・15

大勝利だといって
民間に酒や砂糖まで特配しましたが、
それはまったくのでまかせでした。
我が海軍が逆に全滅しました。

井原潤次郎

奇妙な会議

敗戦が差し迫っているという事実を朝鮮総督府[a]が公式に把握したのは、1945年初頭であった。この頃、朝鮮総督府総督官房で香山夏永という創氏名で調査課長を務めていた崔夏永《チェ・ハヨン》(1980〜1978)は、その「奇妙な」会議が開かれた日を、1945年1月14日[b]であったと記憶する。

会議が召集されたのは、当日の午前だった。予定になかった会議が「別案件」で招集されるという知らせを伝えてくれたのは、同じ総督官房の文書課長だった。彼は、「今日の会議には紙も鉛筆も持ってきてはならず、会議の内容についての所信以外は一切忘れてしまい、外部に漏洩してはならない」と注意した。

当時、朝鮮総督府の局長会議（日本の閣議に相当）は、毎週火・金に開かれていた。昨日会議を終えたばかりなのに、日程になかった会議が加えられたのだ。崔夏永はいぶかしみながら会議室に足を踏み入れた。阿部総督、遠藤政務総監をはじめとする総督府の各局長と総督官房の文書課長、調査課長、人事課長、情報課長などが一人ずつ入って席に着いた。

午前10時20分。列席した阿部総督と各局長の隣に軍服姿の2人の男が座っていた。後の東京裁判でA級戦犯として起訴、絞首刑に処せられる板垣征四郎（１８８５〜１９４８）朝鮮軍司令官[c]とナンバー2である井原潤次郎参謀長であった。厳しい表情の板垣司令官はその場に立つと、「この場を借りて本年の大本営最高作戦方針[d]を説明させていただく」と述べた。

[a] 組織全体の業務を総管する総務と秘書機能を含んだ部署
[b] 原文では水曜日となっているが、１９４５年1月14日は日曜であった。誤記と推定される。
[c] 朝鮮軍は１９４５年2月、戦闘を直接遂行する野戦部隊である第17方面軍と兵站業務を担当する朝鮮軍管区という二元体制に転換した。
[d] 大本営は大日本帝国陸海軍の最高統帥機関である。大本営は１９４５年1月20日「本土決戦」を予想して、帝国陸海軍作戦計画大綱を策定した。板垣が言及した「最高作戦方針」は、これを指していると推定される。

その後、発言を促された井原参謀長が、総督府核心官僚の前で衝撃的な事実を語りはじめた。

司令官の命により、大本営最高作戦方針を説明させていただきます。

台湾海峡海戦の大勝利だといって民間に酒や砂糖まで特配しましたが、それはまったくのでまかせでした。我が海軍が逆に全滅しました。海軍には現在、戦闘艦艇2隻と空母3隻しか残っておらず、そのうち3隻はドックで修理中であり、行動可能な軍艦2隻でさえも燃料がなく、瀬戸内海に隠れている状態です。したがって、現在は攻勢する局面ではなく、敵の国土襲来を待つがごとく様相が急変しました。

本土の要塞砲や野砲には1発もまともに撃てるものはありません。優秀な兵器はすべてスマトラ、ビルマ、中国に転戦しており、これらを国内に戻そうにも輸送船がほとんどありません。(中略) 開戦時、我々は年間530万トンの製鉄能力がありましたが、本年は陸海空軍あわせて鉄の生産量を1万トンとすることを決心しました。今は飛行機や戦車、大砲も造ることができず、1万トンの鉄で竹槍の穂先や日本刀、小銃の弾しか作ることができません。したがって、半島ではいわゆる焦土戦術を遠からず始める準備を行政府にお願いします。質問がありましたらお願いします。

井原参謀長の衝撃的な発言に、総督府官僚は言葉を失った。阿部総督は、青白い顔をがっくりとうなだれて黙りこくり、他の会議参加者も「この途方もない事実の前に」、誰も言葉を切り出すことができなかった。沈痛な時間が数分流れた。沈黙を破ったのは、またも井原参謀長であった。

あまりに異常な事態なので、質問がないのだと思います。それでは皆さんが最も知りたい問題について、私が自問自答します。皆さんが最も知りたいことは、この戦争の帰趨《きすう》だろうと思います。しかし、私は戦争技術者であると同時に、陛下のお言葉の前に命を投げ出さなければならない人間です。そのような立場からお話しさせていただくと、ただただ神風が吹くことを願うしかありません。そして戦争の終末はいつになるのか。戦争技術者として推算すれば、よく持って来年（1946年）3月、早ければ今年10月末に終末が訪れるだろうと考えます。（*1）

崔夏永はそれから23年後、「月刊中央」1968年8月号に鎮痛な空気に満ちたその日の衝撃的な会議の光景を、生々しく描写した。彼の言葉どおり、総督府の核心官僚のみが出席した「極秘会議」であったため、この会議の存在を証明する記録を見つけ出すことはできない。当時、その場にいた朝鮮人は、崔夏永と厳昌燮《オム・チャンソプ》（創氏名：武永憲樹）学務局長の2人だけであったと推測される。崔夏永は井原参謀長から聞いたこの報告が「朝鮮半島で最初に聞いた日本の敗戦予報」であったと回想した。

総督府の苦悶

時間は8月まで流れる。朝鮮総督府警務局が「日本が必ず降伏する」という衝撃的な事実を知ったのは、日本政府の「通知」ではなく、10日に聴取した短波放送からだった。(*2) 警務局はこの日、日本政府が「天皇の大権が侵害されない」という条件で、日本に無条件降伏を要求するポツダム宣言を受諾する意思を連合国に公式通告することを知った。日本が降伏すれば、1943年12月の米英中三カ国が宣布した「カイロ宣言」に従い、朝鮮は日本の統治から抜け出し独立するはずだった。また、ポツダム宣言によって朝鮮に駐屯する日本軍は、進駐してくる連合国に武装解除(同宣言9条)され、(訳注：日本本土ではない)朝鮮での日本の主権は喪失(同8条)するはずだった。しかし、それらが具体的にどのような過程を経て施行されるのか、誰も明確に予測できなかったし、確認しなければならない問題は一つや二つではなかった。

最も重要な問題は、米国とソ連のどちらが朝鮮を占領するのかということだった。米ソはそれぞれ資本主義と共産主義という異なる政治体制の国家なので、どちらが朝鮮を占領するかによって、総督府と日本人の運命が大きく変わることになる。

次に重要な問題は、占領方針であった。遠からず朝鮮に上陸する連合国が、既存の統治機構である総督府を即時解体して、朝鮮人に行政と治安の権限を渡すことも考えられるが、日本の機関を朝鮮に残したまま活用することも考えられた。連合国が総督府をしばらく存続させれば、敗戦の混乱の中でも日本人の生命と財産を少しは安全に守ることができる。

3つ目は、朝鮮半島に30年以上にわたり根を張って生きてきた、約70万人の日本人の自衛の問題だった。相当数の日本人が、朝鮮半島に深く根を張って生きており、朝鮮を生まれ育った「故郷」と考えていた。多くの在朝鮮日本人は、敗戦後も韓国併合以前のように「海外居留民」の資格で朝鮮に住み続けることができると期待していた。

最後は、治安問題だった。朝鮮人が解放の興奮に乗じて日本人への報復に出れば、大規模な流血の惨事が起こることが予測された。

このような複雑な難題が潜んでいても、敗戦を前にした極度の混乱で「自分のことで精一杯」であった日本政府は、総督府に指針どころか日本が降伏を決心したという情報さえも伝えることができなかった。

崔夏永は遠藤政務総監から呼び出された日を、日本が連合国に降伏の意思を伝達した日の翌日、8月11日だったと記憶している。崔夏永は5月の人事で調査課長から農務課長に異動していた。警務局が前日の夜、「日本がポツダム宣言を受諾する」という重大な内容を確認した次の日であったので、遠藤はやはりこの事実を把握していたようだった。遠藤は崔夏永にいきなり「戦争の帰趨をどのように考えるか」と尋ねた。戸惑った崔夏永は、「必勝の信念を堅持すれば、何事も打開できる」という「模範解答」を口にした。遠藤は「そのような形式的なことを聞きたくて君を呼んだのではない」と述べて、崔夏永の話を遮った。その言葉を受けて、崔夏永はそれまで隠し続けてきた本音を打ち明けた。

「去る（訳注：1月）14日会議の大本営方針にあったように、今年か来春には終戦にな

朝鮮総督府庁舎（1980年代）

るのではないでしょうか。私の職務である行政を通じて見ても、長く持ち堪えることはできないようです。総監はこれに対処する方法を考えられた方が良いと思います」

「基本方針はどうすれば良いか」

「カイロ会談の内容では、戦争が終われば朝鮮は解放されます。解放がどのような意味なのかはよく分かりませんが、戦争が終われば日本人と朝鮮人は散り散りになるのではないでしょうか。そうなれば、両者の間に起こる不要な流血の事態は防がなければなりません。解放されれば、日本人は朝鮮人に良い国を作ってくださいと挨拶し、朝鮮人は日本人に安心して日本に帰ってくださいと挨拶する場面を作らないといけないのではないでしょうか。そのためには、総督府の方針を180度転換しなければなりません。今まで日本人を第一とした朝鮮統治方針を、明日からでも朝鮮人を第一とする方針に変えて、日本人はここからある程度分離されることを甘受せねばなりません。これを最高方針とすれば、他の問題は自然と解決するのではないでしょうか」(*3)

2人の話は1時間近く続き、話を終えたのは午前11時半だった。政務総監の前で「日本の敗戦」という本音を話したので、その場で罷免されてもおかしくなかった。どれほど緊張していたのか、自室に戻ってからランニングシャツを脱いで手で絞ると汗が滴り落ちた。

しばらくして、西広警務局長が崔夏永を呼び出した。総督府警務局長は、植民地朝鮮の治安総責任者という要職で、総督府の事実上のナンバー3であった。そのため、朝鮮総督が現地に赴任する際には、ナンバー2の政務総監とナンバー3の警務局長が同行することが慣例になっていた。西広は宮崎県知事を務めていたが、阿部総督の赴任に合わせて1944年7月に朝鮮に渡ってきた。西広は警務局の課長4人と一緒に崔夏永を和食店に連れ出した。彼は朝鮮人に統治権[e]をある程度移行するとすれば誰に渡せば良いのか、直接交渉を仲介することができるのかなど尋ねた。

戸惑った崔夏永はしばらくして、東京帝国大学の先輩である朴錫胤《パク・ソクユン》（1898〜1950）を推薦した。三・一独立宣言文を起草した六堂こと崔南善《チェ・ナムソン》（1890〜1957）の義弟であった朴錫胤は、東京帝国大法学部を卒業したのち「毎日新報」副社長を経て、満州国の駐ポーランド大使を務めた経歴の人物であった。彼は1932年末から1935年まで、満州の抗日武装勢力に壊滅的打撃を与えるようになる「民生団事件」の種となった、民生団[f]のオルガナイザーでもあっ

［e］崔夏永は「統治権」という言葉を使ったが、実際には「治安権」だっただろう。

た。呂運亨《ヨ・ウンヒョン》が率いた建国準備委員会書記局で活動した李東華《イ・ドンファ》は朴錫胤について、「いわゆる親日派の巨頭の一人だったが、日帝末期には自身の過去について一種の贖罪意識を抱いており、祖国と民族のために犬馬の労を惜しまなかった」(*4)と回顧した。朴錫胤自身も解放の頃、呂運亨に「私は親日派としてどのような処罰を受けたとしても甘受する考えである。しかし、私にとってもここが祖国であり、故郷である」(*5)と告白している。

日本政府は10日、降伏の意思を明かしたが、「天皇の地位」を確実に保障しなければならないという軍の強力な反発に押されて、4日間を浪費した。その間にソ連の本格的な朝鮮上陸が始まった。ソ連は9日午前0時をもって羅津《ナジン》と雄基《ユンギ》(ともに咸鏡北道)などを侵犯したのち、13日午前10時30分頃、朝鮮半島北東部の主要港湾である清津港《チョンジン》(咸鏡北道)に姿を現し、強烈な艦砲射撃を加えた後、本格的な上陸作戦を敢行した。日本軍は猛烈に応戦したが、兵力と装備に勝るソ連軍の上陸を許すほかなかった。(*6)ソ連軍が日本軍の抵抗を破って清津を占領したのは16日、戦闘行為が完全に終わったのは19日夕方頃であった。

しかし、敗戦を前にした極度の混乱の中で、戦闘が繰り広げられている前線と京城との意思疎通は円滑には行われなかった。総督府首脳部は、清津に上陸したソ連軍が鉄路で南下すれば、「早ければ20時間」以内に京城に到着すると判断した。ソ連軍が京城に入れば、西大門刑務所などに収監されていた共産主義者を大挙釈放して、朝鮮に共産政権を樹立することが火を見るより明らかであった。これに付和雷同した朝鮮人が、約70万人の日本人に危害を加えればどうなるのか。遠藤と西広は遠からず迫ってくる最悪の状況を憂慮して、頭を抱えるしかなかった。

朝鮮の治安の総責任者である西広は、決断を急がなければならなかった。被害を少しでも小さくするには、先に動くしかない。日本の敗戦が確認されるや、刑務所に収監されている朝鮮人政治犯と思想犯を釈放して、信頼できる朝鮮人有力者に治安維持の協力を求めようと決心した。西広が交渉相手として頭に浮かべた人物は、呂運亨と安在鴻《アン・ジェホン》、宋鎮禹《ソン・ジンウ》の３人であった。(＊7)

8月14日夜、遂に大日本帝国の運命が決まった。日本の国策通信社である「同盟通信」京城支局はこの日の夜11時頃、日本がポツダム宣言を最終受諾し無条件降伏したという事実を確認した。あわせて15日正午に、天皇がすべての国民に向けて朗読する肉声放送を通じて、詔書の全文を伝達された。(＊8)この重大な情報を確認した同盟通信京城支局は、直ちに総督府の西広警務局長と第17方面軍の井原参謀長[g]に通報した。(＊9)

大勢が決したからには、準備した対策を実行に移さなければならなかった。西広は直ちに政務

［f］民生団は１９３２年2月、間島（カンド）で結成された親日朝鮮人団体で、一時は日帝に反対した一部の民族主義者まで参加した政治組織だった。

［g］10日、短波放送を通じて情勢の流れを把握していた西広と違い、本土決戦に備えていた井原にとって、日本の降伏は寝耳に水であった。井原はこの時に相当な衝撃を受けたのか、１９６６年10月13日、朝鮮問題研究会での座談会で「私がこの事実（日本の敗戦）を知ったのは前日の午後10時、同盟通信からであった。陸軍省や海軍省ではなく同盟通信の東京支局長が私に電話をかけてきた」と証言した。彼は降伏の情報を伝えられたあと、上月良夫（１８８６~１９７１）司令官を訪ねて、「このようになったので明日の準備をします」と助言するほかなかった。（井原潤二郎「朝鮮軍参謀長時代を語る」東洋研究６号、２００４年、３６３頁）

総監官邸に遠藤を訪ねて、「事態収拾のために朝鮮の各刑務所に収監されている政治犯と思想犯を釈放し、朝鮮人の手に治安維持を委ねます」と建議した。遠藤は同意した。彼には、忘れることができない「トラウマ」があった。彼は、26年前の三・一運動の決起を現地で目撃していた。約70万の日本人の生命と財産に致命的な脅威となる朝鮮人による流血暴動を、どんな手を使っても防がなければならなかった。

遠藤は、すぐに西広警務局長、長崎京城保護観察所長、水野重功《しげかつ》高等法院検事長、高地茂都《こうちしげると》朝鮮憲兵隊司令官などで構成される治安関係者会議を召集した。朝鮮人政治犯を釈放して、信頼できる朝鮮人に治安協力を求めるには、実務準備などのために機関同士の調整が必要だったためだ。この作業を終えたのは15日午前3時頃だった。

その前に、遠藤は長崎に電話をかけた。ソ連軍が京城に侵攻する絶体絶命の危機の中で、総督府が頼みの綱としたのは呂運亨だった。遠藤は15日午前6時、長崎に呂運亨とともに総監官邸に来るように指示した。西広が頭に浮かべていた3人のうち、呂運亨に白羽の矢が立った。

遠藤はそれから12年後の1957年8月、日本の「国際タイムス」とのインタビュー[ト]で呂運亨を選んだ理由について、「当時、朝鮮民衆の中で名声が高く、独立運動の経歴もあり、そして私と深い友情の縁もあって、私が平素から氏の民族運動について理解と尊敬の念を持っていた」と明かした。遠藤が言及した「深い友情の縁」とは、彼が政務総監として赴任した後、呂運亨を大衆平和工作に活用するために、多くの協議を重ねた事実を意味するようだ。呂運亨の側近で「呂運亨評伝」を著した李基炯《イ・ギヒョン》によれば、遠藤は1945年5月、呂運亨が暮らしていた楊州《ヤンジュ》まで訪ねてきたことがあった。

彼はそこで「呂先生が中国に行って日中和平の実現のために重慶政府と交渉するとして、万が一、それがうまくいかない場合は延安に行って、八路軍当局と接触し、日本と八路軍との局地的和平でも実現させてほしい」と要請したが、呂運亨はそれを遠回しに断った。(*10)

遠藤は7月にも呂運亨を呼んで朝鮮の治安問題と学生の思想激化についての対策を尋ね、協力を要請した。呂運亨が学生に寛大な処分を助言するや、遠藤は「そのことは他言無用に願いたい。あなたの言うとおりにやってみよう思うが、あなたの言葉を聞いて行ったとなれば、私とあなたに良いことはなにもない」と述べた。そうして、呂運亨は遠藤の要請に従い、防衛、治安、思想、食料についての短い文書を書き上げた。以降、呂運亨の助言どおり一部の学生は釈放され、一部

［h］遠藤は当時の状況を次のとおり証言した。「まず私が考えていたことは、日本の降伏と同時に一時的にでも朝鮮に無政府状態が続くことへの憂慮であり、第一の目的として民衆の安寧と秩序をどのように守っていくのかであった。私は、大正8年（1919年）3月1日の独立万歳運動の状況と、朝鮮民衆の心の中に隠されていた独立の熱望を知っていた。万が一、解放された喜びと興奮で、無秩序な暴動が起きないかという懸念が相当に大きかったため、日付は定かではないが、13日（14日の誤記と推定－引用者）に警務局長を中心に、高等法院検事長、憲兵隊長など治安関係者会議を招集して、その対策を動議した。そこで当時、朝鮮民衆の中で名声が高く、独立運動の経歴もあり、そして私と深い友情の縁もあって、私が平素から氏の民族運動について理解と尊敬の念を持っていた呂運亨氏に、治安問題について責任を持ってほしいと要請した」

の学生は軽い処罰を受けた。(*11) このような事実を基に、姜徳相《カン・ドクサン》は「対中平和交渉のための協議を繰り返して積み重なった2人の個人的な信頼関係」(*12) が、遠藤が呂運亨を選んだ理由だと指摘した。ところが、後に明らかになるが、総督府官僚が接触したのは呂運亨だけではなかった。右派は総督府当局が宋鎮禹にも治安協力を求めたという事実を明かして、「誰が先に要請を受けたのか」という事実は解放直後の左右のプライドをかけた「大論争」に飛び火する。

呂運亨――遠藤会談

15日、朝鮮半島の解放を祝う「ひときわ赤く輝く朝日」(*13) が昇った。この日の平均気温は27・2度で、午前中は空に雲がたちこめていた。しかし、玉音放送が終わった午後3時頃には雲は去り、快晴になっていた。(*14)

呂運亨と遠藤の会談が終わった正確な時間は、資料ごとに少しずつ異なる。総督府官僚の証言が土台になった森田芳夫の力作[i]『朝鮮終戦の記録』を見ると、呂運亨が午前6時30分頃、長崎所長、白允和《ペク・ユンファ》京城地方法院判事とともに大和町《やまと》（ソウル特別市中区の忠武《チュンチ》路）の総監官邸を訪れたと記述されている。長崎と白允和は呂運亨が遠藤など総督府の高官と会うたびに同席していた人物だ。長崎は要視察者である呂運亨の動向を把握しなければならない責任者であり、日本語に精通した白允和は、呂運亨を手助けする通訳であった。

しかし、15日未明まで呂運亨と一緒にした呂運弘は回顧録で、乙支《ウルチ》路6街にあった朝鮮唯一の自動車整備工場、京城サービスの鄭亨默《チョン・ヒョンモク》が「こんな日が来ると予想して、あらかじめ準備して

おいた」車[j]が朝7時に到着し、呂運亨はこの車で午前7時50分に出発したと記した。(*15)
会談に臨んだのは、呂運亨、遠藤、白允和、長崎、西広など5人であった。日本側当事者の証言を基に森田が記録した2人の対話は次のようなものだ。

遠藤：今日12時、ポツダム宣言受諾の詔勅が下る。すくなくとも17日の午後2時ごろまでにはソ連軍が京城に入るであろう。ソ連軍はまず日本軍の武装解除をする。そして刑務所にいる政治犯を釈放するだろう。そのときに、朝鮮民衆は付和雷同して暴動を起こし、両民族が衝突するおそれがある。このような不祥事を防止するため、あらかじめ刑務所の思想犯や政治犯を釈放したい。連合国軍が入るまで、治安維持は総督府があたるが、側面から協力をお願いしたい。

[i] 森田芳夫は1910年、広島で生まれた後、薬剤商をしていた父とともに朝鮮に移住した。群山公立小学校、京城中学を経て、1937年4月、京城帝国大学に入学して朝鮮史を専攻した。戦後、外務省で勤務した森田は、退任後の1975年から1979年まで聖信女子師範大学（現在の聖信女子大学）で日本語を教えた。彼は自身が韓国語を熱心に勉強したことについて、8月16日に韓国人が「万歳（マンセ）！万歳（マンセ）！」と解放を喜んで祝う様子を見て深く反省したからという証言を残した。1992年に心不全で他界した際、聖信女子大学の教え子が自宅を訪ねて「師の歌」を歌って追悼した。

[j] 呂運亨が亡くなる日まで愛用したリンカーン。呂運亨は1947年7月19日、この車に乗って、米軍政のナンバー3である民政官E・A・ジョンソンに会いにいく途中、20歳の青年、韓智根に銃撃されて死亡した。呂運亨暗殺事件の正確な背後関係は未だ明らかになっていない。

呂運亨：期待にそうよう努力する。

続けて西広が部屋に入ってきた。西広は呂運亨に、思想犯・政治犯を釈放する前に軽挙妄動しないように改めて強調してほしいと頼んだ。また、民衆の中で、特に青年と学生が暴動の中心になる可能性があるので、冷静を保つよう説得するように要請した。遠藤は呂運亨に、「治安維持に協力してくれること」を安在鴻にも伝えてほしいと頼んだ。西広と呂運亨の会話は続いた。

西広：治安維持協力に必要なら、朝鮮人警察官をあなたの下に移してもよい。
呂運亨：食料問題はどのようになるのか。
西広：10月までは大丈夫である。
呂運亨：治安維持法に問われて警察署・憲兵隊に留置されている者（未決囚－引用者）を釈放してもらいたい。
西広：それはもちろんである。刑務所にいる者さえ釈放するのだから。
呂運亨：集会禁止措置も解いてほしい。
西広：約束する。
呂運亨：釈放者に対して、まじめに建国に努力するよう、自分から一言述べたい。
西広：わかった。

会談を終えると、呂運亨は数多くの朝鮮人独立運動家を弾圧してきた警務局長の西広に、最後になるであろう挨拶をした。

「健康を祈る」。(*16)

その頃、呂運弘は桂洞で兄の帰りを首を長くして待っていた。未明に指示された新聞社と放送局の接収問題について、「具体的な指示があることを」期待していた。呂運亨が姿を表したのは朝8時50分頃であった。

そのとき興味深いのは、呂運亨に続いて入ってきた人物だった。海千山千の共産主義者が集まる共産運動系で、曹操と呼ばれた鄭栢《チョン・ベク》（1899〜1950）が姿を表したのだ。呂運亨は1分1秒が惜しいこの時分、鄭栢と20分以上にわたり夢中になって何かを相談していた。

鄭栢は、1922年に雑誌「新生活」を通じて登場した後、1923年に金思国《キム・サググ》、李英《イ・ヨン》らとともにソウル青年会幹部として活動し、1924年11月にソウル系共産党に参画し、計6年4カ月にわたり服役したソウル派に属する筋金入りの共産主義者であった。1937年6月29日付「東亜日報」の紙面で、彼が朝鮮共産党再建活動を行なった罪によって全州《チョンジュ》刑務所で3年間の服役を終えた後、17日に出獄して故郷の江原道金化郡に移ったという記録を確認することができる。その後、解放の頃まで鉱業に従事したと伝えられている。

鄭栢はこの頃、桂洞にあった共産主義者、張日煥《チャン・イルファン》（1898〜?）の家に隠れていた。(*17) 呂運亨が遠藤との会談を終え、帰宅しながら鄭栢と何かを議論したということは、解放直後の政界を主導することになる建国準備委員会の進路を予想させる意味深長な動きであった。

鄭栢が残した「8月15日朝鮮共産党組織経過報告書」に、当時の状況が記録されている。鄭栢は、その年の春から呂運亨、安在鴻などが推進してきた民族大会招集運動に参加していた。この運動は総督府の拒絶で実現することはなかったが、8月に入って日本の敗戦が近づくと、再び動き出した。鄭栢によれば、「呂運亨、安在鴻は8月12日に釈放された私と協議し、独立について具体的な政策樹立」(*18)を準備した。そこで鄭栢が任されたことは「東亜日報派の宋鎮禹と協力の必要を実現」することであった。この証言は、呂運亨の建国準備作業が建国同盟等の側近の範囲を超えて、非妥協民族主義者（安在鴻）、共産主義者（鄭栢）、資本家の利害を反映する改良的民族主義者（宋鎮禹）など左右を包括し、幅広く進行されていたことの傍証である。しかし、主導権をとらなければならないのは、あくまでも呂運亨とその側近が中心の左派であった。

長引く呂運亨と鄭栢の協議に苛立った呂運弘が部屋に入ろうとしたところ、話を終えた2人が部屋を出てきた。彼はすかさず尋ねた。

「それで、どうなりました。放送局を接収しましょうか」

「情勢が変わった。遠藤は、朝鮮が分断されて米ソ両軍がそれぞれ占領[k]するとみている。漢江が境界になり、京城はソ連軍の占領地域になるようだから[l]、我々のすべての計画はそれに従って変更しなければならない。英語で放送する必要がないのだから、急がずに事の成り行きを見ながら慎重に進めなければならない」

呂運亨が述べた「情勢の変化」とは、米軍ではなくソ連軍が京城に進駐するだろうという遠藤の推測であった。呂運亨は、朝鮮を36年間支配してきた総督府ナンバー2の言葉を信頼した。実際、ソ連軍が朝鮮半島に侵攻したということは「毎日新報」も報道した公然の事実であった。当時は、どのような立場の者であっても、米ソ両軍が北緯38度に朝鮮半島の占領分割線を引くことを想像できなかった。いずれにせよ、ソ連軍が京城を占領するだろうという遠藤の合理的だが不確かな推測は、その後の解放政局に途方もない影響を与えることになる。

朝鮮半島の政治、経済、社会の中心は、過去も現在も京城であった。ソ連軍が京城を接収するということは、事実上、朝鮮全体を占領することを意味する。積極的に解釈すれば、ソ連軍の支援を受ける共産主義者が解放朝鮮の建国事業を主導するようになるということでもあった。呂運弘は1969年12月21日、李庭植とのインタビューで当時の状況について、「そもそも社会主義

［k］森田の記録を見ると、遠藤は清津に上陸したソ連軍の勢いから「少なくとも17日午後2時頃までにソ連軍が京城に入ってくるだろう」と述べただけだ。つまり、遠藤がこの日明らかにしたのは米ソの朝鮮半島分割占領ではなく、ソ連の単独占領であった。呂運亨の発言を伝える呂運弘は、遠藤が分割占領に言及したと書き残しているが、これは記憶違いであると考えられる。

［l］この時点では、北緯38度線を境に米ソが南北を分割占領するという連合国の「一般命令第1号」について、最終合意がなされていなかった。したがって、遠藤が漢江を境に朝鮮が分割占領されるだろうと述べたという呂運弘の記録もまた錯誤だったのだろう。とにかく、重要なことは朝鮮総督府が米国ではなくソ連が京城に侵攻してくるだろうと推測していたという事実である。

的傾向を持った呂運亨は、京城にソ連軍が入ってくるというので、鄭栢と会って話してみようとなったようだ」と推測した。(*19)

呂運亨が若いころモスクワを訪問して体感したソ連は、被支配民族に配慮する温かい国際共産主義の国であった。ソ連の指導者であったウラジーミル・レーニン（1870〜1924）は三・一運動の翌年である1920年、朝鮮独立運動のために200万ルーブルを無償援助することを決め、9月には初回分の40万ルーブルを、大韓民国臨時政府のモスクワ全権大使であり、韓人社会党員の韓馨権《ハン・ヒョングォン》に純金で支給した。韓馨権の回想によれば、この純金はなんと327・6kgであった。成人男性5人ほどの重さで大きな箱7つに分けて収めなければならなかった。現在の貨幣価値に換算すれば、510億ウォン（訳注：約50億円）に上る巨額なものだった。それから2年後、呂運亨は1922年1月22日から2月2日までモスクワで開かれた東方被圧迫民族大会に参加し、レーニンと出会うことになる。そのときレーニンは温かく彼を迎え、「以前の朝鮮は文化が発展していたが、現在は民度が低いので直ちに共産主義を導入することは誤りである。今は民族主義で行くべきだ」(*20)との見解を述べた。それは、呂運亨の視点と一脈通じる慎重かつ現実的な判断であった。

呂運亨が訪問した1920年代初頭のソ連は、革命の熱気が残っていた温情ある国であった。しかし、1945年のソ連は針どころかナイフで刺したとしても一滴の血も出てこない冷血なスターリンが支配していた。とにかく、呂運亨は直ちにソ連軍が京城に進駐するだろうと考えており、その赤い軍隊とともに朝鮮の建国のために日々邁進しようと誓った。

コラム

日本の降伏は10日なのか、15日なのか？

日本が連合国に初めて降伏の意思を伝えたのは、いつなのか。大多数の韓国人は、「玉音放送」が行われた1945年8月15日を思い浮かべるが、実際には、それより5日前の8月10日であった。

本土決戦を準備した日本が予想より早く降伏を決心したのは、2つの変数があったからだ。第一は8月6日広島、9日長崎に投下された原子爆弾が途方もない威力で「一億玉砕」を唱え、あったこと、第二は8月9日にソ連軍が中立条約を一方的に破棄して、ソ満国境を越えて奇襲したことであった。

ソ連が日本に宣戦布告したという事実を正式に通告したのは、日本時間の9日午前4時、モスクワ放送を通じてであった。ソ連の短波放送を聴取していた外務省と「同盟通信」がこの事実を最初に知った。ソ連侵攻という驚天動地の知らせを受けた外務省ラジオ室は、東郷茂徳外相に直ちに電話をかけた。驚いた東郷は服を拾い上げて、朝5時頃に鈴木貫太郎首相を官邸に訪ね、この衝撃的な事実を伝えた。東郷は落胆した顔で、「この戦争はこの内閣で最後までやりましょう」と述べた。ソ連が参戦したので、これ以上持ち堪えることはできないという告白だった。

午前10時半、日本の運命を決めるための最高戦争指導会議が開かれた。鈴木は「広島とソ連参戦という周辺情勢に鑑み、とうてい戦争継続は不可能」として、日本に「無条件降伏」を要求した「ポツダム宣言を受諾して戦争を終結するほかない」と述べた。冷静な現実論者である米内《よない》光政海相も、「ポツダム宣言を受諾するにしても、これをそのまま受け入れるのか、それとも、我々が希望条件を提示するのかについて議論しなければならない」と降伏受諾の議論を一気に進めた。

残る問題は「降伏の条件」であった。最高戦争指導会議に集まった者の意見は2つに分かれた。鈴木首相、東郷外相、米内海相など講和派は「国体護持」、すなわち天皇制を守る唯一点を掲げ、ポツダム宣言を受諾しなければならないと主張した。他方の阿南惟幾陸相、梅津美治郎参謀総長、豊田副武《そえむ》軍令部総長は、国体を守るためであっても、①占領は小範囲・小兵力で実施②武装解除は日本が自律的に実施③戦争犯罪者も日本が処分——という3つの条件を追加しなければならないと応じた。特に陸軍を代表する阿波陸相が強硬論を貫いた。東郷の1つの条件論と阿南の4つの条件論が激しく対立した。

会議終盤、2発目の原子爆弾が投下されたという情報が伝えられた。午前11時2分、長崎であった。最高戦争指導会議が未だ合意に至らない状態で閣議が招集され、夜10時になっても意見がまとまらなかった。終わりのない論争に終止符を打つ方法は、天皇の決断しかなかった。深夜を前にした9日夜、皇居内の御文庫で御前会議が開かれ、再び長い討論が始まった。

深夜2時頃、鈴木が遂に席を立った。彼は玉座の前に進み出て最敬礼した後、「議をつくすこと、すでに2時間におよびましたが、遺憾ながら三対三のまま、なお議決することができませぬ。しかも事態は一刻の遷延も許されないのであります。この上は、まことに畏れ多いことでございまするが、ご聖断を拝しまして、聖慮をもって本会議の結論といたしたいと存じます。」と述べた。驚いた阿南が「総理」と叫んで制止したが、鈴木はぶれなかった。待っていたかのように昭和天皇が口を開いた。天皇は少し身を乗り出すようにして結論から述べた。

「それならば朕の意見を言おう。朕は外務大臣の意見に同意である」

この短い言葉で国体護持という唯一の条件で連合国に降伏するという国家方針が定められた。会議は午後2時20分に終わった。閣議を終えた東郷は、急いで外務省に戻った。首を長くして東郷を待っていた松本俊一次官に、「陛下の地位を変えないこと」を条件に、ポツダム宣言を受諾する閣議決定事項を伝達した。日本は、中立国であるスイス、スウェーデンを通じて降伏の意思を伝えた。外務省が、「帝国政府は1945年7月26日、ポツダムに集まった米英中3カ国首脳によって発表され、後にソ連政府が参加した共同宣言にある条件を、この宣言が天皇の国家統治大権について変更を含まないという理解のもと受諾する」という電文を打電したのは、10日午前6時45分であった。

しかし、天皇が玉音放送で「最終降伏」の意思を明かすまで、5日という時間が必要であった。

日本が10日、連合国に伝達したのは「天皇の国家統治大権について変更を含まない」ということを前提とした、「条件付き降伏」の意思であった。これはポツダム宣言が要求した「無条

1945年9月2日、米戦艦ミズーリで開かれた降伏文書調印式

件降伏」ではなかったため、降伏が成し遂げられるためには、米国など連合国がこの条件を受け入れなければならなかった。天皇制を維持したいという日本の要求に対する米国の回答は、「(降伏後)天皇と日本政府の国家統治の権限は連合国最高司令部の〝制限下〟(原文：be subject to)に置かれるようになる。日本政府の最終的な形態は、ポツダム宣言に一致するよう日本国民の自由に表明された意思によって樹立される」であった。日本政府が切実に確認したい「天皇制維持」の可否については、明確にしない回答であった。

するとこの回答を受諾するのか否かについて、再び熾烈な議論が起こった。12日午後3時から、緊急閣議が開かれた。阿南は「国体護持についての明確な答えとはいえない」とし、米国に再び照会することを要求した。しかし、東郷は「即時受諾しなければならない」と譲らなかった。もう一度、天皇の決断が必要だった。14日午前、皇居地下の防空壕で開かれた2回目の御前会議で、天皇は「この辺で、向こうの回答をそのまま受け入れてもいいと思う。朕が直接国民に訴えることが最良であれば、いつでもマイクの前に立つ」と述べた。

会議は正午頃に終わった。閣僚は昼食を摂って、ポツダム宣言を受諾する詔書作成を始めた。ここで再び時間がとられた。阿南は原文にあった「戦勢が日に日に不利に」を、「戦勢が好転しない」に修正するように要求した。このように、大小の修正に修正を重ねた最終案が、午後7時頃に確定した。パソコンがなかった時代であるため、宮内省の職員が毛筆で清書しなければならなかった。この作業に1時間かかった。このようにして作られた案を午後8時半頃、天皇に上奏することができた。天皇の承認を得た後、すべての閣僚が文書に署名した。詔書の最終案は夜11時頃に発表された。外務省は、この文書をもう一度中立国であるスイス、スウェーデンを通じて連合国に伝達した。

天皇の玉音放送録音は、詔書の最終案が確定した後、夜11時25分に宮内省内廷2階の政務室で行われた。初めての録音で声が震え、不明瞭な部分があったため再録音された。4分37秒であった。迫水久常《さこみずひさつね》内閣書記長官が記者団に対して、明日正午の放送が終わる時まで朝刊を「絶対」に配達してはならないと厳命した。鈴木は翌日の15日午前、天皇の諮問機関である枢密院会議に参席して放送を聴取した。ついに日本が連合国に無条件降伏したという事実が、日本と朝鮮の津々浦々に伝えられた。鈴木は午後2時頃、閣議を召集して辞任の意思を明かした。このようにして、日本の最後の戦時内閣は131日で幕を下ろした。

第3節

軽挙妄動を慎め　宋鎮禹の8・15

緊迫したこの局面では
ただ—沈黙するほかない……。
我々が日本の術中に陥るだけだ。
宋鎮禹

薛義植の短波放送

1922年5月「東亜日報」に入社後、社会部長や編集局長等の要職を経た薛義植《ソル・ウィシク》（1900～1954）が、義弟を通じて短波ラジを入手したのは、1944年晩秋であった。新聞の寸評コーナー「しどろもどろ」で文才を誇った薛義植の人生に試練が訪れたのは、1936年8月の日章旗抹消事件を通じてであった。当時「東亜日報」編集局長を務めていた薛義植は事件の責任を負って退社した後、解放の頃には鉱業に従事していた。

薛義植は短波ラジオを持っていた。ラジオを通じて、米国と中国の放送はもちろん、日本語で発信されるソ連の放送を聴いて世界情勢を知ることができた。最も興味深かったのは、米国・サンフランシスコから伝わってくる「米国の声（VOA—Voice of America）」の朝鮮語と日本語の放送であった。しかし、短波放送聴取への取り締まりが厳しく、処罰も過酷であったため、安心して聴くことはできなかった。真実という禁断の果実は危険であったが、それほど甘味であった。(*1)

短波ラジオが伝える戦争の実態は、日本の大本営発表を報じる「毎日新報」の記事とは違った。薛義植は1945年7月、「北海道を起点に（米軍の）艦砲射撃が開始されると、日本の屈服が決定的なもの」になったことに気づいた。しかし、自ら「言わざる」となって「心の中で喜んだだけ」であった。

しかし、世の中に隠し通せる秘密などない。喜ばしいことであればあるほど、隠し通すことは難しい。日本の敗北が迫っているという驚くべきニュースを、短波ラジオを買ってくれた義弟が知り、妻が知り、同居する弟が知り、甥が知り、遂には隣人まで知るようになった。すると、怯えた妻の強い願いで、彼はラジオを地下室の奥深くに隠した。

8月に入って戦況は更に深刻化した。6日、広島に「かつてない科学兵器（原子爆弾）による残酷な爆撃」があり、9日には「ソ満国境に待機していたソ連軍が宣戦布告もなく侵攻」を開始した。

そのような中で迎えた10日早朝であった。薛義植は平素から懇意にしていた「朝日新聞」京城支局長の伊集院兼雄《いしゅういんかねお》[a]と会った。すると伊集院は「数日中に大量の予防拘禁が始まるはずだから、君も注意しろ」と、予想外の警告をした。薛義植は、総督府が目の敵にしていた「東亜日報」の編集長を務めていたため、「要視察人物」として総督府の予防拘禁者名簿に名前が上がっているに違いなかった。これは単なる噂ではなかった。朝鮮総督府は、降伏を2日前に控えた13日、第17方面軍を訪ねて戒厳令宣布の可能性を論議もした。(*2)

伊集院の警告を聞いた薛義植は、戦争が最終局面に入ったことを直感し、10日夜、危険を承知で短波ラジオのスイッチを入れることにした。薛義植が当時滞在していたのは、恵化洞《ヘファドン》交差点(ソウル特別市鍾路区)にあった「東本社《トンボンサ》」の役員である林正燁《イム・ジョンヨプ》宅であった。東本社は「東亜日報」が廃刊された後、会社の資産管理ために作られた法人であった。そこは丘の上に位置して周囲から丸見えだったので、薛義植は緊張するほかなかった。

薛義植はその暑い夏の夜、10時頃から雨戸を閉め切り、分厚い掛け布団を被って、汗を流しながらラジオに耳を傾けた。放送は、日本が連合国に降伏の意思を伝えたという事実と、それに連合国がどのように回答したのかなどを明快な日本語で伝えていた。彼が聞いたのはメディアの憶測ではなく、米国務省の正式発表であった。「日本が降伏した！」と布団の中で声を上げて泣き出した。彼はその時の感想を、「その瞬間の衝撃と感激は実に形容することができなかった」(*3)と記している。

翌11日の朝は明るかった。一睡もせずに夜を明かした薛義植は、朝6時、大韓帝国末期に知事であった父・薛泰煕の肖像画の前で、朝鮮が解放されることを報告した。そして、この喜ばしい話を「東亜日報」の社主である金性洙《キム・ソンス》(1891〜1955)と社長の宋鎮禹《ソン・ジンウ》に伝えることにした。

まだ早い時間であったが薛義植は気にしなかった。知らせるべきは社長よりも社主が先だと考えた。金性洙に知らせを入れたが、受話器を手にした者が「不在です」と言って電話を切った。薛義植は、日帝が監視の目を光らせていることを直感した。

次は、社長の宋鎮禹への連絡だった。しかし、突然連絡すると狼狽させてしまうかもしれないので、薛義植は策を巡らせた。昨夜聞いた日本降伏の情報を紙に胡麻粒のような文字で書いて小さく折り畳み、開城《ヘサン》産の朝鮮人参の中に埋め込んだ。これに錦山《クムサン》産の朝鮮人参4、5個を交ぜて薬袋に入れた後、苑西洞《ウォンソドン》（ソウル特別市鍾路区）の宋鎮禹の家に電話をかけた。今回は宋鎮禹本人が出たので、薛義植はいきなり言葉を吐き出した。

ご容態はいかがですか。外出ままならないですよね。絶対安静が必要です。面会のようなものも一切避けてください。良い漢方薬をいただきましたので、人参をお送りいたします。錦山産より開城産をまず飲んでください。他にお願いしたいこともありますので、誰か拙宅に送ってください。(*4)

［a］伊集院兼雄は総督府の機関紙「京城日報」から朝日新聞にスカウトされ、京城支局長として活躍した人物である。朝鮮事情に精通していたので、遠藤柳作政務総監の顧問も引き受けた。金乙漢によれば、遠藤が彼に「朝鮮人民の民心を宣撫して戦争に協力させるにはどうすればよいか」と助言を求めると、伊集院は「政治的な色彩がない純粋な人々の総督政治に対する率直な不満をすべて聞いた後、誤りを早急に直すことが得策」とアドバイスしたという。伊集院は解放当時を生きた朝鮮人の回顧に多く登場する。

薛義植は宋鎮禹が寄越した東方社の社員に、「とても重大なことだから、居間で先生に必ず直接渡しなさい」と何度も念押しした。情報がきちんと伝わったのか確認の電話を入れた薛義植に、宋鎮禹は「良い漢方薬をありがとう。生田《いくた》（京畿道知事）が会おうと言っているので、すぐに行ってくる」と答え、「私も接客を避けて安静にするので、君も健康には絶対に注意するように」と続けた。この言葉で薛義植は以心伝心したことがわかった。日本が降伏するという貴重な情報が薛義植から宋鎮禹に伝えられた。(*5)

「対策は無策」

宋鎮禹は、1921年から1940年8月に「東亜日報」が廃刊となるまで20年にわたって、同紙の社長、主筆、顧問等を歴任した「東亜マン」であった。三・一運動に主導的に関わり服役した後、生涯の友である金性洙が創った「東亜日報」の社長に就任し、新聞社の浮き沈みによる少なからぬ受難を耐えなければならなかった。

1940年8月に新聞が強制廃刊された後、宋鎮禹は外部活動を避けて苑西洞の自宅に蟄居《ちっきょ》していた。右翼民族主義者の大部分が、1930年代末の修養同友会・興業倶楽部事件[b]で転向して名を汚したが、宋鎮禹だけは「布団を被って横になり、総督府のあらゆる要求を一切拒絶」(*6)した。

「東亜日報」廃刊から朝鮮解放までに横たわる5年は、「長い時間」であった。宋鎮禹は東亜日報社の精算作業を終えた後、たまにハイキングと称して京畿道漣川《ヨンチョン》郡の全谷で農場管理（*7）を行っていた前主筆の金俊淵《キム・ジュンヨン》（1895~1971）、京城の倉洞に居を構える弁護士の金炳魯《キム・ビョンロ》（1887~1964）、朝鮮史学者の鄭寅普《チョン・インボ》などを訪問することを唯一の楽しみとした。（*8）

日章旗抹消事件で「東亜日報」主筆の職から退いて全谷に留まっていた金俊淵は、京城に上ってくるとき頻繁に宋鎮禹の家に泊まった。全羅南道出身の彼は1917年に京畿高等普通学校を卒業し、岡山県の第6高等学校を経て、1920年に東京帝大法学部を卒業した当時のエリートであった。その後、1922~1924年にドイツのベルリン大学で政治学と法学を学んで帰国

［b］修養同友会は安昌浩が率いた興士団系の団体で1926年1月に結成された。総督府は彼らが独立運動をしているとして、安昌浩、李光洙、朱曜翰、趙炳玉など約180名を逮捕した。日本当局の過酷な取り調べで2名が死亡し、安昌浩もこの時に受けた拷問で、翌年の1938年に死亡した。一審では全員が無罪判決を受けたが、二審では主要メンバーに懲役刑が課せられた。しかし、1938年11月に李光洙などが「知性で天皇に忠誠を捧げよう」という内容の転向書を発表し、証拠不十分で再び全員が無罪判決を受けた。この事件以降、時代の知性と呼ばれた李光洙は香山光郎と改名して、見苦しい親日の道を歩むようになる。

興業倶楽部は、李承晩が1921年にハワイで結成した独立運動団体「同志会」を支援するため、1925年3月国内で結成された秘密結社である。本来は当時の民族主義知識人の集合体であったが、1932年以降は年1回会合する有名無実の状態に置かれた。日本はこの事件で検挙した54名全員を異例の起訴猶予処分とし、関係者の相当数が転向を選択した。それまで朝鮮社会で尊敬されていた尹致昊は1937年9月、申興雨、兪億兼を呼んで転向声明書を作成した後、「民族自決の迷妄を精算し、内鮮一体の使命を具現する」と宣言した。

した後、「朝鮮日報」に入社した。「朝鮮日報」は、「金俊淵が帰国して旅装を解く前に遠いモスクワ」(*9)に発たせた。1925年の日ソ基本条約提携で両国間に国交が回復するや否や、ソ連という未知の国を朝鮮に紹介するためのモスクワ短期特派員に任命したのだ。金俊淵は、4月初めにソ連に到着、5月20日モスクワを発って6月初めに帰国した。彼はこの時の取材内容を「朝鮮日報」の紙面を通じて50回ほど連載した。

宋鎮禹がこの33歳のエリートを「東亜日報」編集局長としてスカウトしたのは、それから2年後の1927年10月のことであった。その頃、金俊淵は第3次朝鮮共産党の最高責任者である責任書記を務めていた。彼を取り巻く怪しい気配を感じ取っていた総督府が、宋鎮禹を呼んで金俊淵を採用した経緯を尋ねると、宋鎮禹は「彼は性格がおとなしくて、学問と人徳があり、新思想を理解する良い人物なので雇った」と答えた。

しかし、日本の高等警察は一瞬の隙も許さなかった。金俊淵は1928年2月、第3回朝鮮共産党を根絶やしにする捜査に巻き込まれ逮捕された。これによって宋鎮禹も短い懲役刑を受けることになるが、それでも金俊淵を恨まなかった。刑務所で6年余り服役して、1934年7月に出獄するや否や、再び呼び出して「東亜日報」の主筆に就かせた。理由を問いただす日本警察に、宋鎮禹は「彼に職場を与えなければ、狼山(金俊淵)はやむなく上海などに亡命するのではないか。そうなれば日本に投げる爆弾を作ってしまう」と答えた。(*10)自身を最後まで信頼してくれた宋鎮禹に感動したのか、金俊淵はその後、民族主義に転向しただけではなく、解放政局で韓国民主党グループの核心メンバーとなり、かつての左翼同志に呪詛の捜査を次々と行うようになる。

解放直後、呂運亨《ヨ・ウンヒョン》と安在鴻を親日派として追い込む韓国民主党の多くの「檄文」は、かつて左翼の闘志であった金俊淵が書いたものだと考えられる。彼は後に自らの選択について、「ソ連の共産主義的方式を捨てて英米の自由民主主義を選ぶことが、朝鮮人の幸福のための道であると考えた」(＊11)と記した。

解放のころ、国内に残った指導者層の中に日帝に協力しなかった者は、呂運亨、安在鴻、宋鎮禹など数えるほどであった。宋鎮禹に対しても総督府の執拗な懐柔工作が続いた。宋鎮禹はある日、金俊淵の体をしっかりと掴んでこう言った。

狼山《ナンサン》（金俊淵─引用者）、今に日帝は必ず滅ぶ。ところが、我々が困窮すれば、自治を餌に誘惑してくるだろう。形勢が悪化して更に窮すれば、独立を許すと言うだろう。我々は自治を与えると言われても動いてはならない。独立を許すと言われても応じてはならない。今が最も危険な時なのだ。(＊12)

2人は、日本が必ず滅びること、日本の降伏後、どのように事態を収拾して秩序を回復するのかについて、意見を交わした。ある日、自宅があった苑西洞から昌徳宮《チャンドックン》に向かって歩きながら、宋鎮禹が力をこめて話した。

「狼山、対策は無策だ」

宋鎮禹は日本が降伏するといって早急に軽挙妄動するよりも、歴史の道理に沿って行動しなけ

「東亜日報」に三・一運動7周年記念の辞を掲載した罪で、西大門《ソデムン》刑務所に収監された宋鎮禹（1926）。右派・資本家に代表される民族主義陣営で、宋鎮禹くらい親日容疑がかからなかった者は珍しかった。

ればならないという明確な見解を持っていた。わたしは、それはそれなりに一理ある判断であったが、朝鮮が解放を迎える激動の中で、過度に受動的で無責任な対応だという考えを捨て去ることができない。彼の「決定的な線」を守る姿勢は、日本政界や総督府当局ときわどい時局対話を厭わない呂運亨とは、「和解することができない」ほどの開きがあった。

1944年の夏に入った頃だった。故郷の平澤《ピョンテク》に下っていた安在鴻が宋鎮禹を訪ねた。この頃、安在鴻は呂運亨と共に総督府高官などと接触していた。「軽挙妄動」を警戒していた宋鎮禹の目に、そのような安在鴻の姿が良く映ったはずがなかった。金俊淵によれば、安在鴻はこの訪問で、宋鎮禹に民族唯心会という団体を作るための支援を要請した。(*13) 東亜日報社から出版された宋鎮禹伝記『独立に向けた執念』は、この出会いを次のように描写している。

「古下《コハ》（宋鎮禹）、すでに朝鮮人が軍人として駆り出され血を流しているのだから、その代償を受けるべきではないか。何かしらの運動を起こし、権利の一つでも得るべきではないのか」

「民世《ミンセ》（安在鴻）、何を言っている。緊迫したこの局面では沈黙するほかない。我々が動けば動くほど、日本の術中に陥るだけだ」

1929年、京都汎太平洋会議に参加した右派
（左から白寛洙《ペク・グァンス》、宋鎮禹、尹致昊《ユン・チホ》、兪億兼、金活蘭《キム・ファルラン》）。
白寛洙と宋鎮禹を除いて、親日人名辞典に掲載されている。

「古下、あなたはなんてロマンティックな人間なのだ。沈黙を続けていれば、李承晩博士が米軍の軍艦にでも乗って仁川に戻ってくるとでもいうのか」

「何を言っている。あなたは他人が流した血の代償を手にするつもりなのか」(*14)

一方、相手側である安在鴻の回顧はまったく脈略が異なる。安在鴻は１９４４年の冬、「民族主義者の重鎮である某氏（宋鎮禹）」との時局会談について、「新天地」１９４８年7月号に「民政長官を辞任して」という記事で公表した。安在鴻は宋鎮禹を訪ねて、日本の敗戦は時間の問題であるとし、「朝鮮人が軽率な行動をとった場合、武器を持っている日帝軍隊を刺激して無用な流血惨事が発生するおそれがある」のでこれを防止しなければならず、「国際的な勢力を背景とする民（民族主義）・共（共産主義）陣営の対立抗争が起こることが予想」されるので、事前に「国内の良心的部隊、その主力を結成して」この局面を乗り切る必要があると強調した。安在鴻が言及した「国内にある良心的な主力」とは、のちに彼と呂運亨が中心となり結成する建国準備委員会のような団体を意味すると考えられる。しかし、宋鎮禹はこのような積極的な意見に同意しなかった。彼の反論は次のとおりだ。

現在、米国は全世界の先頭に立っている。（中略）ソ連は荒廃し、戦後の国家建設に必要な莫大な財政・機械・資材・技術に至るまで、すべて米国の援助を必要としている状態だ。ソ連は米国に協力するはずだから、国際的な難関はないと思われる。一方、重慶臨時政府は連合列国の正式な承認を得て、隷下に10万の独立軍を擁し、米国から数億ドルの借款を成立させた。すでに1億ドルの前借金を受け取っている。日帝が崩壊するとき、10万の軍を引き連れ、10億ドルの巨額をもって朝鮮に戻り、親日巨魁の連中を始末すれば（中略）大きな問題なく万事うまくいくはずだ。（*15）

当時の世界情勢と重慶臨時政府の能力について、宋鎮禹は過度に楽観視していたことがわかる。しかし、宋鎮禹の期待とは異なり、大韓民国臨時政府は解放を目前にした最後の瞬間まで、米国はもちろん、中国・国民政府の承認さえ得られないまま、中国内陸で５００名ほどの光復軍を養成した存在に過ぎなかった。また、米国が正式に承認してもいない極東の小さな国に10億ドルという膨大な資金を支援するはずもなかった。その後の歴史が証明しているように、既得権を握っていた親日派の処断も容易なことではなかった。何事にも、「軽挙妄動してはいけない」「対策は無策」と言ってきた宋鎮禹の持論が、臨時政府に対する薔薇色の認識に基づいたものであれば、民族指導者としての現実認識能力にかなりの欠陥があったと判断せざるを得ない。

このように宋鎮禹と呂運亨、安在鴻の間には現実に対応する観点と行動様式はもちろん、臨時政府の能力に対する評価でも雲泥の差があった。これは個人の性質を超えて、左右の階級的位置を反映する根本的な問題でもあった。

三・一運動の熱気が消え去った1920年代半ばに差し掛かり、朝鮮の社会運動は多岐に分かれた。最初の別れ道は、左と右であった。朝鮮の左派は共産主義に走り、新たに朝鮮独立の可能性を追求した。彼らは1925年4月に、コミンテルンの認定を受ける朝鮮共産党を結成した。しかし、共産主義を日本の国体に脅威を与え得る「社会悪」と見ていた日本高等警察は、彼らを徹底的に追跡して壊滅しようとした。総督府当局の過酷な拷問と熾烈な弾圧を受けた朝鮮共産党は、再建と解体を繰り返した。その過程で極めて重要な革命家が死亡したり、精神的・肉体的に不具になったりした。呂運亨は朝鮮共産党と直接関係はなかったが、中国共産党に入党するなど左翼的世界観を持った人物であった。彼は世界を変えるため、常に主体的に何かをなそうとし、それによる苦難を甘受した。

宋鎮禹と安在鴻は、ともに右派民族主義者だった。しかし、一貫した非妥協民族主義路線を堅持した安在鴻と異なり、「東亜日報」と京城紡績など守らなければならないものがある資本勢力を代表する宋鎮禹（と金性洙）の色彩はやや暗かった。宋鎮禹自身は日本に協力しなかったが、彼が携わった「東亜日報」は植民地支配に改良主義的な立場を取った。その必然的結果だったのか、宋鎮禹周辺の多くの者が、1930年代後半以降、良心に背いて日本に協力する道を選んだ。

韓国現代史で常に議論される金性洙の親日もやはり同じだった。彼の親日は積極的・自発的というよりも、「東亜日報」と彼が大きな愛情を傾けた普成専門学校を保護するための「強要された選択」に近かった。朝鮮の資本家という階級的立場が金性洙を抵抗から妥協に導いたというわけだ。

失うものがない呂運亨と安在鴻は、自ら泥をかぶり、運動の正面に立って世の中を変えようとしたが、宋鎮禹は苑西洞に蟄居しながら時局を静観するのみだった。しかし、宋鎮禹ほどの人物が、いつまでも鳴りを潜めているわけにはいかなかった。遂に最終的な決断を下さなければならない時期が迫ってきた。解放を4日後に控えた8月11日午前、生田から「会おう」という連絡があった。

総督府の接触

京畿道漣川郡に滞在していた金俊淵が、日本の敗北を直感したのは8月9日であった。その日の午後5時、ラジオからソ連が日本との中立条約を破って満州と朝鮮に侵攻してきたという情報が流れてきた。当然、日本による宣戦布告が行われなければならなかったが、それについては一切の説明がなかった。日本の曖昧な態度を感じ取った金俊淵は、「重大な時期」が到来したことを悟った。

彼はニュースを聞いて、すぐさま小さな手提げだけを持って京城の南側に逃げた。当時、世間一般に「日本は重大な危機に直面したとき、日本や米国、欧州帰りの者、あるいは反日分子だと考えられる者を抹殺する」という噂が広まっていたからである。しかし、世間の目につかない田舎に留まることは、むしろ不利なことであった。これを察した金俊淵は10日早朝、再び京城に上る支度を整えた。(*16)

金俊淵の8・15前後の行動は、1947年に発行した著書『独立路線』に詳しく記録されている。彼は10日、全谷駅（京畿道漣川郡）から汽車に乗って京城に向かった。平素であれば清涼里《チャンニョンニ》駅で乗り換えて苑西洞にある宋鎮禹の自宅に向かわなければならないが、その日は「特に思うところがあって」、敦岩洞《トナムドン》（ソウル特別市城北区）に住む知人・徐相国《ソ・サングク》（解放後、第2代国会議員）の家に向かった。翌日まで「北漢山の麓にある山小屋で一日中楽しく遊んだ」後、12日には祭基洞《チャギドン》（ソウル特別市東大門区）にある東京帝大時代の後輩・朴錫胤《パク・ソクユン》の自宅を訪ねた。朴錫胤は金俊淵が第3次朝鮮共産党事件で西大門刑務所に服役するとき、警務局長の転向勧誘書を持って面会に来たほど親しい間柄であった。(*17)

しかし、金俊淵の記録には理解できないところがある。その差し迫った時期に「特に思うところがあって」知人・徐相国の自宅を訪問し、翌日には「北漢山の麓の山小屋に行って遊んだ」と説明しているが、納得できない。また、その翌日に、朴錫胤の自宅を訪問したという点も目を引く。朴錫胤は第2節で紹介したように、崔夏永が西広警務局長に総督府と朝鮮人有力者間の仲介者として推薦した人物であった。推測するに、朴錫胤が宋鎮禹と接触するため、彼の側近である金俊淵に連絡をしてきたのではないか。

いずれにせよ、金俊淵は13日夜になって、苑西洞の宋鎮禹宅に向かった。宋鎮禹は訪ねてきた金俊淵に、総督府が3回にわたって交渉してきた（＊18）と打ち明けた。宋鎮禹の伝記『独立に向けた執念』、金俊淵の著作『独立路線』、薛義植による1946年9月10日付「東亜日報」の記事などを一つにまとめて、宋鎮禹に対する総督府の懐柔工作を再構成してみる。

まず8月11日[c]午前4時、総督府の原田警務局事務官（警務課長の原田一郎と推定）が宋鎮禹の自宅を訪問した。（＊19）まだ夜も明けきらない早暁であった。原田は、「命令を受けて訪ねてきた。今から話すことは私の個人的な意思ではない。日本が米英に終戦を提案した。終戦後の収拾をあなたに頼みたいので、あなたの意向を聞いて報告しろという命令だ」と要件を明かした。原田にこの命令を下したのは、10日に日本が降伏することを知った西広警務局長だろう[d]。早朝に人を使わしたことから、総督府が突然の事態の展開に大慌てしたことがわかる。

宋鎮禹はこの要請に応じなかった。彼は「東亜日報」を強制廃刊に追いやった総督府の施策を非難するように、「新聞社が門を閉じたその日から、私はこのように病に伏している病人だ」という言葉で締めくくり、原田を追い返した。

その直後の午前6時頃、前述のとおり、宋鎮禹は薛義植が伝えた秘密のメッセージを通じて、日本が降伏する事実を知った。宋鎮禹は午前8時に確認の電話をかけてきた薛義植に、「良い漢方薬をありがとう。生田（京畿道知事）が会おうと言っているので、すぐに行ってくる」と答えた。宋鎮禹と生田清三郎は30年の知己《ちき》であった。生田は3月にも宋鎮禹に、「戦争が敗北で幕を閉じることを覚悟しており、朝鮮が独立するかもしれない」（＊20）という重大な秘密を漏らしたことがある。断定はできないが、生田の11日の面会要請は西広を経た総督府の公式要請ではなく、個人的な友情による面会だったと推測される。

この会談と関連して、日帝時代に独立運動家の弁護を引き受けていた弁護士で、解放後に韓国民主党創建の主役になる李仁《イ・イン》（1896〜1979）が伝える宋鎮禹本人の証言が残っている。解放当日の夜、彼は苑西洞の自宅に集めた白寛洙、金俊淵、金炳魯、鄭寅普、李仁などに次のように告げた。

8月11日だったか、普段顔見知りの京畿道知事・生田清三郎が南山の日本料亭に私を招き、どうやら日本が朝鮮から立ち退くようなので、その後の治安を任せたいと言ってきた。私は、探りを入れてきているのかとも思ったし、日本は焦土作戦で最後の一人まで抗戦すると豪語していたので、そうすぐにことが進むのか、仮にそうなったとしても、その後は我々の仕事になるというのに、彼らがああしろこうしろと言ってくるのではないだろうかと思い、今は治療中だと断ったのだが、彼は翌日も同じことを頼んできた。切実な頼みだったろうが、やはり断った。（*21）

［c］日本が国体護持を条件としてポツダム宣言受諾を決めたのは8月10日で、総督府警務局はその夜、短波放送を通じてこれを確認した。したがって、訪問は原文には8月10日とされているが、実際は翌日の11日であったようだ。

［d］森田の記録を見ると、西広は岡京畿道警察部長に宋鎮禹と交渉するように指示した。

自宅に戻った宋鎮禹は薛義植に電話をかけて、「今、家に戻った。しばらく静養する。絶対自重しよう」と伝えた。宋鎮禹は「自重しよう」という言葉を二度も繰り返した。薛義植は「時局収拾のための政治的折衝が始まったから、(伊集院兼雄が述べたのと同じく宋鎮禹と自身について——引用者)身の危険はないだろう」という考えにひとまず安心した。彼はその後、宋鎮禹の言葉に従って静かに解放のその日を待つ。

宋鎮禹に対する説得工作は人を変えて、翌12日にも続けられた。金俊淵によれば、総督府保安課長の磯崎広行、前日に宋鎮禹を訪問した原田警務課長、朝鮮軍高級参謀の神崎長《ひさし》、そして、ある参謀[e]と朴某が本町《ほんまち》(ソウル特別市中区の明洞一帯)の日本人宅に集まって宋鎮禹を呼び出した。(*22)その場に同席した朴某は朴錫胤だと考えられる。金俊淵は自他ともに認める宋鎮禹の最側近であったので、彼がその日、朴錫胤の祭基洞の家を訪ねたのは、この会合を調整するためであったと見られる。

集まった日本人たちは宋鎮禹に日本が降伏するということは伝えず、「形勢が急迫し、重大な局面だ」「行政委員会のようなものを組織しろ」「独立準備をしても良い」、などの言葉を口にした。既に薛義植と生田を通じて事態を把握していた宋鎮禹にとって、彼らの懐柔工作は片腹痛いものであったに違いない。日本人が政権を譲ると言ってきているとき、「すぐに食い付いてはいけない」というのが宋鎮禹の持論であった。彼の「対策は、すなわち無策」であった。宋鎮禹は「日本は必ず勝つ」という模範解答を残して席を立った。

翌13日の朝、原田は改めて宋鎮禹を訪ねた。今度は朝鮮人である田中鳳徳《ほどく》(田鳳徳《チョン・ボンドク》)京畿道保安課長を帯同しており、その後、生田京畿道知事、岡京畿道警察部長も説得に合流した。

宋鎮禹の揺るがぬ態度に、総督府関係者は戸惑った。昨日のように言葉を選んでいる状況ではなかった。金俊淵によれば、岡は「立ったり座ったり、行ったり来たりして、どうしようもない」姿で、「形勢が急迫している。あなたが担当してくれなければだめだ」と脅すように哀願した。「総督府が持つ権力の4分の3を与える」「新聞、ラジオ、交通機関、憲兵、警察、検事局などをすべて任せる」という言葉を口にすることも躊躇しなかった。岡は続けて、「あなたが応じれば、今すぐ政務総監の遠藤のところに一緒に行って、話をつけよう」と宋鎮禹を引っ張ったが、彼は微動だにしなかった。岡は結局、「あなたが固辞するのであれば金俊淵を説得してみる。金俊淵に会わせてほしい」と一歩退いた。(*23)

このように証言を整理してみると、西広警務局長、岡京畿道警察部長など総督府の実務者と、宋鎮禹と個人的な関係が深かった生田京畿道知事などは、治安維持に協力を求める相手として、呂運亨より宋鎮禹を好んでいたことがわかる。宋鎮禹とその周辺の人物が、呂運亨より日本統治に協力的であったので、統制しやすい集団と考えていたからだ。しかし、「あなたが応じれば、今すぐ政務総監の遠藤のところに行こう」という岡の言葉からわかるように、遠藤など最終決定権者の意向が反映されたものではなかった。遠藤は1957年、日本のマスコミのインタビュー

[e] 朝鮮人の鄭勲と推測される。彼は日本人の家に養子に入り、総督府の皇民化政策を忠実に実行した。総督府保安課長を務めた八木信雄は鄭勲について「厳しい人物」という評価を下している。

で「韓国で私が宋鎮禹氏にこの問題を相談したところ、宋氏が拒否したので呂氏を選んだと伝えられているが、それは間違いだ。私が宋氏や安在鴻氏、張徳秀《チャン・ドクス》（1894〜1947）氏に会ったのは、戦争が終わる前に総力連盟に協力を要請するときだ。宋氏などがこれをはっきりと拒否したので、私も宋氏らの信念を理解して二度と勧めなかった。それで終戦後、宋氏や安氏と協議したことはない」と明かした。呂運亨との長い接触を通じて彼の人格と実力を知っていた遠藤は、総督府実務者の判断とは別に、朝鮮の治安を維持することができる人物は呂運亨の他にいないと判断したのだ。

結局、宋鎮禹を説得することに失敗した生田と岡は、翌14日、金俊淵に会った。宋鎮禹から彼らの意向を聞いていた金俊淵は、午前9時頃、京畿道知事室に生田を訪ねた。岡警察部長も「出たり入ったり」しながら同席した。

2人が面談を進める中で2度も空襲警報が鳴り響いた。その度に一行は、京畿道庁の向かいにある逓信部の防空壕に、繰り返し飛び込んだ。面談は5〜6時間に及んだ。パン2つと水の昼食をともにしながら、生田は金俊淵を説得した。彼の最大の懸念は、「学生が暴動を起こして日本人に危害を加えるのではないか」ということであった。金俊淵は、「朝鮮人の学生たちは決してそのようなことはしない」と述べた。(*24) 彼は、宋鎮禹の持論をもう一度思い起こした。

日本は滅びるには滅びる。だが、形勢が窮すれば、彼らは我々朝鮮人に自治を与えると言うだろうし、形勢がさらに行き詰まって二進《にっち》も三進《さっち》もいかない状況になれば、彼ら

は朝鮮の独立を許すだろう。自治を与えるという言葉はもちろんのこと、独立を許すと言ってきても決して応じてはならない。我々にとって、それが最も危険な時だ。滅びゆく者から政権を譲り受けて何になる。フランスのペタン政権や、中国の汪兆銘政権を見てみろ。また、フィリピンのラウレル政権を見てみろ。彼らは所詮、操り人形にすぎず、民族の反逆者と呼ばれることになるのだ。(*25)

話が終わる頃、生田は金俊淵に念を押した。

「あなたは宋鎮禹氏に会ったのですか」

「はい」

「では、あなたは宋鎮禹氏と同じ意見ですか」

「そうです」(*26)

交渉はこれで終わった。

コラム
短波放送事件

朝鮮総督府の徹底した情報統制下に置かれていた朝鮮人にとって、短波放送は海外に向かって開いている「小さな窓」であった。朝鮮人は短波放送で海外の情報を聴き、解放への小さな期待を持ち続けることができた。

総督府は太平洋戦争が始まった5カ月後の1942年4月、放送電波管制を敷き、民間人が持っていた短波受信機をすべて押収した。正確な戦況を知ることができないようにして、朝鮮民心が急速に離反しないことを企図した。その後、朝鮮人が合法的に聴くことができる放送は、日本軍が全戦全勝するという大本営発表をおうむのように伝える統制された情報だけになった。(*27)

このような情報統制を出し抜き、国際情勢を知ろうと秘密裏に短波放送を聴いていた人たちが治安当局に大挙摘発された事件が、いわゆる「短波放送事件」だった。日帝時代末期最大の時局事件として記録されたこの事件の中心に、解放直後に金奎植(1881~1950)の秘書として活動した宋南憲《ソン・ナムホン》(1914~2001)がいた。

当時、北村(ソウル特別市鍾路区)の真ん中にあった斎洞普通学校で教師を務めた宋南憲が回想する1930年代は、「限りなく荒廃し尽くした時代」であった。三・一独立宣言を起草した崔南善《チェ・ナムソン》がある日を境に民族を裏切ったかと思えば、新聞学士の開拓者である李光洙が突然日帝を賞賛する講演をし、尊敬を集めていた学者たちは、弟子に向かって日帝の弾丸となる学徒兵への勧誘演説を行った。

このような「獣の時代」を生きてきた宋南憲が見つけ出した光明は、子供に向けた執筆であった。斎洞学校で教師として勤務し文人たちと交流すると、少しずつ児童文学理論家として名声を得はじめた。すると、「東亜日報」など新聞社から寄稿の依頼が舞い込むようになる。

宋南憲は「東亜日報」紙面に寄稿する中で、洪翼犯《ホン・イクポム》（1897〜1944）という政治部記者と知り合った。咸鏡南道定平出身の彼は、早稲田大学と米国のコロンビア大学に留学したエリートだった。宋南憲は、洪翼犯を通じて当時の朝鮮の三大弁護士と呼ばれた許憲《ホ・ホン》（1884〜1951）、李仁、金炳魯と顔馴染みになった。彼らは当時、清進洞（ソウル特別市鍾路区）で刑事共同研究会という事務所を開いて、治安維持事犯（独立運動家）等のために無料弁護を引き受けていた。そのような理由から、この事務所は当時の朝鮮人指導者層が集まるサロンと化していた。

この頃、洪翼犯は近くの儆新学校校長である米国人のエドウィン・クーンズ（Edwin Koons／1880〜1947）から短波ラジオ1台を借りた。短波は遠くまで到達する性質を持っており、世界中でこの性質を活用した放送と通信が活発に行われていた。いくら総督府の情報統制が厳しいといっても、見えない電波まで防げるわけではなかった。洪翼犯は短波ラジオを通じて、大本営発表とはまったく異なる太平洋戦争の戦況を知ることができた。意味のある情報を知り得た日には、清進洞に行って聴取したニュースを紹介した。洪翼犯の回顧によれば、趙炳玉、宋鎮禹、尹潽善《ユン・ボソン》、安在鴻など民族主義系列の者がほとんど毎日事務所に通ってきた。遠く米国と中国から伝わってくる貴重な消息に一喜一憂して、「限りなく荒廃し尽くした時代」を耐え忍んだという。

海外に向かって開いていた「小さな窓」は、クーンズの追放とともに閉じた。すると今度は鄭洞（ソウル特別市中区）の京城中央放送局技術者たちが動いた。同放送局の技術者である成基錫《ソン・ギソク》は1939年から2年にわたる努力の末に短波ラジオを自作することに成功した。1942年早春の午後、彼は仰天する放送を聴くことになる。ラジオを通じて金奎植臨時政府副主席の声に遭遇した。当時、大韓民国臨時政府は重慶放送局の協力を受けて、朝鮮語で短波放送を行っていた。

すべての情勢は我々に有利になっていますので、みなさんは元気を出してそれぞれの場所で責務を果たしてください。（*28）

短波ラジオは第2次世界大戦中の1942年2月、米国政府がドイツなど敵国の国民を対象として始めた「米国の声」の放送も聴くことができた。米国に滞在していた李承晩の凛とした声が鳴り響いたのも、同年6月13日であった。「米国の声」が朝鮮語放送を正式に始めたのは、それから2カ月後の8月29日からであった。

日本が我々の滅亡を早めようと、米国の備えがないことを突いてハワイとフィリピンを一気に侵略して数万人もの命を奪ったことを、米国政府と国民は忘れることなく報復を決めました。（中略）まもなく（日本に──引用者）稲妻が降り注ぐので、天皇裕仁の滅亡が遠くないことを世界中が知ることになります。（＊29）

「米国の声」は1回30分ずつ1日3回、重慶放送は午後6時半から毎日欠かすことなく朝鮮語で放送した。日帝の植民地支配の中で耐え続けていた朝鮮人にとって、この放送は干天の慈雨であった。しかし、風よりも早い噂を御することはできなかった。京城中央放送局の中だけで回っていた噂が、少しずつ外に広がっていった。成基錫が自作した短波ラジオを粘り強く聴いていた人の中に、放送局編成課で児童文学を担当する楊済賢《ヤンジェヒョン》がいた。宋翼犯は児童文学の関係で親交があった楊済賢とともに短波ラジオを聴いたり、彼から新しいニュースを聞いたりして、そんな日は欠かさず清進洞の共同弁護士事務所を訪ねてニュースを伝えた。

しかし、尾が長ければ捕まるものだ。巷に日本が敗戦を重ねているという「真実」が流れ始めると、総督府の高等警察は緊張し始めた。「皇軍が鬼畜米英を打ち破り、連戦連勝している」という総督府の嘘の扇動が浸透しなければ、朝鮮の民心が大きく動揺する。高等警察は、このような不純な情報を広める行為は、天皇の統治権、すなわち国体に変革を及ぼす重大な犯罪だと認識していた。これは単にラジオを聴く行為が、治安維持法の処罰対象になったことを意味した。

すぐに大々的な捜査が始められた。独立運動家を弾圧する思想警察として悪名高かった、京畿道警察部高等警察課第一査察係の主任、斎賀七郎（1898～1945）が嗅ぎつけた。斎賀は1942年12月24日、延姫専門学校と普成専門学校の延普戦（訳注：現在の延高戦／延世大学と高麗大学の定期戦）を終えた後、観水洞《クァンスドン》（ソウル特別市鍾路区）の国一館で、年越しのパーティを兼ねて宴会をしていた京城中央放送局職員に襲いかかった。（＊30）

続けて、大規模な検挙の嵐が吹き荒れた。宋南憲が逮捕されたのは、1943年3月25日だった。母親と朝食をとろうとした時、斎賀が乗り込んできた。宋南憲は結婚から1年しか経っていない妻の前で縛り上げて連行され、過酷な拷問の末に治安維持法違反等で1年6カ月の懲役刑を宣告された。西大門刑務所の彼の隣房には、「日本は敗北する」と予言したとの理由で逮捕された呂運亨がいた。（＊31）

この事件の余波は、際限なく広がった。全国で約350人が捕らえられ、辛酸を舐めた。洪翼犯と「朝鮮日報」営業局長を務めた文錫俊《ムン・ソクチュン》は拷問の後遺症で死亡した。60代に差し掛かった許憲は懲役2年を言い渡されて服役し、健康を大きく害した。彼は解放をわずか4カ月後に控えた1945年4月、病気のためかろうじて釈放された。

短波放送事件と同時期の1942年10月に、「朝鮮語の辞書を作ることは独立運動」だと決めつけた朝鮮語学会事件が起こった。李仁はこの事件で投獄され、解放直前に釈放された。そして、耐え難い拷問と収監生活で健康を害した。日帝最後のあがきが続いた1942年から1943年に起こった2つの時局事件で、朝鮮指導者層の芽が摘まれた。

2つの事件が起こってから約2年後、夢にまで見た解放が訪れた。その年の夏、朝鮮指導者層はこの2つの事件のいずれかに関与して、大きく健康を害していた。しかし、解放が訪れるや夢にまで観た祖国の建国事業に参画するために布団を跳ね除けて、一人二人と京城に集まってきた。

第4節 玉音放送

全国の聴取者のみなさま、ご起立願います。

和田信賢

「今まで入ってきたものはすべて燃やせ」

日本の最後を直感したのは、呂運亨《ヨ・ウンヒョン》と宋鎮禹《ソン・ジンウ》だけではなかった。情報の世界に生きる記者たちも、差し迫った日本の敗北に触角をとがらせていた。南次郎総督が１９４０年8月に朝鮮の二大新聞「東亜日報」と「朝鮮日報」を強制廃刊したため、朝鮮人記者が携わる紙面は総督府の二大機関紙「毎日新報」（朝鮮語）と「京城日報」（日本語）のみとなっていた。

二つの新聞の廃刊は、朝鮮人記者社会に大きな衝撃を与えた。明日の糧に事欠いた記者たちが糊口をしのぐため、一人二人と「毎日新報」に入社したからだ。彼らは「君も身売りしたのか。私も身売りした」と互いに慰め合った。身売りした一人である趙容萬《チョ・ヨンマン》（１９０９～１９９５）は

「当時の毎日新報社員は身売りしてきた人たちなので、紙面を埋めさえすれば十分で、ちゃんと作ろうという熱意も丁寧さもなかった」(*1)と告白した。記者たちは午前10時に出勤して午後3時半に締め切り、午後4時になれば退勤した。[a]

当時、日本と連合国との意思疎通は外交(非公開)と短波放送(公開)という2つのルートがあった。連合国が時折、外交チャンネルではなく短波放送で意思疎通を試みたのは、日本政府のみならず国民に意思を直接伝えるという意図があった。そのため短波放送聴取設備を持っていた「同盟通信」は、時として政府より先に連合国の動向を把握することができた。

8月8日未明、[b]「毎日新報」文化部長であった趙容萬は宿直に就いていたところ、ソ連の対日参戦を伝える「同盟通信」の急報が伝えられた。日ソ中立条約が破棄されたので、日本の降伏はいまや時間の問題であった。数日後だと推測される「ある日」、朝鮮銀行に出入りしていた経済部の記者が趙容萬を呼び出した。2人は屋上に上がって密談をした。前後の状況を鑑みれば、その日は8月11日であったと推測される。

朝鮮銀行はいま大騒ぎだ。昨日、日本は連合国への降伏を決め、天皇の地位を維持す

[a] これは言い訳である。このように日本の植民地統治に協力した記者の大部分は民族問題研究所が2009年に出版した『親日人名辞典』に汚名を刻んでいる。

[b] 誤記であると見られる。ソ連の侵攻は1945年8月8日ではなく9日であった。

るという条件のもと、ポツダム宣言の受諾を通告したそうだ。(*2)

日本が事実上降伏したことを知らせる話であった。その3日後の14日午後2時、李聖根《イ・ソングン》（1887〜?）[c]「毎日新報」社長が総督府に呼ばれ、午後5時に戻ってきた。彼は全社員を呼び集め、日本がポツダム宣言を受諾したという事実を伝えた。神国不敗を叫んだ日本が虚しく敗れた。趙容萬は「桂洞にいる呂運亨氏の家に行ってインタビューして明日の紙面に載せろ」という指示を受けた。連合国の爆撃を避けるため、灯火管制が行われている薄暗い京城市内を3／4トントラックで駆け抜けて桂洞に向かった。呂運亨の自宅前で声をかけたが、灯りは消えており外を覗き見る者はいなかった。

京城中央放送局の駆け出し記者であった文済安《ムン・ジェアン》（1920〜2012）が、日本の敗北が遠くないことを悟ったのも8月11日であった。総督府で新聞と放送に対する検閲を担当していた警務局図書課[d]の室林係長が、午前10時に出入りの記者たちを呼び集めた。そして、地獄からの使いのような威勢を誇っていた室林は、落ち込んだ声で「日本の朝鮮に対する政策が根本から変わるだろう」と話した。話を聞いた文済安は「これで総督府も終わった」と直感してぶるぶる震えた。しかし、権勢を誇る憲兵隊のスパイがそこら中にいるので、むやみな素振りはできなかった。

そして、14日の夜「同盟通信」京城支局から「明日行われる天皇陛下の降伏放送の内容が入ってきている」という電話があった。文済安は朝鮮ホテル向かいのテイラービル3階（ソウル特別市中区小公洞）にあった「同盟通信」編集室に走った。室内には日本人記者たちがぎっしりと集まっており、形容し難い殺伐とした雰囲気を漂わせていた。部屋の中の朝鮮人は文済安と謄写版にガリを切る職員1人、ウォン・ギョンスン「同盟通信」記者、イ・ソング「毎日新報」記者の4人だけであった。

午後8時40分、原稿が半分ほど埋まった時、憲兵隊から電話があった。そして、「今まで入ってきたものはすべて燃やせ」と命令された。しばらくして、日本刀を手にした憲兵たちがサイドカーに乗って事務室を襲い、編集室の隅々まで捜索し記者たちを外に追い払った。この不意の措置は、玉音放送の内容を、放送が終わる15日正午まで報道しないようにという迫水常久内閣書記官長の指示により行われた。[e] 引きずり出された文済安は放送局に戻るほかなかった。

文済安の目の前で奪われた玉音放送の原稿が閣議で決定されたのは、それより少し早い午後7時頃だった。そして、憲兵隊が「同盟通信」京城支局から記者たちを追い払ったのは午後9時、

［c］趙容萬は社長の名前を挙げていなかったが、当時「毎日新報」社長は金川聖（かながわきよし）という創氏名を使っていた李聖根であった。彼は１９０６年、大韓帝国の巡検（訳注：李朝末期の警察官）として警察に入った後、総督府の高等警察として悪名を馳せた。その後、警察で多くの要職を経て、１９４１年6月から解放まで「毎日新報」社長を務めた。

［d］朝鮮総督府図書課は、朝鮮人知識人が最も軽蔑する対象であった。小説『そばの花咲く頃』を著した李孝石は恩師である草深常治警務局図書課長の誘いを受けて、図書課検閲官を務めたことがある。不景気での当場しのぎであったが、半月ほど経って李孝石と出くわした評論家の李甲基は怒り心頭に発して罵詈雑言を浴びせた。それに衝撃を受けた李孝石は辞表を提出して妻の実家である咸鏡北道鏡城に去った。

日本と朝鮮の全域に「明日正午に重大なラジオ放送があるので、国民は厳粛に聴取せよ」という予告放送が行われた。市内のあちこちに「今日正午重大放送、一億民心必聴」などのポスターが貼り出された。朝鮮はもちろん大日本帝国全体が「不吉な予感」にざわつき始めた。

玉音放送

15日は快晴だった。前夜、桂洞の呂運亨宅へ取材に訪れて無駄骨を折った趙容萬は、朝早く再び桂洞を訪れた。彼の自宅がある苑西洞と桂洞の間には新しい道が開けていたので、ゆっくりと歩いても10分かからなかった。昌徳宮の塀に沿って南に下り、苑西洞事務所の横道を右に折れて低い丘を越えれば桂洞だった。丘の下の手前の家が呂運亨、次が洪増植、その向こう側が小説『常緑樹』（訳註：１９３５年。農村啓蒙運動を描いた作品）の著者・沈薫《シム・フン》の兄、沈友燮《シム・ウソブ》（１８９０〜１８４８）の家だった。[*3]その向かいに共産主義者である洪悳裕《ホン・ドクユ》（１８８７〜１９４７）の家があった。

趙容萬が丘に上がるや李康国《イ・ガングク》と朴文奎《パク・ムンギュ》（１９０６〜１９７１）、崔容達《チェ・ヨンダル》と出くわした。京城帝大２期卒業生であった彼らは、大学時代に東京帝大経済学部出身の少壮学者、三宅鹿之助（１８９９〜１９８２）[f]教授からマルクス・レーニン主義を学んだ。三宅はこの３人を中心に１９３１年9月10日、「朝鮮社会事情研究所」を立ち上げ、朝鮮の政治・経済・社会の各分野の資料を収集して研究を行った。[*4]世間はこの３人を「城大派（京城帝大派）共産主義者」と呼んだ。彼ら城大派共産主義者は１９４４年後半から呂運亨の建国同盟に参画し、「解放後」に備えていた。天皇の玉音放送を前にして、この日も呂運亨と対応策を練るために集まる途中であった。

「どこに行くんだ？」と趙容萬を見つけた李康国が尋ねた。その年の春から李康国は時折、「毎日新報」記者であり大学の後輩でもある趙容萬を、清進洞の裏路地にある中華料理店「大陸苑」に呼び出していた。李康国は入手困難だった貴重な酒を飲ませては、あれこれと根掘り葉掘り聞き出した。その中で特に関心を持っていたのは、「ソ連と戦争になれば、総督府は戦争に協力しない朝鮮人インテリを一斉に検挙する」という話であった。[g] 当時朝鮮では、総督府は「予備拘束者」名簿を作成しており、いざとなれば誰にもわからないように連れ去られるという噂も市中に

［e］このような事実から、当時第17方面軍と朝鮮総督府、朝鮮憲兵隊の意思疎通が円滑でなかったことがうかがえる。朝鮮総督府は日本が降伏したという事実を、8月10日の「同盟通信」の短波放送を通じて知り、井原参謀長はこの事実をやはり「同盟通信」京城支局の連絡を受けて、「14日夜に知った」と証言した。朝鮮憲兵隊がこの事実をいつ知ったのかわからないが、文済安の証言に鑑みれば、日本政府から個別に指示を受けて（玉音放送の）内容文の回収にあたったようだ。

［f］三宅は京城帝国大学助手の鄭泰植を通じて知り合った李載裕が１９３４年に朝鮮共産党再建運動で追われる身になるや37日にわたって官舎に匿った。

［g］ジャーナリストの柳光烈が１９４７年に高等警察に勤務していた者から聞いたところによれば、日本は朝鮮人の知識人約2万人を虐殺する計画で名簿を作成していた。その時期は米軍が仁川に上陸した直後で、敵軍の目前で行うというものだった。名簿を作成したのは警察であり、実行主体は憲兵であった。幸いなことに、日本の突然の降伏で計画は実行されなかった。

流布していた。(*5)しかし、総督府の中枢に近づくことが困難な朝鮮人記者がそのような極秘情報を知る由もなかった。李康国は、これまで趙容萬から聞いたことが思い浮かんだのか、「呂運亨先生の家に行かずに、俺に聞け。これからは俺がすべて教えるから」と言った。

李康国は趙容萬に、呂運亨が近いうちに遠藤と会って、「今日中にすべての朝鮮監獄に捕らえられている政治・経済犯を釈放すること、ソウル市民の3カ月分の食糧を確保すること、今日から自分の行動を妨害しないこと」などを要求する予定であることを明かした。李康国のこの証言は、呂運亨が14日夜に遠藤の連絡を受けた後、呂運亨が描写したように桂洞の家で大人しく朝を待ったのではなく、側近たちと活発に議論したことを傍証している。

しばらくすると桂洞の路地が騒がしくなり、呂運亨が姿を現した。群衆は歓声をあげて、彼の後ろに付き従った。呂運亨は丘に登り、彼らに向かって叫んだ。

「皆さん、喜んでください。我々は本日正午をもって日本の統治から解放されます」

狭い路地に多くの人が万歳を叫ぶ声が響いた。人波に揉まれ身動きも取れないでいる趙容萬の肩を誰かが叩いた。それは沈友燮だった。総督府の妨害で刊行されなかった詩集『その日が来れば』で、「この体の皮を剥いで/大きな太鼓を作って担ぎ上げれば/皆の行列の先頭に立つ」といった八方美人の沈薫があの世に旅立ってから10年に近い月日が流れていた。沈友燮は1939年、京城中央放送局第2放送(朝鮮語放送)の課長時代、朝鮮語放送を死守するときに見せた志操を守ることができず、解放の頃には「毎日新報」の理事待遇に甘んじて時局講演を行うなど親日行為に身をやつしていた。(*6)

「崔南善《チェ・ナムソン》氏が我が家にいらしています……」と沈友燮は静かに趙容萬を引き寄せた。彼の言葉どおり、黄色い安東布で仕立てられた夏用の韓服を身につけた崔南善が沈友燮宅の居間の向かいに座っていた。そのとき呂運亨が一群を引き連れて家に入ってきた。

「さあ、六堂《ユクタン》（崔南善）。こうなったら躊躇うことなく我々と一緒に働こう」

気前が良く、人好きな呂運亨らしい「煽りのない」言葉だった。のちに親日行為によって反民族行為特別調査委員会に逮捕されるという屈辱を受ける崔南善は低い声で、「つまらん話だ。私が何をしたというのか」と答えた。

同じ頃、日本では正午に行われる重大放送の２度目の予告放送が行われた。午前７時21分、館野守男アナウンサーが原稿を読んだ。奇しくも彼は１９４１年12月８日午前７時、日米開戦の火蓋を切った真珠湾攻撃を知らせる「臨時ニュース」を伝えた人物だった。２度目の予告放送の内容は次のとおりだった。

謹んでお伝えいたします。（中略）畏くも天皇陛下におかせられましては、本日正午、おんみずから御放送あそばされます。

まことに畏れ多いきわみでございます。国民は１人残らず謹んで玉音を拝しますように。

なお、昼間送電がない地方にも、正午の放送の時間には、特別に送電いたします。また官公署、事務所、工場、停車所、郵便局などにおきましては、手持ち受信機をできる

だけ活用して、国民もれなく厳粛なる態度で、畏きお言葉を拝しますようご手配願います。ありがたき放送は正午でございます。(*7)

前日夜、「同盟通信」から追い出された後、深夜1時まで待機していた文済安は明け方3時頃に孔徳洞（ソウル特別市麻浦区）の自宅に帰ることができた。夜勤明けのため、この日はゆっくりと午前10時頃になってから歩いて会社に向かった。当時、貞洞（ソウル特別市中区）にあった放送局に向かって梨花女学校の路地に折れ、徳寿宮《トクスグン》の裏塀を過ぎる途中で同僚アナウンサーのユン・ヨンロと出くわした。彼の手には「同盟通信」に入ってきた天皇の「玉音放送」原稿が握り締められていた。昨日、文済安が憲兵隊に奪われたものと同じ原稿だった。会社に着くと、朝鮮語放送を行う第2報道課に10名ほどが集まっていた。彼らは原稿をいくつかの章に分けて急いで翻訳を始めた。

天皇の歴史的な放送は、東京から送信された。放送の始まりを知らせる案内を担当したのは、和田信賢アナウンサーであった。正午を迎えるとラジオから次のような音声が流れてきた。

ただいまより重大なる放送があります。全国の聴取者のみなさまご起立願います。(*8)

続いて君が代が重々しく鳴り響いた。玉音放送は前日14日夜、宮内省内廷庁舎2階の政務室で録音された。長くも短くもない4分37秒で、重要な内容は次の節だった。

朕深ク世界ノ大勢ト帝國ノ現狀トニ鑑ミ非常ノ措置ヲ以テ時局ヲ收拾セムト欲シ茲ニ忠良ナル爾臣民ニ告ク

朕ハ帝國政府ヲシテ米英支蘇四國ニ對シ其ノ共同宣言ヲ受諾スル旨通告セシメタリ

「共同宣言」とは、日本に無条件降伏を勧告したポツダム宣言を指す。天皇がその宣言を受諾する意思を示し、日本は連合国に「無条件降伏」をした。天皇は続けて次のように決心を付け加えた。

惟フニ今後帝國ノ受クヘキ苦難ハ固ヨリ尋常ニアラス

爾臣民ノ衷情モ朕善ク之ヲ知ル

然レトモ朕ハ時運ノ趨ク所堪ヘ難キヲ堪ヘ忍ヒ難キヲ忍ヒ以テ萬世ノ爲ニ太平ヲ開カムト欲ス

朝鮮総督庁舎第1会議室に集まった総督府職員は起立したまま放送を聴いた。東京から直接送信された放送であったため、雑音がひどく聞きづらかった。それは日本語の能力の問題ではなかった。東京帝大法学部政治学科を卒業して高等文官試験に合格した崔夏永も「天皇の声が小さく」なにを言っているのか正確に理解できなかった。一方で、日本は既に降伏通告をしていたため、「降伏する」という話だろうと推測するだけだった。(*9)もちろん、天皇の声がきちんと聴こえたとしても、「その共同宣言を受諾する旨通告せしめたり」というあいまいな表現について、日本が連合国に無条件降伏することと理解できた朝鮮人は多くはなかっただろう。

結局、一般国民向けの解説放送を行うほかなかった。玉音放送の後、日本では和田アナウンサーが「平和再建に聖断降る」「交換外交文書の要旨」「ポツダム宣言の要旨」「平和再建の大詔渙発」などの内容を37分半説明した。(*10)京城中央放送局第1放送である日本語放送では福田第1報道課係長が、朝鮮語放送である第2放送では李徳根《イ・ドククン》アナウンサーが玉音放送を再放送し、説明を加えた。玉音放送が終わるや、朝鮮語で「我々は解放されました。大韓民国万歳！」などの解説があったという証言(*11)もあるが、総督府の徹底した検閲が維持されていた15日に、そのような大胆な発言が可能であったと見るのは難しい。

1945年8月14日夜、
終戦詔書を録音する昭和天皇

放送が終わると総督府第1会議室は沈黙に包まれた。深淵のような静寂を破ったのは阿部総督の痛哭だった。会議室に集まった他の日本人は涙を流すことも憤慨することもなく、ただ疲労困憊の表情を浮かべるだけだった。崔夏永は「戦争に長く苦しめられると、このようになるのだな」という思いに浸った。

崩壊する総督府

阿部総督は泣き止んだ後、訓示を行った。「本日、畏くも停戦に関する詔書を拝し、臣子として驚懼慚愧、九腸寸断の思いに堪えず」という言葉から始まる諭告を読み上げた。しかし、本国政府が降伏した時点で、朝鮮総督が語ることができる言葉は多くなかった。8月15日付「毎日新報」の1面に全文が掲載されているこの遺稿の核心は「意思ある所必ず道あり」、すなわち「精神一到何事か成らざらむ」という日本特有の精神論を強調する空虚な内容だった。阿部総督は遺稿を読む間にも涙を流し続けた。訓示を聴き終えてロビーに出た日本人職員も、一人二人と泣き始めた。

それには理由があった。当時の日本人にとってソ連は恐怖の対象であった。長田かな子（21歳）は敗戦の3～4カ月前から総督府に臨時雇用され、重要書類を整理する職に就いていた。彼女は1982年、日本の雑誌「三千里」に残した回顧で、当時の総督府職員の心理状態を生々しく記した。日本が敗れた以上、ソ連軍が陸路で京城に侵攻することは時間の問題であり、沖縄戦のように殺されるか自殺するかしかないと考えられていたという。懸念は死を迎える際の苦痛だった。長田は、「どうすれば苦しまずに死ねるのかという、重く辛い思いが頭を離れなかった」(*12)と回想している。これは誇張ではない。実際にソ連が侵攻した南樺太では少なくない若い日本人女性が自ら命を絶っている。

末端職員である長田と異なり、ソ連の京城進駐を目前に控えた総督府官僚は感傷に浸る余裕がなかった。彼らには急いで処理しなければならないことが山のようにあった。長田が心を落ち着けて事務所に戻ると、職員が部屋を行き来しながら「燃やせ、燃やせ」と指示していた。気を取りなおして窓の外を見ると、焼却作業が始まっていた。(*13) 廃棄しなければならない重要書類を窓の外に放り投げ、下では積み重なった書類に油をかけて燃やした。澄んだ夏空に、書類を燃やした灰が、雪の花のように舞い散った。誰もが黙して機械的に書類を外に放り出した。それは総督府だけのことではなかった。市内の官庁のあちらこちらから上がった黒い煙が京城の空を黒く染めた。

阿部総督はその後、官邸に籠ったままめったに姿を現さなかった。総督府の雰囲気も15日を境に大きく変わった。日本人職員と朝鮮人職員は水と油のように分離した。互いにはっきりと分かれて、一緒に会議することもなかった。(*14)

地方の事情もほとんど同じだった。大分県出身で京城帝大法文学部を卒業した坪井幸生が、忠清北道の治安の総責任者である忠清北道警察部長として赴任したのは、１９４５年６月だった。坪井が赴任した頃の忠清北道知事は、烏川僑源《うがわきょうげん》という創氏名を持つ朝鮮人、鄭僑源《チョン・ギョウォン》であった。新たな業務に慣れてきた頃の8月14日夜、総督府に勤務していた高等文官試験合格の同期である村上正二が電話をかけてきて、明日正午に「終戦の詔勅」が出されることを伝えた。

坪井は気持ちを整えるため、翌朝早く起きた。午前、１人で馬に乗って清州市内の牛岩山にある神社を参拝した。帰り道、事態を議論するために地区司令官の宿所を訪ねたが、面会は叶わなかった。坪井は仕方なく隣家の兵事部長官舎を訪ねた。最後まで徹底抗戦を唱えた日本軍は、情勢の動向に鈍感だった。坪井は兵事部長に降伏の事実を伝えた。

「正午、天皇陛下の放送があります」

「ああ、そうですか。ソ連に対してはしょうがない」

兵事部長は日本がソ連に宣戦布告するのかと尋ねた。日本軍のナンバー2である井原参謀長でさえも、降伏の知らせを前夜遅く「同盟通信」京城支局を通じて伝え聞く状況であった。当時の日本軍は、本土決戦の前に連合国に降伏するなど夢想だにしなかった。

坪井は午前8時に登庁し、各課長を集めて緊急事態を知らせた。続いて烏川僑源知事と相談して、いくつかの原則を定めた。その核心は、警察が治安維持に最善を尽くし、軍と憲兵はできるだけ出動させないというものであった。烏川は三・一運動に際しての経験に言及し、「軍隊と憲兵が出動すれば、例外なく悪い結果となる」ことを強調した。

午前11時、各官公署の長と民間有力者を道庁大会議室に集めた。参加者の大部分は、重大放送の内容がソ連への宣戦布告であると考えていた。坪井は彼らに、「最悪の場合にも冷静に対処するように」と言うほかなかった。(*15)

しかし、いざ放送が始まると、坪井は涙を抑えることができなかった。雑音が激しい放送は何を言っているのかわからなかったが、参加者は警察部長である坪井がすすり泣く姿を見て、すべての状況を理解した。大会議室は嵐が過ぎ去った後のような静けさであった。

日本の敗戦は決まったが、朝鮮総督府の前には未曾有の苦難が横たわっていた。遠藤政務総監は、暴風吹き荒ぶ大海に一人残されたような孤立感の中にあった。彼は内務省に「停戦の大詔を確認した。朝鮮の諸般情勢について中央から何らかの指示があるものと思料する」という電信を送った。今後、総督府がどのようにしてこの難局を乗り越えていかなければならないかについて、中央政府に訓令を要請したのだ。遠藤は返信を待ったが、内務省からは何の回答もなかった。

日本人の衝撃

突然の降伏に京城に住む日本人たちは大きな衝撃を受けた。戦況が急速に悪化したため、いつか「万が一の事態」が訪れると覚悟していたが、こんなにも早く、何の備えもする間もなく降伏が訪れるとは考えもしなかった。

15日午前、田中正四京城帝大医学部助教授は出勤の途上、「今日の正午、重大発表があるから1億必聴すべし」という案内板を目にした。[h] 大学の雰囲気は予想どおり浮き足立っており、人々は不安感を抑えながらも「何の発表だろうか」と囁き合っていた。ある者は日本が降伏すると言い、ある者は日本がソ連に宣戦布告する内容だろうとの見方を示した。

8月9日、ソ連が日ソ中立条約を一方的に破棄してソ満国境を越えたとき、京城帝大医学部では毎日30名余りの学生が宿直に就いていた。ソ連軍の侵攻に備えて、大学施設を守るためであった。このような暗澹とした雰囲気の中で、まともな授業が行える訳がなかった。だが、教員も学生も特段やることがあるわけではないので、芝生に集まって座ったり寝転がったりしては不安げに情勢の見通しを語り合うだけだった。やがて正午になり、ラジオから玉音放送が流れた。田中は「すべて」が終わり、「新しい苦難の道が開かれた」という事実を直感した。しかし、その苦難は田中が思ったよりも更に厳しいものになった。

穂積真六郎（１８８９~１９７０）京城電気（京電）社長は、生田清三郎京畿道知事の公室で放送を聞いた。男爵家出身の穂積は、朝鮮の日本人社会での最有力者だった。父は東京帝大法学部長を経て最後は枢密院議長を務めた穂積陳重《のぶしげ》で、母方の祖父はのちの１万円紙幣に描かれる日本資本主義の父、渋沢栄一（１８４０~１９３１）であった。姿勢を正して放送を聞いた穂積は、驚愕と衝撃から思わず大粒の涙を流した。

穂積は１９１３年、東京帝大法学部政治学科を卒業後、翌年には高等文官試験に合格、朝鮮に赴任して以降ずっと総督府に勤めた。１９３２年には朝鮮の産業を所管する総督府殖産局長に就任し、退任するまでその地位を維持した。そのため、彼は「殖産の穂積」と呼ばれた。しかし、軍部との軋轢で１９４１年に官僚生活にピリオドを打ち、朝鮮商工会議所会頭、京城電気社長など、朝鮮の日本人社会を代表する多くの要職を務めた。穂積は朝鮮の産業発展に寄与した知朝派を自認しており、彼の朝鮮への大きな愛情は、１９４７年に出版した自叙伝のタイトル『わが生涯を朝鮮に』を通して推し量ることができる。

朝鮮に住む日本人も、朝鮮人と同じく重要な情報から遮断されていた。穂積は「内地では、さ

［h］田中は１９６１年８月、解放直後の日記を『痩骨先生紙屑帳』として出版した。

すがに数日前から無条件降伏に対する真相が民間にも漏れて、多少の心構えをした者も多かったようであるが、朝鮮では30年来、印刷物の言論に対する取締が厳格に実行されていただけに、民間には世界の情勢がほとんどわからなかった」と嘆いた。穂積のような日本人有力者よりも、こっそりと短波放送を聴き戦争の推移を探っていた朝鮮人の方が、より正確な情勢を知るには都合がよかった。

穂積の涙は頬を伝って、知事室のカーペットに落ちた。「千万の想いが一時に脳裏につきあげてくる。祖先に対してすまない、若人に対してあわせる顔がない、何故もっと勇気を奮って戦争に反対しなかったのであろう」。穂積は難しいことは後回しにして、急いで京城電気に戻った。そして、すぐにすべての社員を集めた。京城電気は京城市内の電力事業と電車運行を担う国家機関企業だった。穂積は混乱した状況に耐え抜き、当面は現状を維持しなければならないという結論を示した。

京電40年の真面目な伝統をどこまでも持ちつづけよ。ことわれわれの事業は、治安上からも大切な仕事で、混乱のさ中に、1分でも停電したならば、その結果はまことに恐るべきものがある。（中略）全員結束して冷静に事業を続行し、引継ぐ主体が決まったならば、完全に引継を完了して、堂々と退陣しようではないか。(*16)

広い事務室で、1人の若い女性が机に伏せて泣いていた。穂積は彼女に慰めの声をかけようとしたが、適切な言葉を見つけることができなかった。

京城帝大医学部の田中助教授は、穂積と違って涙こそ流さなかったが、このような結末に心は沈んだ。ある学生が田中に、午後の講義はどうするのかと尋ねた。水曜の午後1時から1・2年生のための衛生学の講義が予定されていたが、講義をする意欲がまったく湧き起こらなかった。しばらく考えてから田中は言った。

「休講にします」(*17)

第5節

建国準備委員会

国内で呂運亨氏と宋鎮禹氏が手を結べば国内に対抗する勢力はなくなるだろう。

鄭栢

解放の感激

解放前に「毎日新報」編集局長を務めた柳光烈《ユ・グァンリョル》（1899〜1981）は、故郷の一山（京畿道高陽市一山西区）の駅近くで玉音放送を聞いた。14日夜にラジオで予告放送を聴いていた彼は、翌朝、放送がよく聞こえる大型聴取機がある場所を訪れた。一山に住んでいた朝鮮人と日本人が集まり、不安な目をして放送を待っていた。普段から朝鮮人を蔑視していた日本人は、なぜか朝からしょんぼりとしていた。

ついに正午になった。玉音放送を聞いた朝鮮人は「やっと戦争が終わり、朝鮮は蘇った」と抱き合い、日本人は一斉に涙した。

しばらくして一山国民学校で、地域の朝鮮人公職者と有志が集まり会議を開いた。その場で「驕り高ぶらず、我々の恨みを買った日本人になるだけ寛大に接し、迫害しない」ことで意見がまとまった。翌日から日本人の態度は一変し、朝鮮人に媚びはじめた。滑稽なことに日本人はどこに行くにも2人以上で動き、さらには手に小さな太極旗を持つようになった。翌々日、一山駅を経て京城に向かう機関車の前面は花と太極旗で飾られていた。一部の列車には、新たに独立する朝鮮の国号は東震共和国だとする垂れ幕もあった。(*1)

解放後、韓国屈指の財閥であるサムスングループを起こす李秉喆《イ・ビョンチョル》（1910〜1987）は、1942年春に事業一切を支配人のイ・スングンに任せて故郷の慶尚南道宜寧郡正谷面中橋里に戻っていた。彼は自叙伝『湖巌自伝』で、14日夜に連合国の放送を通じて日本の無条件降伏を知ったと記しており、彼もまた短波放送を通じて海外情報を得ていたことがわかる。そのせいで解放当日は家に留まり、落ち着いた気持ちで玉音放送を聞くことができた。まもなくすると通りから独立万歳の声が聞こえ、一日中あちこちで太極旗がはためいた。(*2)

一方で、突然の解放に「当惑」する朝鮮人もいた。解放後、「冷戦の偶像」に溺れていった韓国社会を呼び起こし、「時代の知性」と呼ばれるようになる李泳禧《リ・ヨンヒ》（1929〜2010）が暮らしていた平安北道昌城郡の鴨緑江沿いに、解放の知らせが届いたのは16日であった。村はずれにある駐在所で巡査たちが大急ぎで何かを燃やす煙が上がりはじめた。村人たちは巡査たちの不審な動きから解放が到来したことを知った。しかし、少年だった李泳禧は、解放された祖国で何をしなければならないのかまったくわからなかった。「私の8・15の感想は、沈薫の『その日が来れば』のように輿に乗って踊る感激というよりも呆けた感じだった」という。

それは詩人の朴斗鎮《パク・トゥジン》（１９１６～１９９８）もまったく同じだった。彼は京城近郊の安養（京畿道安養市）で降伏の知らせを聞いた。そのうれしい知らせを聞くや、京城行き列車に飛び乗った。だが、感激のまま到着したその日の京城はいつもと変わらず静かだった。「京城駅で降りたところ、まだ街に変わったところはなかった。私は京城駅を出て南大門を眺めながらぼんやり立っていた。これからどうすればいいのか。私はそんなことを考えながら、人波に入っていった。電車から降りた人たちが南大門に向かっているので、それに従った」(＊３)

桂洞が全国の中心に浮かび上がる

沈黙の中にあっても、京城は沸き立っていた。玉音放送が流れた市内に、ある噂が流れてきた。朝鮮青年の期待と尊敬を一身に集めていた呂運亨《ヨ・ウンヒョン》がこの日未明、遠藤政務総監と会談したという。噂は京城のあちこちを風のように駆け抜けた。

桂洞は人波に包まれていた。呂運亨の娘、呂鷰九《ヨ・ヨング》（１９２７～１９９６）は回顧録『私の父呂運亨』で、「突然門扉が開いて人々が押し寄せてきた。いつの間にか居間と板の間、庭が人であふれかえり、正気を保つことができなかった」と記した。玉音放送を聞いた人々は万歳を叫び、熱い涙を流した。ある者は互いに抱き合い、ある者は庭に寝転び天を見上げた。(＊４) 呂運弘の記憶も似ている。「放送を聞いたたくさんの群衆が、その日の午後から兄の家に接する徽文学校の運動場と教場に集まりはじめた。彼らは万歳を叫び、歌を歌った」

前の日に、呂運亨から「決死隊を組織しろ」と命ぜられていた李欄《イ・ラン》は、呂運亨宅で玉音放送を聴いた。そこには呂運弘、李康国《イ・ガングク》、朴文奎《パク・ムンギュ》、崔容達《チェ・ヨンダル》など城大派共産主義者、遠藤との面談を終えた呂運亨が連れてきた鄭栢《チョン・ベク》などが集まっていた。突然の解放の知らせは、皆を喜びで包んだ。放送を聴き終えると、集まっていた者たちで呂運亨宅は「身動きのとれない」状態で、彼らは「ほとんどの者が正気ではなかった」(*5)。特に鄭栢は、「騒ぎまわり口角泡を飛ばす半狂乱」(*6)になっていた

放送が終わった12時20分頃、鄭亨黙が送ってきた車が到着した。呂運亨は李欄に、「お前も乗れ。憲兵隊に行こう」と誘った。李欄は、日の丸に四卦を書き込み即席で太極旗を作り、車に取り付けた。

呂運亨が憲兵隊まで会いに行ったのは、生涯の同志李林洙《イ・イムス》だった。呂運亨は西広警務局長との面談で、刑務所に収監されている既決囚はもちろん、警察署と憲兵隊に捕らえられた未決囚も釈放するという言質を得ていた。龍山憲兵隊で「中佐か大佐」(*7)の憲兵司令官が、呂運亨に応対した。彼は、「私は憲兵として朝鮮人を苦しめ、先生を苦しめましたが、人間的には尊敬していました」と話して泣き出した。呂運亨は日本語が上手くなかったが、このときばかりは「あまり悲しまないでください」と短い日本語で慰めた。

憲兵隊では、留置場に捕らえられていた20人余りを釈放させた。やつれた姿の李林洙は、風呂敷包みを提げていた。このとき、李林洙と一緒に釈放された者の中に、上海時代から呂運亨の同志であった趙東祜《チョ・ドンホ》、のちに韓国進歩政党史に大きな足跡を残す竹山《チュクサン》こと曺奉岩《チョ・ボンアム》(1899〜

1959)、北朝鮮で財務次官職になると尹亨植《ユン・ヒョンシク》がいた。呂運亨は李林洙と尹亨植を車に乗せて恵化洞(ソウル特別市鍾路区)にある李林洙宅へ向かった。彼は李林洙に「体が弱っているので十分に休んでから(桂洞に)出て来い」と諭した。

桂洞に帰ってきた呂運亨は、午後3時半頃、西大門刑務所に向かった。遠藤、西原との面談で、午後4時に政治犯、思想犯を釈放することで合意していたからだ。しかし刑務所側は、手続きが終わっていないためその日中に釈放することはできず、次の日になると釈明した。(*8)

解放当日、京城では万歳デモがなく、平然とした1日を過ごしたという証言や研究が多いが、異なる事実を伝える人もいる。玉音放送が終わった後、文書焼却作業に余念がなかった長田かな子の耳に、遠くから波濤のような大きな歓声が聞こえてきた。

「何事か」と長田は窓の外を眺めた。固く閉ざされた総督府の正門の前で、数百から数千に及ぶ朝鮮人が集まり「万歳《マンセ》」を叫んでいた。長田は朝鮮で生まれて21年間を過ごしたが、知っている朝鮮語が7、8個しかないほど朝鮮人と交わることがなかった。日本の降伏後、長田の目に映った最も大きな変化は、朝鮮人の服装だった。国防色の国民服と黒いモンペでいっぱいだった京城の通りが、それまで見ることがなかった白い人波であふれかえった。

総督府では、怒りに満ちたデモ隊が職員に危害を加えることを懸念していたので、車を手配して職員をそれぞれの家まで送ることにした。そのためには、デモ隊が集まる正門を避けて裏門から出るほかなかった。長田は車窓から急激に変わる京城の姿を見て、「これまでとはまったく違うという感じを受けた。通りには白い朝鮮服を着た人々が闊歩し、家々には日章旗に四卦を描いた太極旗がはためいていた。街の人並みはより多くなり、人々の顔には生気が満ちあふれていた。長田は頭を垂れて唇を噛み、時折外を眺めるしかなかった」。(*9)

「呂運亨主義」が朝鮮解放の近道

呂運亨には長らく信ずることがあった。解放後に独立国家を建設するのであれば、民族は「大同団結」しなければならないということだった。朝鮮建国という「大きな事業」を始めるのであれば、まずは国内のすべての政治勢力を糾合する全民族的な単一団体を作らなければならないと考えていた。

呂運亨が1929年に上海で独立運動を行った罪で捕らえられ、京城に送られた後のことだ。「君の主義は何なのかね」という京畿道警察部の田邉孝警部の質問に、呂運亨は彼の思想的柔軟性を示唆する深い答えを残した。

私個人の主義は、マルクス主義だ。また、朝鮮の独立運動では民族主義的な行動をした。ロシアにレーニン主義があるように、中国には三民主義があり、朝鮮では呂運亨主義でいくことが朝鮮解放への近道だと思う。

朝鮮では階級闘争をしてはならず、共産主義、社会主義、民族主義など各主義に固執してもいけない。すべての民族がそれぞれの主義を捨て一致団結し、共通の利益を得るため現段階に最もふさわしい方法によって総力を集中して、帝国主義に対抗しなくては

ならない。

（中略）

独立運動は将来、民衆に基盤を置き、その組織的支援の下で行わなければ、所期の目的を達成することができない。朝鮮の民衆の大多数を占める農民の高揚に力点を置いて、社会の各階級を通じて、それらの各団体の組織を強化することが最優先事項だ。同時に、その準備を完了させ、いつでも時の到来とともに即時それを受容できる要素を養う必要がある。独立の当面の問題は、それ以外ないように思う。（*10）

呂運亨は、独立のための「準備を完了させ、いつでも時の到来とともに」対応することができるよう、１９４４年８月から周囲の青年と老壮独立運動家を集めて建国同盟を結成する一方、安在鴻《アン・ジェホン》、許憲《ホ・ホン》、曺晩植《チョ・マンシク》（１８８３〜１９５０）など、左右を包括する重要人物ともすぐに手を結ぶことができるように支度を整えていた。日本が敗れた今、これまでに準備してきた革命力量を動員して、すべての政治勢力を糾合する単一の政治体を組織しなければならなかった。そのための「産婆役」は15日夕方に呂運亨を中心に結成された建国準備委員会が担うはずであった。

ただ一つ残った協力対象は金性洙《キム・ソンス》、そして宋鎮禹《ソン・ジンウ》が率いる「東亜日報」と京城紡績グループだった。呂運亨は平素から彼らの実力を非常に高く評価していた。彼は「朝鮮中央日報」社長として在職していた頃、側近の李萬珪に「いま朝鮮で表に出てきた勢力として、キリスト教と天道教等の宗教系、その他に金性洙グループがある。東亜日報、普成専門学校（現在の高麗大学校——

引用者注）、中央学校、紡績会社、織紐会社がすべて金性洙の系統だ。彼の事業は民族的で見事だ。次に何かあったとしても、彼のグループは相当に力をつけているので無視することはできない」と語った。(*11) 呂運亨は、何としても宋鎮禹を引き込まなければならなかった。

そのため、12日から鄭栢があらゆる努力を注いでいた。鄭栢と宋鎮禹の側近である金俊淵《キム・ジュンヨン》の面談は14日に行われた。金俊淵は回顧録『独立路線』で、生田京畿道知事と会った後、「私（生田）のML党（マルクスレーニン主義党）の古くからの同志」鄭栢の訪問を受けたと記している。鄭栢は金俊淵に、「日本がまもなく降伏するので、我々がその後を引き継がなければならない。国内で呂運亨氏と宋鎮禹氏が手を結べば国内に対抗する勢力はなくなるだろう。宋鎮禹氏と金性洙氏に話して連絡をとってほしい」と頼んだ。これは当時の客観的情勢と一致する認識であった。中道左派に共産主義者まで満遍なく受け入れることができる呂運亨、それに「東亜日報」と京城紡績陣営の核心で右派民族主義の人脈を掌握していた宋鎮禹が協力すれば、米国の李承晩と重慶の金久《キム・グ》など海外勢力を除く国内の勢力の「左右合作」は、一旦は成立したといえた。

しかし、総督府からの直接の呼びかけにも微動だにしなかった宋鎮禹がこの説得に応じるはずがなかった。14日夜、金俊淵は宋鎮禹と夕食を共にして、鄭栢が伝えた呂運亨の提案を切り出した。宋鎮禹は「総督から4回も申し出を受けて断ったのに、今度は夢陽《モンヤン》（呂運亨）が言ってきたのか」という反応を見せた。金俊淵は、それ以上言葉を続けることができなかった。15日未明、眠りから覚めた宋鎮禹は逆に金俊淵を呼んで、「夢陽（呂運亨）が失敗すれば、民族に大きな被害を与えるかもしれない」と大きなため息をついた。

15日の朝が来た。１人の青年が宋鎮禹の家を訪ねて来て、「今朝7時半に、呂運亨氏が総督府政務総監に会いに行った」と伝えた。このとき宋鎮禹と金俊淵は呂運亨が総督府の提案を受け入れることを確信した。そして、自分たちが節操を守り拒絶してきた総督府の提案に、呂運亨が喰らいついたと考えた。以降、宋鎮禹たちはそのような嫌悪感を込めて、呂運亨の行動を強く批判するようになる。金俊淵が宋鎮禹の拒絶を伝えるために苑西洞を出たのは15日午前10時頃であった。目的地は鄭栢が滞在していた桂洞にある張日煥《チャン・イルファン》の家だった。

昌徳宮の壁沿いから京城昌徳宮警察署前に差し掛かったときだった。南側から呂運亨が足取り軽やかに近づいてきた。説得に応じない宋鎮禹に会いに行く途中だったのかもしれない。呂運亨は「いつもどおりの明るい感じ」で金俊淵に握手を求めた。

「古下《コハ》（宋鎮禹）はどうすると」

「古下（宋鎮禹）は出てこず、金性洙氏は昨日午後、漣川に発ったので話す間もなかった」

「同志はどうするのか」

呂運亨は、かつて朝鮮共産党責任秘書の金俊淵を「同志」と呼んだ。

「私もやめておこう！」

呂運亨は答えた。

「**わかった。私1人で行く。共産革命に一路邁進しよう！**」(＊12)

宋鎮禹の家に戻ってきた金俊淵は、そこで玉音放送を聞いた。午後2時ごろ、鄭栢から電話がかかってきた。

「**呂運亨氏に会ってみたら、宋鎮禹氏がはっきりと断ったというので、宋鎮禹氏の意見は聞くまでもない。君とは一緒に働けるといいのだが、どうする**」

「**できない**」

鄭栢は、かつての共産主義の同志が重要な建国事業から疎外されることを憂慮して何度も聞いた。

「**だとしたら、君は後悔しないのか**」

「**後悔しない**」(＊13)

呂運亨の側近だった李萬珪は、当時の重苦しい状況についてこう記した。

宋鎮禹だけは「軽挙妄動するな」と警戒して、解放を迎える準備をしようともしなかった。(安在鴻、曺萬植など他の重要人物と異なり)最後まで宋鎮禹だけは別の考えを持っていた。

呂運亨は15日に(「東亜日報」調査部長出身の)李如星《イ・ヨソン》を遣わし、翌日にはまた人を遣わし、翌々日には自ら赴いて、「あなたが思うように私のやり方が間違っているとしても、国家の大業のために虚心坦懐して大衆の信望を集め、大事に支障がないようにしよう」と力強く働きかけた。

しかし、宋は「軽挙妄動を控えろ。重慶政府を支持しなければならない」として協働を最後まで拒んだ。(*14)

建国準備委員会の結成

宋鎮禹と彼が代表する右派・民族主義者たちが参加しなかったため、解放当日に「建国事業のための民族総力の一元化」(*15)を全面に掲げた建国準備委員会(建準)は、不完全な形で出帆するほかなかった。

この組織が解放当日どのように発足したのかについて、具体的な証言や状況描写は存在しない。呂運亨と安在鴻などの主要人物が集まって建準結成を宣言した「象徴的な行事」がなかったためだろう。建準結成を主導した安在鴻と鄭栢の証言を通じて、当時の状況を想像してみよう。まずは安在鴻の言葉だ。

8・15、建国準備委員会の看板を掲げ、桂洞に本部を置いて事務をすることにした。しかし、この建国云々は私の命名で、私は「建国同盟」の存在を知らなかった。(中略)建準が成立した8・15当日、呂運亨氏は解放された出獄群衆への巡回演説とその他地域での政治工作とで多忙を極めており会うこともままならず、鄭栢氏はいわゆる長安派共産党の結成のため席を空けており、私は一人で大衆と建準を守りながら、文字どおり苦心惨憺していた。(*16)

次は鄭栢の証言だ。鄭栢は1945年11月7日に制作した「8月15日朝鮮共産党組織経過報告書」で次のような興味深い記録を残している。

8月15日が迫る5日前から、日本の降伏説が有力となって広まった。民族大会関係の呂運亨と安在鴻は8月12日、釈放された鄭栢と話し合った。鄭栢は、独立のための具体的な政策を樹立するために、東亜日報派の宋鎮禹との協力を実現すべく、金俊淵と何度も協議した。宋側は、日本の政権が完全に崩壊する前に、その統治下で用意された政権は(フランスのナチス・ドイツ傀儡政府である:引用者)ペタン政権のような危険があるため、(重慶大韓民国)臨時政府が来るのを待つと協力を断った。(*17)

建準結成に参画した中心人物である2人の証言から、こう考えられる。呂運亨と安在鴻は第1節で書いたように解放前は行動をともにしていた。呂運亨は朝鮮建国のためには民族の総力を結集する大同団結が必要だと考えており、建国同盟を作って準備してきた。建国のためには「民族主義者が主導権を行使して、共産主義者は後ろに控えなければならない」という点で考えが違っていたが、安在鴻も大同団結に異議がある訳ではなかった。そうであったため、中道左派の呂運亨と非妥協的民族主義者の安在鴻は共産主義者である鄭栢を引き入れることに何の躊躇もなかった。彼らは、改良主義的な立場をとっていた右派民族主義者で「東亜日報」・京城紡績勢力を代表する宋鎮禹とも力を合わせようとした。しかし、宋鎮禹は日本の降伏が確実でない段階で「軽挙妄動してはならない」として協力を拒んだ。

建国同盟会員を相手に講演する呂運亨（1945年）。建国同盟は日帝時代末期、朝鮮にほとんど唯一存在した組織的な独立運動団体で、解放後は建国準備委員会の母体となった。

建準結成の核心メンバーは、12日から会合を続けてきた呂運亨、安在鴻、鄭栢であった。彼らは解放当日、建国準備委員会のような組織を結成するという原則で合意した。しかし、解放当日に呂運亭と鄭栢それぞれのスタイルでの「政治工作」に余念がなかったため、全員が集まって緻密な会議を設ける時間はなかった。そのため、団体の名称は安在鴻が一人で決めるほかなかった。第1節で言及した「秘密結社を作ろう」という呂運亭の提案を拒否した安在鴻は、その後に作られた建国同盟の存在を知らなかった。したがって、建国同盟と建国準備委員会の名称が似ているのは、偶然の一致にすぎない。

実際、安在鴻が桂洞の事務室で団体設立のための実務に追われているとき、呂運亭は出獄群衆に演説するなど外部で活動しており、鄭栢は洪増植《ホン・ジュンシク》の家で在京革命者大会を開き「長安派」と呼ばれるようになる朝鮮共産党を再建することに奔走していた。建国同盟と繋がっていなかった安在鴻は、解放当日の様々な雑務を一人で引き受けなければならなかった。そのため夕方には「文字どおり苦心惨憺」するしかなく、前述のような心情を残した。この安在鴻の証言を裏付けるように鄭栢が建準樹立の時を、8月15日ではなく第1次組織が確定した8月17日と記しており、呂運弘も「15日夕方、桂洞にあった林龍相《イム・ヨンサン》所有の洋館を借りて、兄と安在鴻、そして何人かの建国同盟員が中心となって建国準備委員会の組織に『着手』した」とだけ明かしている。これらの事実から、15日には建準を設立するという大枠で合意しただけであり、正式な発足は17日に行われたと見るのが合理的だ。

15日に安在鴻が担った実務の中には、外部との迅速な意思疎通のための電話設置も含まれていた。彼は京城中央放送局に電話をかけて、「桂洞１４３番地何号のソウル放送局編成課、林炳現《イム・ビョンヒョン》[a]さんの自宅2階を建準連絡事務所として使わなければならないので電話を引いてほしい」と要請した。技術課職員のシム・サンウンが電話機設置のため訪問する際、まだ職場に残っていた文済安を誘った。

2人が急いで林炳現宅に向かうと安在鴻がいた。彼は1階の大部屋で普成専門学校、延姫専門学校、中央仏教専門学校、京城帝大学生など40人を前にして、「ついに我々が国家のために役立つときが来た」と熱弁を振るっていた。突然の解放であったが、建準を中心に解放祖国建設のための第一歩が踏み出された。

翌日の16日、宋建鎬《ソン・ゴンホ》（1927〜2011、「ハンギョレ新聞」初代社長）は、建準事務所の向かいに位置する徽文中学の教場から、安在鴻の獅子吼を再度目撃する。「言葉に表せないほどみすぼらしく、どう見ても乞食のような姿をした50代半ばの男が、解放された民族の今後について市民の前で熱弁を奮っていた。栄養失調と苦労から艶がなく黒ずんだ顔をした老人こそ、民族が尊敬してやまない民族指導者、安在鴻だった」(*18)

電話機の設置を終えたシム・サンウンと文済安は階段に座って、安在鴻の話に耳を傾けた。彼の話が終わるや、学生らは各々は立ち上がって「大韓民国万歳」と声をからして叫んだ。まだ世間知らずの中学生だった宋建鎬を魅了した安在鴻の想いが文済安にも伝わった。朝鮮が独立した！　文済安の目には熱い涙が湧き出ていた。(*19)

［a］林龍相の家族と推定される。

第6節 葛藤の始まり

呂先生、ご注意ください。

なぜ、こんなに左翼ばかりと会うのですか。

主義者サークルはいけません。

李林洙

建国準備委員会の左傾

祭りのような1日が終わった。しかし、解放初日から目に見えない葛藤が芽生えていた。

最大の不安要素は、呂運亨《ヨ・ウンヒョン》と宋鎮禹《ソン・ジンウ》の合流が不発に終わった建国準備委員会の左傾化であった。

解放当日、憲兵隊司令部から釈放された李林洙《イ・イムス》は、息子の李欄《イ・ラン》の助言を受けて深夜に呂運亨宅を訪ねた。桂洞の家屋や庭は訪ねてきた人々で立錐《りっすい》の余地もなかったので、話をする場所を見つけられなかった李林洙は呂運亨をつかまえて便所の中に入った。彼は呂運亨が、訪ねてきた張徳秀《チャン・ドクス》（1894～1947）や李鍾馨《イ・ジョンヒョン》、尹致暎《ユン・チヨン》（1898～1996）などとは会わずに共産主義者とばかり会っていることに不安を感じた。呂運亨は「ゆっくり休めと言ったのになぜ出てきた」と顔をしかめた。李林洙は答えた。

「呂先生、ご注意ください。憲兵が通りにうじゃうじゃいます。なぜ、こんなに左翼ばかりと会うのですか。主義者サークルはいけません」

「解放されて私を訪ねてくる人を、なぜ追い返さなければならないのか。解放されたのに左翼、右翼があるのか。良心的な人なら手を結ばなければならない。あなたも右翼だと思う人を連れてきてください。私はいくらでも会うし、ともに働くつもりです」(＊1)

もちろん呂運亨にも言いたいことはあった。いくら民族の大同団結が重要だとしても、日本の犬になった悪質な親日派まで受け入れることはできなかった。上海時代、呂運亨の「力強い同志」であった張徳秀は1919年10月、古賀廉造拓殖局長官が呂運亨を東京に呼び出して懐柔しようとした時、通訳として活躍した。しかし、興業倶楽部事件を契機に転向した後は、見るに堪えない醜態をさらした。太平洋戦争が始まると、日本のために血を流せと普成専門学校の教え子たちを学徒兵として志願させた。また李鍾馨[a]は「岡京畿道警察長の手先」(＊2)との評価を受けるほど、独立運動家とその家族を迫害した悪質な密偵であり、尹致暎も同じく興業倶楽部事件で変質した後、「皇軍の武運長久を祈る」と厚顔無恥な声明を出して植民地統治に手を貸した人物であった[b]。解放されたからといって、恥じらいもなく桂洞を訪ねてきた彼ら親日派と笑顔で握手することはできなかった。呂運亨に見放されたこれらの者たちは、その後、韓国民主党を結成して、呂運亨に親日派の濡れ衣を着せて敵対することになる。

そのとき他方では、建準の旗のもと集まった共産主義者たちが素早く糾合し始めていた。呂運亨からソ連軍が京城を占領するという展望を聞いた彼らは、党の再建に動いた。その晩、呂運亨の隣人である洪増植の家で、朝鮮共産党再建のための在京革命者大会を開いた。大会に集まった者は、日本の弾圧で命脈が途絶えていた朝鮮共産党の再建に合意した。解放後しばらく活躍した、長安派共産党が誕生した瞬間であった。

解放当日、桂洞には多様な人々が集まっていたが、左翼色が強いことは否定できない事実であった。より大きな問題は集まった人々の実力だった。鄭栢《チョン・ベク》、李康国《イ・ガングク》、崔容達《チェ・ヨンダル》、朴文奎《パク・ムンギュ》など共産主義者は多くの闘争経験を持った「選りすぐりの精鋭分子」だった。このような「共産党出身の猛将たちは呂運亨の周囲で」天性の実力と組織力を発揮して、少しずつ影響力を拡大していった。それに比べて李萬珪《イ・マンギュ》、李如星《イ・ヨソン》、李相佰《イ・サンベク》、梁在廈《ヤン・ジェハ》、崔謹愚《チェ・グンウ》などの呂運亨の側近たちは、政治や政治組織について明確な考えや経験がなかった。(＊3)建準の主導権は結局、呂運亨の側近の集まりといえる建国同盟ではなく、鉄の組織力で団結した共産主義者たちに徐々に移ることになる。李欄は1989年8月、李庭植との出会いから、その晩の桂洞の様子を次のように回想した。

［a］映画「暗殺」の主役、アン・オクユンのモデルである独立運動家、南慈賢（1872〜1933）を密告し、死に追い込んだ人物である。

［b］大韓民国政府は2009年、親日反民族真相究明委員会の決定を、張徳秀、李鍾馨、尹致暎を親日反民族行為者と断罪した。

その日そこに集まった人の大部分は、左傾化した人々でした。その時の噂では、ソ連軍がソウルに入るとかどうとか言っていました。日本人が滅びるということ、日本の天皇が降伏するということだけはわかっていましたが、まったく情報がありませんでした。カイロ会談の話も聞きましたが、原文を読んだわけでもないですし。それでソ連軍が入ってくるというから、呂運亨には左翼を抱き込まなくてはならないという考えがあったことと思います。そして、建国同盟という組織もあることはあったのですが、呂運亨の周りには左翼以外に理論的で知見のある人がいませんでした。(*4)

桂洞で建準を設立するとき、建国同盟が組織を牛耳るべきでした。私が見るに、建国同盟という組織があったことは確かですが、彼らには呂運亨を独占して取り込む能力や力がなかったようです。(*5)

建準はその後、共産主義者に掌握される。建準の左傾化は、安在鴻《アン・ジェホン》と李仁《イ・イン》を中心に再建される左右合作運動に、大きな障害となった。この左右合作運動が失敗し、安在鴻が建準を離れると、残った左翼は解放政局に大波乱を巻き起こす人民共和国樹立を通して、左右対立を後戻りできない憎悪と相互不信の渦に引き込んでいくようになる。

李仁の嘆き

解放直後、宋鎮禹の周りにいた右派民族主義者の中で左右合作に最も積極的だったのは、日帝時代に朝鮮の三大人権弁護士の一人と呼ばれた李仁だった。１８９６年に大邱で生まれ、明治大学法学部を卒業した李仁は１９２２年、日本の弁護士試験に合格した。翌年5月、京城で弁護士を開業した許憲、金炳魯らとともに、義烈団事件をはじめとする独立運動の罪で捕らえられた人々の弁護を引き受けた。

解放の頃、李仁は日本が独立運動家を根絶やしにするために捏造した朝鮮語学会事件に関わり、辛酸を舐めていた。彼の回顧録『半世紀の証言』に、当時の苦痛が切々と記されている。「刑事たちは調書を取りながら、少しでも食い違いがあると有無を言わさず飛びかかって殴りつけた。一度殴られれば半月は口が聞けなかった。私はこのとき前歯が2本折れ、残った歯もぐらつき激痛に襲われた。棍棒だろうが竹刀だろうが、手当たり次第に殴られるので両耳がもげる」ようだった。殴打は当たり前で、工夫を凝らした拷問は〝ボーナス〟だった。天井からぶら下げられた木銃に両手両足を縛り付け回転させることは「飛行機搭乗」、木銃を両足の間に入れて捻ることは「朝風」と呼ばれた。このような過酷な拷問を受けて、一緒に捕まった李允宰《イ・ユンジェ》と韓燈《ハン・ジン》など2人の国語学者が亡くなった。李仁もマラリアと狭心症に苦しんだ。(*6)

１９４５年1月、李仁は朝鮮独立を目的に設立された朝鮮語学会の目的・実行を協議、扇動したという理由で、懲役2年、執行猶予4年を言い渡された。判決が出されるまで日本の司法当局が時間稼ぎをしたので、収監は2年を超えた。健康を大きく害した李仁は、故郷の楊口郡徳停里

(京畿道楊州市)に戻っていた。

7月下旬、李仁のもとに京城から驚くべき知らせが届いた。老荘独立運動家の元世勲《ウォン・セフン》(1887~1959)が、李仁の次男チュンを通じて「戦局が急転直下して形勢が風前の灯のようだ」と、日本が降伏することを示唆する記事が『満州日報』に掲載されたと伝えてきた。李仁は急いで京城に向かった。しかし、日本がまもなく降伏するという実感は湧かなかった。「日帝はあれほど焦土作戦を叫んできたのだから、東京が陥落した後か、そうでなければ9月末から10月初めに降伏するだろう」と直感した。彼は京城と仁川などを見て回り、再び隠れ家に戻った。

そして、8月15日午後1時、李仁の次男チュンが息を切らして走ってきた。

「お父さん、私たちは解放され、日本は降伏しました。お友達方がお父さんをお迎えに来ていますよ」(*7)

次男はそれを伝えると、大声を張り上げて泣いた。李仁は、隣人のソ・ヒョンソクが操る自転車の荷台に縛り付けられて京城に向かった。倉洞(ソウル特別市道峰区)辺りに来ると駐在所に青年たちが集まり、既に「朝鮮独立万歳」を力強く叫んでいた。楊口郡徳停から自転車でやって来たので、京城中心部に着いたときには陽がだいぶ落ちていた。

李仁は清進洞には戻らず、そのまま「東亜日報」に向かった。しかし、そこに知人はいなかったので、仕方なく右派の溜まり場となっていた苑西洞の宋鎮禹の家に向かうことにした。依然として、ソ・ヒョンソクの自転車が移動手段だった。宋鎮禹の家には既に「東亜日報」を中心とする白寛洙《ペク・グァンス》、金俊淵《キム・ジュンヨン》、金炳魯《キム・ビョンロ》、鄭寅普《チョン・インボ》などの右派が集まっていた。彼らは解放を喜び、冷水で祝杯を上げていた。(*8)宋鎮禹は彼らに11日から行われていた総督府との交渉について語り、自分は生田京畿道知事の提案を拒絶したが、呂運亨が受け入れて建準を発足させたと語った。以下は李仁の回顧録が伝える宋鎮禹の言葉だ。

すると、その者(生田—以下カッコは引用者)はただちに呂運亨に会って頼み込み、呂運亨は待っていたかのようにその場で応じた。生田が3、4日待てと言うと、呂運亨は安在鴻と(新幹会に参加していた共産主義者の)権泰錫《クォン・テソク》(1894~1948)をこの件に加担させ、日帝の無条件降伏の放送が出るやいなや活動を開始し、突如として建国準備委員会という看板を掲げて、ある日本人官吏と接触し、日本から政権移譲を勝ち取ったかのようにはしゃいだ。今日まで私は2回ほど会ったが、意見が食い違い、ともに働こうという部分では決裂した。(*9)

李仁は自尊心が強く、几帳面な宋鎮禹よりも遥かに現実的で情熱的な人物だった。李仁は宋鎮禹に「情報を閉ざしたことと、同志に一言の相談もなく独断で生田の依頼を断ったのは、失敗」と言い放った。また、日本の降伏という大きな事件に対応する宋鎮禹の情勢判断力が劣っていたと結論した。宋鎮禹の家に集まった右派の反応も似ていた。遠藤の提案を受け入れた呂運亨は、解放当日から誰はばかることなく政局を主導していたが、彼らは宋鎮禹のサロンに集まり冷水の杯を傾けるだけだった。

晩年の李仁。解放当日、一度決裂した左右合作は彼の活躍で火種を保ち続けた。

宋鎮禹の家に集まった右派は、大きな不安を感じた。その原因は2つあった。まず呂運亨と安在鴻が「日帝時代末期の御用傀儡政党[c]の名前をそのまま受け継ぐという噂が出回るなど」親日的な動きを見せていないかという懸念だった。しかし、本当の理由は呂運亨の独走だった。このままでは劣勢に陥った右派は、建国過程から阻害されるしかなかった。このような流れを座視できなかった李仁が堪まらず口を開いた。「政治は現実だから、呂運亨と安在鴻がたとえ不純であったとしてもわずか半日のうちに呂運亨の天下となったように、その勢いは止められない。このままでは前途は暗い！」(*10)

午前中に呂運亨と鄭栢の提案を拒絶した金俊淵は未練が残っていたのか、この言葉を肯定的に受け取った。興味深いことに、李仁と金俊淵は解放後、法務部長官に昇りつめている。

「李仁は呂運亨、安在鴻と親しいので、一度会わせてみてはどうか」

日本統治下で2度の投獄を経験した呂運亨と9度も監獄送りとなった安在鴻の両者は、法廷で李仁の弁護を受けていた。しかも安在鴻は李仁と同じく民族主義陣営に属し、朝鮮語学会事件の「監房同期」でもあった。このように左右合作は、朝鮮のすべての政治勢力が同じ考えで集まり建国作業に参加する「崇高な名分」はもちろん、政局の主導権を左右の一方に渡してはならないという「実利的な計算」で進められた。

しかし、解放のその日はすでに暮れかかっていた。李仁は後日、制憲国会議員となる徐容吉《ソ・ヨンギル》を連れて夜の京城に出た。通りには竹槍を手にした若者たちがあちこちに配置され、治安を担っていた。呂運亨がこの日、YMCA体育部幹事の張権《チャン・グォン》に命令して組織した治安隊の青年たちだった。李仁はまず鍾路のキリスト教青年会館に向かった。そこに呂運亨の義弟であり側近でもあった李萬珪がいた。彼もやはり、朝鮮語学会事件で投獄された教育者だった。しかし、ここは建国準備委員会ではなく建国同盟の事務所だった。李仁は李萬珪に尋ねた。

「これはなんですか。若者に竹槍を持たせて通行人を脅すことが正しいことですか」

「そういうことではなく、治安が乱れたから仕方なくやっているだけです。あなたの家に電話してみたが、居場所がわからず心配していました。すぐに夢陽（呂運亨）氏に会ってください」(*11)

李仁は回顧録で強い言葉遣いをする場面は少ない。まして、李萬珪は彼よりも14歳ほど年長だった。李萬珪は呂運亨と安在鴻が桂洞の林龍相宅に建準事務室を設け、そこにいると伝えた。李仁は翌朝すぐにでも呂運亨を訪ねていかなければならないと考えた。

［c］宋鎮禹は小磯総督時代、呂運亨と安在鴻が民族有心会という名前の親日団体を作ると疑っていた。金俊淵もやはり解放直後、多くの声明で呂運亨の親日疑惑を執拗に提起した。しかし、呂運亨と交流のあった総督府関係者は呂運亨が自分たちに協力したことは一切ないという証言を残している。

驚きと興奮で満ちた解放の日は、終わりを迎えようとしていた。夜になると、朝鮮が解放されたというニュースが半島全体に広がり始めた。1936年生まれのマスコミ人であるイム・ジェギョンは、解放の年、豊川という創氏名を持った国民学校3年生だった。15日深夜、彼が暮らしていた江原道金化郡の小さな村にも解放のニュースが伝わってきた。幼かった彼の目に映る解放の風景は、夕方になって黒いモンペを脱いで白いチマチョゴリに着替えた母チャン・ギュソンの姿として記憶されている。母は彼に「日本が降伏した。金化の人たちが郡庁の前に集まるから一緒においで」と言った。

母のみならず老若男女の大部分が白い韓服を着て郡庁に向かっていた。真夏で昼が長かったのか、覆い尽くす白い色彩のためなのか、夕食を食べてしばらく経ったにもかかわらず、あたりは相変わらず薄明るかった。郡庁の玄関では、リンゴ箱の上に立った白いシャツの男が朝鮮語で演説していた。彼の音頭で人々が「朝鮮独立万歳」を叫んだ。イム・ジェギョン少年も、大人たちと一緒に3回も万歳を叫んだ。夕方から夜遅くまで、朝鮮半島の隅々で喜びに浮かれた朝鮮人たちが歌い舞った。(*12)解放の日はこのように過ぎていった。

コラム

カイロ宣言

日本が降伏を宣言しても、連合国には朝鮮半島をどのように処理するのかについて「明確な合意」は存在しなかった。連合国のすべての国が同意した唯一の基準は、1943年11月のカイロ宣言を通じて公表された、「朝鮮人の奴隷状態に留意し、適切な時期（in due course）に朝鮮が自由に独立することを決意する」という一節だけだった。「適切な時期」という用語はフランクリン・ルーズベルト米大統領の持論である朝鮮半島の信託統治を念頭に置いたものだった。

ルーズベルトは朝鮮など枢軸国の旧植民地を対象に、「連合国の善良な指導と保護を基盤とする信託統治」を実施する計画だった。この考えに大きな影響を与えたのは、米国務省の朝鮮通として知られたウイリアム・ラングドン（William Langdon）が1942年2月に作成した報告書「朝鮮独立問題のいくつかの側面」だった。ラングドンはこの報告書で、「独立するとしても朝鮮人は国家を運営する経験を持っていない。少なくとも一世代の間、朝鮮人は列強からの保護・指導と、近代国家として歩むことについて支援を受けなければならない」と主張した。(＊13) ルーズベルトは報告書の主張のとおり、1942年11月に「アジアで解放された国家は自治能力が不足しているので、教育を施した上で、準備を整えてから独立しなければならな

カイロ会談の主役たち。左から蒋介石、フランクリン・ルーズベルト、ウィンストン・チャーチル（1943年）

い」という立場を明かし、1943年3月27日にはアンソニー・イーデン（Anthony Eden）英外相に「韓国を米国と中国、そのほか1、2カ国が参加する信託統治に置こう」と提案した。朝鮮を信託統治しようという構想は4月7日付「シカゴ・サン」で報じられ、全世界が知ることになる。

　朝鮮の戦後の運命を事実上決めたカイロ宣言の骨格が固まったのは、1943年11月23日のルーズベルトと蒋介石中華民国総統の晩餐会であった。米国からはルーズベルトと彼の外交顧問であるハリー・ホプキンス（Harry Hopkins）（1890〜1946）が参加し、中国からは蒋介石のほか、英語が堪能だった宋美齢夫人、王寵恵書記長が加わった。蒋介石はその場で「朝鮮に独立を与える必要性を強調」して、ルーズベルトはこれに原則的に同意した。

　しかし、カイロ宣言が文書として確定されるまで、いくつかの浮き沈みがあった。米国の草案には、朝鮮独立についての文言が「朝鮮を〝可能な限り最も早い時期（at the possible earliest moment）〟に自由に独立させる」とあった。だが、持論である信託統治を放棄することができなかったルーズベルトは、ホプキンスの草案に盛り込まれた「可能な限り最も早い時期」という表現を「適切な時期（at the proper moment）」に変更した。朝鮮を信託統治したのち、適切な時期が来れば独立を認めるという意味を含む文言に変えられた。以降、英国の第2次介入が始まった。インドなど大きな植民地の連合体である「大英帝国」を維持する英国にとって、朝鮮独立問題は植民地政策の骨幹を揺るがしかねない敏感な問題だった。

3カ国の立場が一致したのは11月26日午後、ルーズベルトの宿所で開かれた代表団会議でだった。アレクサンダー・カドガン（Alexander Cadogan）英外務次官は草案に盛り込まれた「朝鮮を自由に独立させる」という部分を、「日本の統治から免れるようにする」という曖昧で抽象的な表現に変えるように主張した。中国代表の王寵恵は、「朝鮮は、日本の侵略で合併され、日本の大陸政策は朝鮮を併合することから始まった。単に日本の統治から免れるようになるでは話にならない」と反論した。これにカドガンは朝鮮関係の文言を宣言から取り除こうと応じた。結局、ハリマン米駐ソ大使が朝鮮独立はルーズベルトの考えを反映したものだとして、中国の肩を持った。代わりに、ルーズベルトの草案をウィンストン・チャーチルがより流暢な文体に整えることにした。第2次世界大戦回顧録で後日ノーベル文学賞を受賞する文筆家の提案に米国と中国も同意した。最終的な結論は次のとおりだ。

上記、3大国は朝鮮人民の奴隷状態に留意し、適切な時期に朝鮮が自由に独立することを決意する。

鄭秉峻《チョン・ビョンジュン》梨花女子大学教授はルーズベルトの修正案と最終案を比べて、3つの問題点を指摘する。第一は、朝鮮人民を奴隷状態に置いた日本という加害主体を削除していること、第二は奴隷状態の程度と状況を表す「欺瞞的（treacherous）」という修飾語が消えたこと、第三は朝鮮の自由と独立回復を「日本の没落後」と曖昧にしたことだ。すなわち、カイロ宣言の朝鮮条項は、加害性、独立の時期、独立方法などについて抽象的に合意されたという指摘だ。もちろん、連合国が戦後、朝鮮の独立を公にしたことは大きな成果だった。(*14)

カイロ宣言は明らかに米、英、中の政治的妥協の産物であり、そのため曖昧になるのは必然であった。最も大きな問題は「適切な時期」という表現の曖昧さだった。この曖昧さは、その後に開かれた連合国首脳会議であるヤルタ会談（1945年2月）とポツダム会談（1945年7～8月）でも解消されなかった。ルーズベルトは2月8日、ヤルタで開かれたスターリンとの首脳会談で、「ソ連、米国、中国の代表で構成された信託統治を考えている。この問題と関連する我々の経験は、自治に至るまで50年の時間がかかったフィリピンしかない。朝鮮の場合は、20年から30年ほどの期間が良いのではないだろうか」と述べた。スターリンは「信託統治期間は短いほど好ましい」としながら、信託統治自体には原則的に同意する立場を示した。これによって朝鮮半島で米国、ソ連、英国、中国が参画する信託統治を行うことについて、米ソに「緩やかな合意」がなされた。

それから3カ月余り後、ハリー・ホプキンスは5月26日にモスクワでスターリンと会見した。突然他界したルーズベルトが、生前にスターリンと合意したいくつかの約束の有効性を確認し、後任大統領のハリー・トルーマンが2カ月後に出席するポツダム会談の議題を議論するためだった。ホプキンスは会談3日目の28日、朝鮮半島信託統治と関連してヤルタで非公式議論があったことを思い出させた後、「慎重な検討の結果、米国政府は朝鮮にソ連、米国、中国、英国によって構成される信託統治を実施することが望ましいという結論に達した」と述べた。これに先立ち、米国国務省は「朝鮮の解放は、米国またはソ連によって単独で、あるいは米国、中国、ソ連、英国によって共同で行われるだろうが、いずれの場合も4カ国は朝鮮の民政に同等の権限で参加し、これを代表する信託統治機関は対日戦争が公式に終結した後、5年間行われるだろう」という内容が盛り込まれた報告書を作成した。ホプキンスは報告書の内容に一部言及して、「(信託統治の)期間は確定されなかった。5年ないし10年ということは確実だが、最も長い場合は25年になりえる」と述べた。スターリンは「4カ国による信託統治が望ましいことに完全に同意する」と明かした。(*15)

残念ながら、7月末に日本に対し「無条件降伏」を求めたポツダム会談で、この合意を具体化するための米ソ間の議論はまったく成り立たなかった。そのため、朝鮮人は朝鮮半島で具体的に誰がどのように信託統治を施行するのか、カイロ宣言に込められた「適切な時期」という曖昧な表現に対する、連合国内の明確な合意を得られなかった状態で解放を迎えるしかなかった。この「空白」は朝鮮半島の運命を分断に向けて急《せ》き立てるようになる。

第2章

民族の求心力と怨恨

8/15-9/9

8/16	呂運亨-宋鎮禹･李仁が会同。 左右合作論議開始 全国的に万歳デモ拡大、ソ連軍歓迎大会 安在鴻、建国準備委員会（建準）結成を発表 建準が治安隊を組織	
8/17	右派代表団と呂運亨が会同 右派の建準参加と国民大会開催を協議	京城府内に日本軍配置 （建準に渡した治安権を回復）
8/18		22名の米韓連合禿鷲作戦チームが 汝矣島飛行場に着陸、日本軍と対峙
8/19	国民大会（建準拡大委員会）霧散	河辺虎四郎参謀次長が一般命令第1号を 通じて連合国の朝鮮半島分割政策を確認
8/20	朴憲永、朝鮮共産党再建派結成 「8月テーゼ」採択	日本軍と総督府、解放後結成された 朝鮮人団体の解散要求
8/21	崔謹愚建準総務部長、 日本軍参謀長等と談判	
8/22		日本政府、朝鮮総督府に米ソの朝鮮半島分 割占領方針を通告
8/23	ソ連軍、開城進駐	建準執行委員会開催（135人拡大委員会案件）
8/31	建準拡大委員会開催	
9/3		金九、臨時政府名義で独立声明書発表
9/4	建準拡大委員会が頓挫、左右合作決裂	
9/6	韓国民主党創建発起人大会 朝鮮人民共和国建国宣言	
9/7		米軍第24軍団、朝鮮半島上陸
9/9		米陸軍京城進駐、降伏調印式 朝鮮総督府庁舎に星条旗掲揚

第7節

8月16日

民族的聖業だというのに
わずか数人で部屋にこもって
こそこそするな！
李仁

李仁の訪問

解放から一夜が明けた。前夜、呂運亨《ヨ・ウンヒョン》に会おうとしたが果たせなかった李仁《イ・イン》は、8月16日午前8時頃、李萬珪《イ・マンギュ》から教えられたとおり、建国準備委員会本部が設けられた桂洞入り口にある林龍相《イム・ヨンサン》の2階建ての洋館を訪ねた。呂運亨と安在鴻《アン・ジェホン》が彼を迎えた。

呂運亨に向かい合った李仁は、不快な感情を隠さなかった。前日、宋鎮禹の家で右派が建準に吐き出した怒りと憂慮をありのまま伝えた。彼らにとっては、解放されたばかりであるのに、わずか数人が小部屋に集まって、「国家創建云々」と議論することが許せなかった。誰が呂運亨とその取り巻きに、そのような権限を与えたというのか。李仁は「民族的聖業だというのにわずか数人で部屋にこもってこそこそするな」と言い放った。(*1)

李仁の非難は正鵠を射ていた。解放当日、遠藤政務総監が呂運亨に頼んだのは「治安維持の要請」でしかなかった。ところが呂運亨は、これを機に総督府から治安権と行政権を一気に譲り受けたと見なして、朝鮮民族の長年の悲願であった「歴史的大事業である朝鮮独立政府樹立」(*2)に向かおうとした。しかし、建国という大業には多くの者の気持ちを一つにする、選挙やそれに準ずる「民族的手続き」が必要だった。

呂運亨も李仁の指摘に同意した。日本警察のあらゆる脅しにも屈しなかった彼の長年の持論は、朝鮮すべての政治勢力の「大同団結」であった。建国のためにはまず、「国内の革命同志を糾合して、団結して準備し、帰国する海外革命同志を迎え入れて渾然一体の過渡期政府(*3)」を打ち立てた後、その過渡期政府の下で民主的な選挙を行って正式な政府を樹立しなければならなかった。

呂運亨と安在鴻、鄭栢《チョン・ベク》を主軸として15日に看板を掲げた建準が「建国の母体」となるためには、裾野を広げなければならなかった。誰より呂運亨自身がそれを切実に感じていた。解放直後の数日間、宋鎮禹との合作を成功させるためにあらゆる努力を尽くしてきたのは、そのためだった。だからこそ、呂運亨は李仁の不意の訪問を歓迎していたのかもしれない。呂運亨は照れ臭そうに「愛山(李仁)はいくら捜しても行方がわからず、古下(宋鎮禹)に協力しようと哀願したが意見が合わなかった」と話した。それを横で聞いていた安在鴻が「哀願というのは度を越している」と責めた。３人は議論した末に、「各階層をすべて網羅した人物を集めて議論しよう」と意見がまとまった。李仁は思ったよりも話が通じると安堵したのか、呂運亨に宋鎮禹ともう一度会うことを勧めた。

「まずは古下ともう一度お会いになりませんか」

「いいね。今日の午後２時に私が古下を訪ねるので愛山も同席しなさい」(＊4)

政治犯の釈放

李仁との話を終えた呂運亨の目の前には、解決しなければならない問題が山積していた。まず西大門刑務所の政治犯を釈放させなければならなかった。

京城コムグループ[a]関係者と推測される全厚（仮名のようだ―引用者注）が西大門刑務所正門を訪れたのは午前６時半であった。まだ早い時間だったせいか、正門前には「20人ほどの婦人が刑務所の門を眺めて立っている」だけであった。まもなく、革命のために志をともにした仲間たち

［a］京城コムグループは、傑出した共産主義活動家であった李載裕（１９０５～１９４４）と李観述（１９００～１９５０）、金三龍などが、上海系の徐重錫と火曜会系の権五稷などとともに、１９４０年３月に出獄した朴憲永を指導者として擁立して立ち上げた秘密結社だ。この組織は同年12月から、金三龍をはじめとする指導部と組織員が相次いで警察に逮捕され苦汁を嘗めたが、その後あらゆる弾圧と懐柔にも転向せず最後まで志操を守ることで、解放直後に絶対的な正統性を主張することができた。朴憲永はこの名目を武器として、１９４５年９月、自らを中心とする朝鮮共産党を再建することに成功する。

と会えると思うと、全厚の胸は高まった。

朝鮮人革命家にとって、西大門刑務所は日本の暴圧統治を象徴する朝鮮のバスティーユ監獄のようなものであった。「今日は刑務所の門が開かれる歴史的な日だ。私は今まで憤激した民衆の手であの刑務所の塀が壊れ、銃声が鳴り響いて、あの建物が燃えさかる炎の中で熱狂した民衆の叫び声が聞こえるとき、初めて我々の新しい朝鮮の夜が明け、同志たちがあの刑務所から生還するだろうと考え、そう望んでいた」(*5)

釈放が予定されていた午前9時を過ぎ、10時に近づいていた。いつの間にか独立門から刑務所に向かう坂道は、歓迎の人波で埋め尽くされていた。しばらくして、李康国《イ・ガングク》と崔容達《チェ・ヨンダル》を連れた呂運亨が姿を現した。その横には釈放手続きを手助けする長崎祐三京城保護観察所長と通訳を務める白允和《ベク・ユンファ》判事が付き添っていた。呂運亨の姿を見つけた群衆が所々で散発的に拍手を送った。

解放直前の朝鮮各地の刑務所に収監されていた政治犯は、おおよそ共産主義者であった。釈放者を待つ婦人が手にした小さな提灯には、「権五稷《クォン・オジク》同志、金大鳳《キム・デボン》同志歓迎」と書かれていた。一夜前の15日、京城のあちこちに、「朴憲永《パク・ホンヨン》同志よ。早く現れろ」という張り紙が貼られ、世間の目を引いた。[b] もう一つ目を引いたのは、当代随一の企業家であり、親日派として悪名高かった朴興植《パク・フンシク》(1903～1994)が設立した朝鮮飛行機会社のトラックだった。解放の噂が伝えられるや職員たちが会社を接収したのか、トラックには「朝鮮飛行機会社接収委員会」という文字が書かれていた。西大門刑務所では、まもなく釈放する政治犯第一陣を講堂に集め、座らせていた。呂運亨は彼らの前に出て、これまでの長い苦難を慰めた後、祖国解放の日が来たことを伝え、朝鮮と日本両民族の将来のために軽挙妄動しないことを頼んだ。崔容達は彼らに、準備した服と食料を受け取りに鍾路まで来るよう伝えた。(*6)

午前11時、ついに獄門が開いた。政治犯は30分または1時間の間を空けて、群れを成して釈放された。全厚は1945年4月号「新天地」に、「11時、12時、午後1時、1時半、いまや人々が通りにあふれかえり始めた」(*7)と記した。正門前に集まった人々は、政治犯が釈放されるたびに歓声を上げて拍手を送った。しかし、釈放されて姿を現した彼らのみすぼらしい姿に言葉を失った。当時、駐京城ソ連領事であった、アナトリー・シャブシン(Anatole Shabshin)の夫人、パニャ・イサアッコブナ・シャブシナはほとんどの釈放者が介助が必要なほど傷ついているのを見て、悲しみと驚きを隠せなかった。迎えに来た家族は拷問と過酷な収監生活で老いた彼らを泣きわめきながら抱きしめた。

脇を抱えられ腰の曲がった人に向かって、女と3人の子どもが歓声をあげて走っていった。彼は驚き、じっと見つめて背を向けた。隣では体の不自由な老人(老人に見える息子:引用者注)に対して、息子の若かりし姿しか知らない母が泣き笑いした。彼女は息子を抱きさすりながら、「この子が捕まったときは、まだあどけない少年だった」

[b]宋南憲も16日から17日、和信百貨店前の電柱に「朴憲永同志が現れて我々を指導してほしい」という内容の張り紙が貼られており、多くの視線を集めたと回顧した。

と周囲に話した。私は、理解できなかった。そんなに短い間に老けてしまったのか、それとも、監獄で長い時間が経ったのか。(*8)

刑務所前の広場のあちこちで即興演説が行われた。誰かが「愛国歌」を歌い始めると、数百人が一緒に歌った。そして、全世界の共産主義者の魂が込められた歌「インターナショナル」のメロディーが静かに流れると、次第に大きく、確信に満ちた響きとなってこだました。しかし、歌声はなかった。正確な歌詞を知っている者がほとんどいなかったからだ。(*9)

シャブシナは人波をかき分けて通りに出た。街は以前より混雑しており、刑務所の前を起点に、人々をぎっしりと乗せた自動車とトラックの車列が、京城市内のあちこちに広がり始めた。路面電車にも鈴なりに人々が乗り込み、急ごしらえの太極旗を振りながら万歳を叫んでいた。万歳《マンセ》の歓声で沸き立つ人々と旗が、鍾路から南大門までを埋め尽くした。行く先々で太極旗がはためき、万歳の歓声が鳴り響いていた。京城市内の200〜300メートルおきに大小の集会が開かれた。16日の京城府内は、長らく抑圧されてきた朝鮮人が解放の喜びを爆発させる解放区の様相を呈していた。

人々は、下の階から上の階へと駆け上がり、数々の戸が開け閉めされ、机は端に追いやられ、椅子は壊れひっくり返っていた。向かいのビルでは連合国の国旗を引っ張り出して、「朝鮮民族解放万歳」「朝鮮独立万歳」と書いて掲げた。学生が、青年が、労働者

たちが、さらに幼い子どもたちまでもが旗を振り、腕を高く上げ、万歳の大声をあげた。(*10)

政治犯釈放は地方でも行われた。咸鏡北道城津市出身の共産主義者、許成澤《ホ・ソンテク》は1日遅い17日未明、清州(忠清北道)の思想犯拘禁所から釈放された。未明に刑務所前に集まっていた清州市民が釈放者を熱烈に歓迎し、慰労した。許成澤は彼らの同胞愛に涙した。清州に長居できなかった彼は、その夜京城行きの電車に乗り込んだ。許成澤は「真っ暗な闇の中を走る列車から外を眺めながら、小さな胸は感情であふれかえり、これからの計画が虹のように頭をよぎった」。(*11)

呂運亨の演説

歓迎の人波の一部は再び桂洞周辺に集まってきた。午後1時頃、呂運亨は約5千人の群衆の拍手に迎えられ、徽文中学校の運動場に入ってきた。当時の様子を伝える白黒写真が残っている。呂運亨は写真の中で、「喜色満面で希望に満ちており、行く手を遮るものは何もないように見えた」。(*12)彼はそこで約20分間にわたり15日からこれまでの経過を熱く雄弁に語った。8月17日付「毎日新報」は、この歴史的演説を写真(158ページ)とともに「建準委員長の呂運亨、遠藤との会談経過報告」という見出しを付けて伝えた。全文を引用する。

朝鮮民族解放の日が来た。昨日15日の朝8時、遠藤朝鮮総督府政務総監に招かれ、

8月16日、徽文中学校の校庭に入る呂運亨（写真:中央）

「過ぎし日々、朝鮮と日本の両民族を合わせたことが、朝鮮の民衆にとって適切だったのかどうかは言うまでもなく、ただ、今日という日は互いに気持ちよく別れよう。誤解で血を流したり、不祥事が起きたりしないよう、民衆をしっかり指導してほしい」との要請を受けた。

私はこれに対して、5つの要求を提出したところ、その場で無条件の承諾を得た。

つまり、

①朝鮮の各地で拘束されている政治・経済犯を釈放せよ。

②集団生活をするからには食料が最たる問題となるので、8・9・10月の3カ月間、食料を確保し、明け渡すこと。

③治安維持と（国家―引用者注）建設事業において、いかなる拘束も干渉もしないこと。

④朝鮮において、民族解放の推進力となる学生訓練と青年組織に対し、干渉しないこと。

⑤朝鮮の各作業場にいる労働者を我々の建設事業に協力させ、いかなる苦しみも与えないこと。

こうして、民族解放の第一歩を踏み出すことになり、過ぎし日の痛みは今日この場ですべて忘れよう。そうして、この地を合理的で理想的な楽園に創り上げなくてはならない。個人の英雄主義はすべてなくし、一糸乱れず最後まで団結して進もう。近々、各国の軍が入城することになり、我が民族の姿を目の当たりにすることになるだろう。我々の態度は少しも恥ずかしくないようにしなければならない。世界各国が我々に注目することになるだろう。そして、白旗をあげた日本の胸中を察し、我々の度量の大きさを見せよう。世界新文化建設に白頭山の麓で育ったわが民族の力を捧げよう。すでに専門大学の学生警備員が配置された。いまに各地から立派な指導者が戻って来るはずだ。それまで我らは、少なからず互いに協力しなくてはならない。

この日、呂運亨は解放当日の遠藤柳作との会談内容を公開し、建準活動を公式化した。

この演説には、解放を迎えた呂運亨の心構えと総督府との交渉内容が比較的よく表れている。呂運亨と遠藤は、ともすればとてつもない悲劇に発展しかねない両民族間の「流血事態」を防ぐことで意見が一致した。遠藤が「誤解で血を流したり、不祥事が起きたりしないよう、民衆をしっかり指導してほしい」と治安協力を要請すると、呂運亨は「(国家)建設事業に干渉するな」という内容の5つの要求を突きつけた。この合意に基づいて、呂運亨は「両民族が合わさったことが、朝鮮民族について適切であったかという是非をいま話したくない。我々の度量の大きさを見せよう」(*13)と日本との和解を呼びかけた。建準はこの日京城府内に撒いたビラでも、「重大な現段階において絶対の自重と安静を要請する。諸君の一言一動が民族の幸と不幸に多大な影響を与えることを猛省せよ！　絶対に自重して指導層の布告に従うよう肝に命じよ」(*14)と重ねて要請した。

演説の後半では、今後の見通しについて述べている。呂運亨は「近々、各国（連合国）の軍隊が入城することになるだろう」とし、「彼らが入って来れば我が民族の姿を目の当たりにすることになるだろう。我々の態度は少しも恥ずかしくないようにしなければならない。世界各国が我々に注目することになるだろう」と述べた。呂運亨は朝鮮人が建準を通じて、自らの行政と治安を確保する「少しも恥ずかしくない」姿を見せれば、「世界各国が我々に注目」して朝鮮人の自由意志を尊重し、建国事業を支援するだろうと考えていたようだ。(*15)国内政治勢力は建準として団結しているので、残すは「各地から戻って来る立派な指導者」、すなわち海外政治勢力を迎えて正式な国家を樹立することだった。呂運亨の予想は的中しているようだった。そして、すぐさま朗報がもたらされた。ソ連軍がすぐに京城駅に到着するという知らせだった。

ソ連軍が来る

「統一日報」[c]創設者の李栄根《イ・ヨングン》（1919～1990）は、解放の日を鍾路2街（ソウル特別市鍾路区）の長安ビル3階で迎えた。李栄根、チョン・ウィシク[d]、イ・グァンジン、クォン・ソユン、イ・インドクなど活動家は5月から同ビルをアジトにして、秘密活動を続けてきた。彼らも連合国の短波放送と現職記者から聞く情報を通じて、ソ連軍の宣戦布告と日本のポツダム宣言受諾の事実を知っていた。

15日午前、呂運亨の側近である崔謹愚が彼らに、呂運亨が遠藤から「降伏後の善処を頼まれた」という事実を伝えてきた。続いてチョン・ウィシクは呂運亨から呼び出され、「保安機関を組織して、出獄同志を受け入れる援護態勢」を整えるよう指示を受けた。この指示によって青年たちは、正午の玉音放送を確認するや、速やかに保安隊の組織構成を決めて、午後には長安ビルの外壁に看板を掲げることができた。(*16)

その日の夕方、社会主義系の老革命家から連絡があった。翌16日午前10時、長安ビルで「在京革命者大会」を開かせてほしいという頼みだった。第1章で明らかにしたように、趙東祜、鄭栢、洪南杓《ホン・ナムピョ》、李承燁《イ・スンヨプ》、崔容達など主要な共産主義者は解放当日の夜、桂洞の洪増植《ホン・ジュンシク》の家に集まり、1928年に解体された朝鮮共産党を復活させ、翌日に在京革命者大会を開くことで意見が一致した。その大会を16日午前、長安ビルで開くという話だった。保安隊は要請を受け入れた。場所

［c］解放後、曺奉岩農林部長官の秘書官を務めたが、スパイの疑いをかけられ日本に亡命し、「統一日報」を創刊した。

［d］チョン・ウィシクの名前は8月22日に公開された建国準備委員会中央執行委員会名簿（治安部）で確認できる。

を使いたいという頼みを断れる状況ではなかったからだ。当時、京城で朝鮮人が建てたビルは、朴興植の和信百貨店とヨンボビル、韓青ビル、チャンインビルぐらいしかなかった。在京革命者大会とはいっても100人も集まらないので、保安隊の業務に大きな影響を与えず、行事を行えると思われた。また、彼らは事務室を分けて使おうという先輩革命家の頼みも聞き入れた。そのせいで、長安ビルには「朝鮮共産党京城地区委員会」の看板がかけられた。解放当日の夜、洪増植の家で組織された共産党が[e]「長安派共産党」と呼ばれるようになったのには、このような経緯がある。(*17)

しかし、李栄根の予測は見事に外れ、翌日の行事には雲霞《うんか》のごとき人波が押し寄せてきた。大会の熱気は想像を超えていた。3階の2部屋を開放して席を設けたが、押し寄せる人波を収容することはできなかった。会議が始まる前から3階の部屋と廊下はもちろん、階段から1階の玄関まで人であふれかえった。ビル前の路上から電車通りの向かい側の歩道まで人で埋め尽くされた。よって、急いでほかの場所を手配しなければならなかった。ちょうど安国洞の徳成女子実業学校の講堂が空いていたので、会場をそこに移して予定より2時間遅い正午になって、やっと大会を始めることができた。(*18)

司会を務めたのは揚州（京畿道）のアジトから駆けつけた朝鮮共産党のベテラン活動家、洪南杓だった。続いて、老共産主義者であり、呂運亨の側近として建国同盟に参加していた趙東祜《チョ・ドンホ》が経過報告した。解放の喜びを分かち合う演説で大会の雰囲気は次第に高まっていった。もう一人の建国同盟員である李基錫《イ・ギソク》が演壇に上がって熱弁を振るおうとしたとき、司会の洪南杓が突然1

枚の紙切れを手に立ち上がり、演説を中断させた。「午後1時、京城駅からソ連軍が入城します。皆さん歓迎しに行きましょう」。すると場内は興奮のるつぼと化し、参加者は歓声をあげながら京城駅に向けて駆け出した。

徽文中学校運動場の雰囲気も同じだった。呂運亨の演説が終わるころ、誰かが慌てて群集の中に飛び込み、「いま南大門にソ連軍が到着した」(*19)と叫んだ。京城市内で朝鮮独立を万歳で祝っていた巨大な人波はソ連軍を出迎えるため、京城駅に押し寄せた。ジャーナリストのシン・テミンは22歳で、三越百貨店（現・新世界百貨店本店）から京城駅に向かう南大門路にいた。まだ新聞やラジオはソ連軍が進駐するという情報を流していなかったが、いつ誰が貼ったのはわからないが、街中のあちこちで「労働者、農民の解放者、ソ連軍万歳」と書かれた張り紙が目に付いた。人波の中にも、似たようなプラカードを抱えた人が目についた。解放の感激に沸いた朝鮮人はこれを見て、解放軍が間もなく京城に到着すると信じて疑わなかった。街頭に集まった人々は胸いっぱいの感情を込めて歌った。シン・テミンの回想だ。

高まる感情を歌で表さなければならなかったのに、行進しながら歌う韓国の歌を知ら

［e］長安派共産党が15日夜、長安ビルで結成されたという記録もあるが、本書の記載のとおり李栄根はこれを容認した。一方、長安派のリーダーだった鄭栢も15日夜、桂洞で「在京革命者大会」を開いたと明かした。

なかったのです。愛国歌というものを後から知らされましたが、その日私たちが愛国歌を知るはずがないでしょう。知っている歌といえば「トラジ（桔梗）」「アリラン」などの民謡ですが、民謡を朗々と歌いながら行進するわけにはいきませんよね。行進に似合う歌ではありませんから。本当にもどかしかったです。私が知っているのは、日本の軍歌だけだったので……。

私がいた集団には、スローガンを叫ぶ人がいませんでした。組織として動くのではなく、ただ解放の喜びと興奮に沸く群れがうごめいているように見えました。秩序立ったデモ行進はできなかったでしょう。私は人の流れに飲まれ、南大門まで行き、たじろぎました。南大門と京城駅周辺に、何千人、何万人いたかわからなかったでしょう。ただ興奮した人波がひたすら沸いていました。(*20)

穂積真六郎京城電気社長は南大門路本社の事務室で[f]、朝鮮人群集が発する大きな万歳の声を聞いた。驚いて窓の外を見ると、赤旗を手にした人々が群れをなして京城駅に向かって走っていた。京城電気が運行する電車はすでに群集に占拠され、会社はどうすることもできなくなっていた。人々は車窓から手を出して、赤旗を振りながら万歳を叫んでいた。

穂積が「なぜ赤旗を手にしているのか」と怪しむと、誰かが「朝鮮北部に侵攻したソ連軍が午後3時頃、京城駅に到着する」という噂が流れていることを伝えた。穂積が目にしたのは、ソ連軍を歓迎しに向かう人波であった。京城駅広場は、たちまちおびただしい人波で埋め尽くされた。

人々は京城駅に、ソ連軍が本当に到着するのか確認を要請したが、京城駅の回答は「ソ連軍が近づいているのかどうかわからない」というものだった。だが、群集は「北界まで来た」「鉄原まで来た」という未確認情報を拡大再生産し続けた。在京城ソ連領事館にも、ソ連軍京城ソ連入城の真偽を確かめる電話が絶えなかった。

しかし、大本営が現地の部隊にまだ停戦命令を下しておらず、ソ連軍は清津（咸鏡北道）で日本軍との熾《し》烈な戦闘を繰り広げていた。朝鮮駐屯の第17方面軍は、弱体化したとはいえ依然として約23万人の兵力を有する「強軍」であり、ソ連軍が早急に京城入りできる状況ではなかった。ソ連軍が京城近くの開城に到着したのは、日本軍の停戦命令が下された数日後の8月25日だった。数万の人波が広場に集まり、一日千秋の思いで待ち続けたが、ソ連軍はなかなか姿を現さなかった。興奮した群集は自然発生的に「午後7時に到着する」などの憶測を生み出したが、しばらくすると「明日来る」(*21)というように変わっていった。

朝鮮人が群れをなして押し寄せると、日本は緊張した。京城駅は現地の明洞と忠武路の近くで、日本人の集団居住地だったので、重武装した憲兵隊が現場周辺に出動した。シン・テミンは少し離れた所から「いまだ刀を帯びて、武装したままの殺気みなぎる姿」をした憲兵を見て、恐怖に震えた。

［f］現在のソウル・南大門路にある南大門路韓国電力公社社屋である。２００２年2月28日、国家登録文化財第1号に指定された。

時間は流れ午後3時頃になった。穂積は朝鮮総督府から、会議があるので「すぐ来るように」と連絡を受けた。若い社員たちは興奮した朝鮮人が害を及ぼすかもしれないから総督府まで送ると言ってきたが、穂積はその申し出を断った。穂積は1918年のシベリア出兵や1931年の満州事変のときも満州の荒野を闊歩したので、「これくらいの騒ぎは大したこととも思えない」(*22)と気を引き締めた。

表に出た穂積は赤旗を手にした人波とは逆に、北に向けて歩き出した。当時の京城電気本社は、現在の地下鉄2号線乙支路入口駅前にある韓国電力ソウル本部になっている。乙支路に出て左折し、しばらく歩くと京城府庁（現・ソウル市庁）だった。府庁前広場にも多くの朝鮮人が集まっていた。府庁の建物に沿って光化門の方に折れようとしたとき、群衆がわれ先にと逃げ始めた。憲兵隊によるデモ鎮圧が始まったのだ。[g] 穂積は街路樹の下にたたずみ見守るしかなかった。人波であふれていた光化門通りは、いつの間にかほどんど人影がなくなり、はるかに総督府の白亜殿まで見通せるくらいになった。穂積は忘却していた「大正8年万歳事件」（三・一運動）の記憶が脳裏をかすめた。これだけの朝鮮人が集まる場面を目にしたのは、その日以降初めてだった。

広々とした通りに軍刀を手にした憲兵将校が立っていた。その足元には赤旗の上に青年が1人倒れており、彼は死んだかのように動かなかった。穂積はこのような流血を伴う鎮圧が朝鮮各地で繰り返されないか憂慮した。「こうなってまで、今までと同じ形式でおし進めてよいものか」。穂積の複雑な表情に気付いた憲兵将校が表情を無理にやわらげ、弁解するように「峰打ちですよ」(*23)と言った。

「正規軍を編成する」

穂積が総督府に向かって歩みを進めていた頃、京城府内には安在鴻建準副委員長の歴史的な放送が流れていた。安在鴻は午後3時10分から20分にかけて、京城放送局のマイクの前に座り、「国内、海外の三千万同胞に告げる」というタイトルで演説を行った。建準の結成を知らせる安在鴻のけたたましい声が朝鮮全土に向けて流された。この放送は午後6時と9時にも再放送された。

この演説を電波に乗せることができたのは、建準の素早い動きの賜物だった。午前9時、建準が送った治安隊の学生たちが京城放送局に乗り込み、「施設を接収する」と通告した。放送局を掌握して建準の施策をリアルタイムで全国に伝えることが目的だった。京城放送局の朝鮮人職員が集まって対策を練り始めた。

「あなたたちで放送局を接収できるのですか。技術的に難しいかと。なので、外の警備にまわってください」

「日本人が（放送施設に：引用者注）押し入ったらどうするのですか」

「我々が中で放送します。あなたたちは外の警備にまわってください」(*24)

［g］この際、少なくない朝鮮人が犠牲になったという噂が流れたが、呂運亨の側近である李萬珪は翌年出版した『呂運亨闘争史』で「群衆間で小競り合いがあっただけ」と証言した。

前日まで京城放送局が送出するすべての放送は、総督府通信課の事前検閲を受けなければならなかった。しかし、もう新しい時代が幕を開けた。建準治安隊の学生たちが放送局の外周を守ったため、京城放送局の朝鮮人職員は生まれて初めて、朝鮮人の、朝鮮人による、朝鮮人のための放送を行うことができた。朝鮮人職員は午後8時、第4スタジオに集まり、スコットランド民謡「蛍の光」のメロディに合わせて「愛国歌」を口ずさんだ。16日のわずか1日だけで、なんと3回も電波に乗った安在鴻の演説の放送内容は次のとおりだ。長文だが重要な部分をそのまま紹介する。[h]

いま国内、海外の三千万同胞に告げます。

今日、国際情勢が急激に変動し、特に朝鮮を核心とするすべての東アジアの情勢が緊迫するように変動するこのとき、我が朝鮮民族が対処する方針も非常に緊急で重大さを要するため、我々各界を代表する同志たちは、ここで朝鮮建国準備委員会を結成し、新生朝鮮の再建設問題に関して、最も具体的・実際的な準備作業を進めることとします。

（中略）

根本的な政治運動の最大の問題に関しては、今後適切な時期に順次発表しますが、まず当面の緊急な問題は大衆の把握と局面収拾として第一に、民族大衆自身の日常生活で生命・財産の安全を図ることであり、もう一つは朝日両民族が自主保養（互いに譲歩する——引用者注）の態度を堅持し、少しでも摩擦が生じないようにすることです。

つまり、日本人住民の生命・財産の保障を実現することです。そのために自衛隊を結成し、一般秩序を整理するのです。学生及び青年隊と警官隊、すなわち本建国準備委員会所属の警衛隊を置き、一般秩序を整理するのです。そのほか、まさに正規隊、すなわち正規兵である軍隊を編成して国家秩序の確保を図っています。

次に食料確保です。まず京城120万府民の食料は絶対に確保することが計画され、近距離に積まれている米穀を運搬することで、小運搬統制機関を掌握し、運搬供給を行う準備ができています。各所の食料配給その他の物資配給体制もしばらく現状を維持しながら行うことになるので、それをよくご承知の上で一層責任を尽くすようにしてください。

(中略)

本建国準備委員会は、その発足当初から青少年、学生及びその他一般政治犯の釈放問題を要求してきたところでしたが、昨日8月15日から今日16日まで全国の既決・未決1,100人を即時釈放させました。一般の父母、兄弟とともに民族互助の精神から人

［h］当初は呂運亨がマイクの前に立つ予定だったが、安在鴻に変わった。その理由はわからないが、呂運亨がこの日午後2時、李仁の仲介で宋鎮禹と会合したという点を考えると、おおよその想像がつく。この演説を通じて朝鮮人は、夢にまで見た朝鮮建国のための建国準備委員会が結成されたという事実を知った。

民結成のたくましい一歩を踏み出すことを願います。

行政も一般接収する日が遠くないため、一般管理として職場を固守しながら忠実に服務することを要求します。統監政治以来40年間、総督政治・特殊政治でしたので、今まで一般管理と前職管理及びその他一般協力者という人物にも、今後充実した服務で新しく行進する限り、一律に安全な日常生活を保障しますので、その点は安心して、また留意してください。

最後に、国民各位老若男女は最近の報道に格別に留意し、日本住民の感情を刺激しないように尽力しなければなりません。過去40年間の総督政治はすでに過去のことであり、まして朝日両民族は政治形態がいかに移り変わっても、自由保養でアジア諸民族として背負っている各自の使命を果たすべき国際的条件下に置かれていることを正しく認識せねばなりません。我々は受難の道で一歩ずついばらの茂みを抜け出していくために、互いに共鳴、共感しなければなりません。

皆さん、日本にいる500万朝鮮同胞が日本国民と一つとなり受難の生活をしていることを考えるとき、朝鮮駐在の百数十万の日本住民の生命・財産の絶対確保が必要だということを聡明な国民が十分に理解されることを疑いません。皆さんの甚大な注意を要請してやみません。(*25)

前日までは総督府の検閲があったため、このような演説を電波に乗せることはできなかっただろう。しかし、15日以降、総督府の機能は事実上麻痺していた。(*26)建準の登場を既成事実として受け入れた総督府は翌17日、この演説の二大機関紙である「毎日新報」と「京城日報」への掲載を許可する。

しかし、安在鴻の演説を聞いた総督府は驚愕した。安在鴻は演説で建準が「警衛隊」を結成し、正規軍に相当する「正規隊」も編成する予定であることを明かした。その言葉どおり呂運亨は15日、張権の下に若者を集めて治安隊を組織させた状況であった。(*27)張権は演説が始める直前の午後3時、徽文中学校の講堂で市内の中学校以上[i]の体育教師と学生代表などで構成された「建国治安隊」を組織した。

それだけではなかった。遠藤から協力を頼まれた治安維持の域を越えて、「行政も一般接収する日が遠くない」とし、①食料確保②物資配給維持③通貨安定④米穀供出⑤対日協力者対策――など当時の朝鮮人が神経を尖らせているさまざまな懸案についての見解を明らかにした。それはまるで、遠からず樹立される朝鮮独立政府の「政策要綱」を説明するような内容だった。この演説を聞いた人々は自ずと、総督府がすでに解体され、日本軍が武力抵抗を放棄し、近いうちに新政府が樹立されると考えるようになった。(*28)

[i] 李基炯によれば、治安隊の隊長は張権、事務局長は丁相允、総務部長は宋秉武だった。彼らは青年・学生約2千名を動員して、ソウルの治安確保に尽力し、地域別・職場別の治安隊を組織し、それぞれの治安を維持して重要資材と機関を確保した。

しかし、遠藤の立場からすればこれは約束違反であり、容認できない機会主義的行動だった。遠藤は15日未明、治安維持に協力するよう頼んだだけだが、呂運亨はこれをきっかけに本格的な建国作業を始めたからだ。一方の呂運亨は、治安維持と国家建設事業に総督府が何の干渉もしないという内容を盛り込んだ5大要求を遠藤が受け入れたと理解していた。さらに言えば、日本はすでに降伏しているのだから、朝鮮人が建国事業に乗り出すことについて総督府の承諾を得なければならないこと自体が話にならなかった。15日未明に行われた呂運亨・遠藤会談に関する総督府と建準の解釈の違いは、その後両者の激しい対立を招くことになる。

穂積が総督府に到着した頃、安在鴻の演説は終わっていた。沈鬱な表情の阿部総督と遠藤政務総監が彼を迎えた。この2人と総督府の各局長、穂積など民間人有力者5、6人が集まった中で、敗戦後の事態収拾のための官民合同会議が始まった。

穂積は、不安に怯える内地人の民心掌握のために、総督府が毅然として明確な方針を打ち出すと予想していた。しかし、阿部総督の口から出る言葉は、あてのない見通しだけだった。遠藤政務総監は、総督府が前面に立って事態収拾を試みれば逆に不幸な結果をもたらすという「慎重論」で一貫していた。続けて、安在鴻のラジオ演説に関して、「呂運亨に治安協力するように依頼した。しかし、呂運亨一派はまるで政権を委任されたかのように発表し、仮政府建設まで研究している。決してそのような広範な委任をしたわけでない」と言い訳した。遠藤の言葉が事実であったとしても、時すでに遅しであった。

穂積は「この瞬間、80万在留日本人が望むのは、急転した事態に立ち向かって、暗い夜の暴風雨の中を小舟に乗ってさまよう内地人のために、総督府が輝く灯台の役割を果たしてくれることではないのか！　このようなときこそ総督府がその存在を明らかにして、米軍が進駐してくるまで毅然として半島の治安をしっかり守り、在留民に頼れる場所があるという信頼感を与える、灯台の灯を見せることができないのか」(*29)と憤った。そして、「このようなときは、為政者が人民にもう少し明確な態度を見せなければならない」と重ねて訴えた。しかし、敗戦で自信を失った総督府は無気力であり、会議はこれといった結論を出すことなく終わった。

憲兵隊の鎮圧で人っ子一人いなくなった光化門通りは、再び万歳を叫ぶ朝鮮人であふれ、歓喜の声で、白く輝く大理石造りの総督府庁舎が揺れるほどだった。当時穂積は知らなかったが、「暗い夜の暴風雨の中を小舟に乗ってさまよう」のは、総督府自身であった。14日夜、降伏を決めた日本政府が伝えた方針は、薄情極まりない「自助努力」だった。日本政府は在外公館に電文を送り、相手国官憲と協力して日本人の生命と財産の保護に万全を期すも、「できるだけ現地に残留、定着せよ」という意思を伝えた。どう繕っても正当化できない厚かましい「棄民政策」であった。(*30)

会議を終えた穂積は暗澹たる思いにとらわれた。80万人の半島内地人の運命はどうなるのだろうか。穂積は朝鮮が好きで、朝鮮人の実情をよく理解していたが、彼も元総督府官僚だった。穂積は当局が無闇に銃刀を用いてはならないが、逆にあまりに無抵抗な態度を見せることも良くないと考えた。だからといって、これといった良策が思い浮かぶ訳でもなかった。穂積はしょんぼりとして帰宅した。

しょんぼりとするのは呂運亨も同じだった。16日、京城全体を騒がせたソ連軍進駐の噂は誤りだったことが分かった。呂運亨はソ連軍到着の事実が伝えられると、李欄《イ・ラン》を通じて、哈爾濱で弁護士を務め4月に帰国した朴亨権《パク・ヒョングォン》に連絡を入れた。ソ連当局との会談に備えるためだった。朴亨権は解放の頃、京城近くで果樹園を営んでいた。李欄の父である李林洙《イ・イムス》と朴亨権の父が友人関係であったため、2人は幼い頃からの知り合いだった。李欄が朴亨権を呼んだ。

「兄さん、解放されたというのに何しているの」

「話は聞いたのか」

「ソ連軍が来るから、通訳をしろと」

「俺は通訳官じゃない」

朴亨権は李欄の言葉を好意的に捉えなかった。李欄は催促した。

「兄さん、そんなことありますか」

「お前の父親に会って帰らなくては。呂運亨はあまりに情熱的だ。李欄、あまり興奮するな。これからさらに世の中が複雑になっていく」(*31)

その日の夕方、李欄とともに車で京城まで来た朴亨権に、呂運亨がぎこちなく声をかけた。

「おお、朴君来たか。大丈夫だ。ソ連軍は来ないらしいから、少し休め」(*32)

ソ連軍進駐騒動は、その後数日間続いた。呂運亭の娘、呂鷰九《ヨ・ヨング》は17日昼、鍾路区孝洞の徳成女子実業学校の運動場で5千人の群衆を前に呂運亭が演説していた頃、「ソ連が到着する」と叫ぶ人々が京城駅に向かっていたと証言した。[j] 呂運亭は京城駅に向かう最中、短波放送事件での獄苦を経て釈放された許憲と出会ったので、許憲の脇を抱えて駅前に向かった。群衆の中には「海外朝鮮革命運動小史」を書いて駆けつけた崔日泉《チェ・イルチョン》（1905～1950）や忠清北道槐山に隠遁していて京城に出てきた洪命憙《ホン・ミョンヒ》（1888～1968）もいた。しかし、ソ連軍は17日はおろか、翌18日になっても姿を現すことはなかった。(*33) 解放の喜びに浮かれていた朝鮮人は、少しずつ怪しさを感じ始めた。

[j] 京城駅騒動が16日と17日の2日間にわたったのか、呂鷰九が日付を混同したのか不明である。

コラム

「ソ連軍入城」工作は誰が行ったのか？

解放政局の熾《し》烈な政治闘争で勝利した右派は16日、京城を揺るがした「ソ連軍進駐」騒動を共産主義者あるいは呂運亨の企みと罵倒してきた。

しかし、当事者はとても残念だったと反応している。16日正午、鍾路区安国洞の徳成女子実業学校の講堂で開かれた在京革命者大会で司会を務めた洪南杓は、「ソ連軍進駐説」の根拠は「私も知らない」と証言した。この日、集会の途中で会場内が騒がしくなり、数人の参加者が外に出たため、仕方なく自分もついて行ったという。「京城駅まで行ってみたら群衆でいっぱいだった。日本軍の対応は厳しいので、少しでも騒動があれば不測の事態が起こっただろう。あのときの嘘（訳注：ソ連軍進駐説）は、いま考えても出どころがわからない。大会を妨害するための謀略ではなかったのか」(＊34)

これが謀略だったとすれば、主体は誰であったのか。李庭植《イ・ジョンシク》ペンシルベニア大学名誉教授は「新東亜」１９９１年８月号に、とても興味深い仮説を提示した。彼が名指しした謀略の主人公は、15日未明の遠藤柳作政務総監と呂運亨の会談に同席した長崎祐三京城保護観察所長兼大和塾塾長だった。

長崎は１９８５年に記した回顧録『こけしと時計』で、「ある日の晩」自身が管理していた転向思想犯の集まりである大和塾会員らが、最後の奉仕としてどんなこともするので命令してほしいと要請してきたと明かした。李庭植は「ある日」について、日本の敗戦が事実上確定した8月15日だと推測している。

長崎は彼らに、「内鮮一体のために使ってきた資金60万ウォンを与え、日本人と朝鮮人の衝突を避ける運動をしろ」と伝えた。大和塾の会員は転向した思想犯、国籍は日本になるのでつまり、親日派朝鮮人だった。長崎の指示を受け総督府の工作資金を使った親日派がソ連軍を歓迎する赤旗を持って京城駅に向かうと、それに従う朝鮮人は数千人に膨れ上がった。親日派は彼らを朝鮮人が多く住む鍾路から引き連れて、うやむやに解散させたというわけだ。このように、独立の熱気が最もたかぶっていた16日、朝鮮人の情念が日本人に向けた暴力とならず、京城駅へのデモ行進として発散された。

総督府と日本軍は解放以前も、多様な政治工作と偽情報の拡散で朝鮮人の独立運動家を混乱に陥れてきた。解放当時、第17方面軍のナンバー2であった井原潤二郎参謀長は終戦直前の緊迫した状況の中で、朝鮮人に偽情報を流して混乱を起こしたことがあるという興味深い証言を残している。井原は当時、延禧専門学校のような朝鮮の専門学校で、短波放送を通じて海外情報が入手されているという疑いを持っていた。井原はこれを確認するため、「私はまたその逆情報を午前9時ごろ出しますというと、ひと回り回ってきて午後2時半ごろには私の出した情報が私の耳に入ってきます」と証言した。偽情報を流した(*35)具体的な手段には言及していないが、短波放送に言及していたことを鑑みると、これを使って偽情報を流したものと推測される。

興味深い点は、ソ連軍進駐説を広めるために短波放送が使われたことだ。終戦直後、朝鮮に駐留した米国第24軍団が作成した『駐韓米軍史』に、次のような一節がある。

8月16日、京城放送局のJODK周波数を使う無許可ラジオ放送で次のような放送があった。臨時政府がソウルに即時設置され、その政府代表3名が明日、汽車で首都に到着するという内容だった。聴取者の一部は、この放送が朝鮮を占領したソ連軍によって流されたと信じた。そして翌日、朝鮮人の群衆は代表3名を目にするためソウル駅に向かった。しかし、群衆は警察によって追い払われ、代表3名は現れなかった。

謀略の主人公は、多数の者を動員できる資金とラジオ放送をできる技術力を持った者たちだった。終戦直後、朝鮮でこのような工作を遂行できる勢力は多くなかった。李庭植の推論のように、総督府の支援を受けた転向した親日派だったのだろうか。真実は依然としてベールに包まれている。

第8節

日本の反撃

大権はまだ陛下に厳存している。
誰であろうと歯向かう者は容赦なく斬り伏せる。
神崎長第17方面軍高級参謀

統治機構の崩壊

大日本帝国の秩序は上層部から崩壊していった。当時、朝鮮総督府首脳部が見せた愚行は、この事実をよく表している。終戦翌日の8月16日、京城交通本局は田辺多聞釜山地方交通局長に訳のわからない異例の指示を出した。釜山から本土に向けて、船1隻を急いで出港させろと命じた。何事かといぶかしむ田辺の前に、意外にも阿部信行総督夫人一行が姿を現した。70万人以上の民間人を見捨てて、総督夫人が逃げ帰ろうとした「道徳的弛緩」の極致だった。

総督夫人一行は文字どおり山のように多くの荷物を船に積み込み出港したが、逃避行は成功しなかった。悪天候を押して出港した老朽船は、過積載のため釜山沖合の木島付近で沈没しかけた。

一行は生きるために仕方なく、京城から苦労して運び入れた「山のように多くの荷物」を投棄し九死に一生を得て、ひっそりと汽車で京城に戻った。(*1)

突然の終戦でパニックに陥ったのは総督夫人だけではなかった。極度の混乱に直面した市井《しせい》の日本人が先を争って銀行を訪れ預金を引き出そうとしたため、「取り付け騒ぎ」が起こった。

戦争の推移を不安視していた水田直昌《なおまさ》財務局長は1944年末から、こうした状況に陥ることを予測していた。取り付け騒ぎに備えるには、朝鮮のさまざまな銀行、金融組合、郵便局などに十分な現金を積み上げておかねばならなかった。そのためには朝鮮銀行券、つまり紙幣が必要だった。

単に紙幣が必要なら刷ればいい話だが、1945年初めまで朝鮮に紙幣の印刷設備がなく、そのためやむを得ず本土で刷った紙幣を空輸していた。しかし、戦争が終盤に入ると、本土の印刷設備は戦争遂行に必要な軍票発行などで余裕がなくなっていた。だが、水田が次善の策として、古い朝鮮銀行券を廃棄せずに積み上げておくように指示していたため、1945年初めには京城の各銀行に10億円、半島全土で計35億円の紙幣を準備することができた。水田は1945年2月には、半島のどこでも6時間以内に預金支給が行えるように貨幣輸送計画を立てており、3月にはこの計画に基づいて2回にわたる実地演習を行った。(*2) さらには朝鮮の紙幣自給自足ため、本国政府に印刷機と技術者を空輸してほしいと要請した。(*3)

しかし、実際に起こった取り付け騒ぎは水田の予測を遥かに上回った。16日だけで京城の支給準備金の20%にあたる2億円が引き出された。(*4) この調子で推移すると、22日から23日には京城の銀行が残高不足で金融モラトリアムを宣言するかもしれない。そうなれば、敗戦で萎縮した日本人の不安感はさらに増大し、より大きなパニックにつながってしまう。

これを回避できる唯一の方法は、紙幣の濫発だった。その後発生するインフレは、日本人が去ったあと半島に残る朝鮮人が耐えればいい。水田はまず、神奈川県の小田原印刷局に保管されていた約4億円の朝鮮銀行券を緊急空輸した。(*5)そして水田は狂ったように紙幣を刷り始めた。当初の計画では5月から自主印刷を始めるつもりであったが、戦争末期の混乱で日程が乱れた。8月には設備が整ったのか、敗戦が決まった16日から31日までに、朝鮮書籍株式会社印刷工場で千円札高額紙幣70億円分、近澤印刷株式会社で百円札紙幣21億円分を発行した。[a] 水田は1953年から54年に残した証言で、新しく刷った紙幣には手をつけず、米軍政庁に渡したと主張したが、この紙幣の一部が流通したという証言もある。(*6)

最後に残ったのは「不安感の解消」だった。水田は17日に談話を出し、「朝鮮内通帳を日本に持っていけば、毎月500円の限度内で預金を引き出すことができ、日本に本店がある銀行の送金小切手は日本でも有効」(*7)と宣言した。慌てて朝鮮で現金を引き出して紛失するよりも、日

[a] 近澤印刷所株式会社の所在地は中区小公洞74番地の近澤ビルだった。総督府と朝鮮銀行はここで、1945年8月24日から米軍が進駐する直前の9月7日まで膨大な量の朝鮮銀行券を印刷した。解放後このビルを買収したのは、キム・チョルスを中心とする共産党勢力だった。朝鮮共産党は近澤印刷所を「朝鮮精版社」と改称して運営した。米軍政下で朝鮮共産党が非合法化されるきっかけとなった「精版社偽造紙幣事件」がこの場所で起きた。その悲劇の淵源は水田の金融対策だったといえる。

本に戻ってから安全に預金を引き出した方が良いという勧告だった。しかし、この談話は日本政府の承認なしに水田が独断専行したものだった。水田は1953年の回顧録で、もし本国政府が談話の内容を追認しなければ、「腹をかっさばくつもりだった」と記した。(*8)幸い大蔵省は19日か20日頃、談話を追認した。

水田の貨幣濫造で1945年8月15日現在49億7千万円だった朝鮮銀行券の発行残高は、9月28日には86億5千万円までに急増した。(*9)このうち3分の1の約12億円は、朝鮮総督府と日本軍の退却資金である職員退職金、除隊軍人帰還旅費にあてられ、さらには日本人の安全を担保するためのさまざまな名目で工作資金として使われた。水田は17日、一般預金者に預金引き出しを自制してほしい旨の緊急談話を発表する一方で、遠藤政務総監と警務局に500万円もの巨額の機密費を渡していた。

親日警察「キム」処断さる

治安崩壊は深刻だった。敗戦後、真っ先に表れた変化は朝鮮人警察官の「欠勤事態」だった。1945年8月、朝鮮の警察定員は2万3700人で、このうち日本人は54%にあたる1万3千人だった。しかし、敗戦時に警察官として従事していたのは2万1千人でしかなく、このうち日本人警察官は約30%、6千人ほどに過ぎなかった。このような状況になった理由は単純で、若い日本人警察官が召集令状を受けて、一人二人と軍に取られていったからだ。(*10)

坪井幸生忠清北道警察部長は回顧録で敗戦直後の警察組織の動揺について、非常に実感的な回顧を残した。敗戦直後、清州管内のある駐在所に勤務していた金某巡査部長が怒りに満ちた朝鮮人に殴られて殺された。(*11) 坪井は彼の死について、「生真面目すぎた彼は民衆の怒りを買った」と評した。日本人管理者である坪井に「生真面目」と映った金某巡査部長の警察官としての態度が、朝鮮人民衆の目にどのように映ったのか容易に想像できる。

日本の植民地統治を支え、末端で朝鮮人民衆と大小の摩擦を起こしたのは、金某と同じ朝鮮人巡査と地方書記官などだった。彼らは民衆に過酷な人材・物資供出を強要し、同胞を監視・弾圧したため、少なくない人々の恨みを買っていた。解放された朝鮮民衆にとって、彼らは直ちに断罪されるべき「悪質親日派」だった。

解放直後の朝鮮半島各地で起こった報復虐殺については、少なからぬ証言が残っている。当時21歳の青年だったパク・ムンジェは故郷の開城（黄海北道）で解放を迎えた。15日夕刻、満月台で鐘を打ち鳴らしながら解放の喜びを満喫していた民衆は、「どこに行こう、誰の家に行こう」と話し合いながら市内に集まってきた。興奮した民衆が集まったのは、日本人の手先になっていた朝鮮人の家だった。パク・ムンジェは「憲兵の手先、特高の手先だった連中がたくさんやられた。素早く逃げた奴は助かったが、捕まった奴は全員死んだ」と証言した。(*12) 鉄原（江原道）で自治委員会保安隊長を務めたソン・ジンも、戦争が終わり徴用された人が帰ってきているのに、自分の息子だけが帰ってこないと憤怒する父親が徴用で選抜を行っていた書記官を殺したという証言を残している。(*13) 尚州（慶尚北道）で初等学校教員をしていた解放を迎えた詩人の徐廷柱《ソ・ジョンジュ》は「解放は日本の手中から脱する幸福である一方で、恨みを晴らす機会でもあった」と回想し

た。(*14)

このような治安の空白を埋めたのが、張権を中心に8月16日に結成された治安隊と、李栄根《イ・ヨングン》を中心に長安ビルに入った保安隊など朝鮮人武装組織だった。彼らは解放の勢いに乗って、京城府内の複数の警察署と交番から日本人警察官を追放し、それらを占拠した。京城府内の8つの警察署のうち本町警察署(現在の中部警察署)、龍山警察署を除く警察署では表札が外され、「朝鮮建国準備委員会〇〇警衛隊」という立て札が掲げられた。8月17日付「毎日新報」は、「治安の確保を図るため、朝鮮人警察官が中心となって朝鮮建国準備委員会保安隊を組織し、16日夜から府内の要所ごとに治安確保に精進することとなった。本部は鍾路警察署」と報じている。独立運動家弾圧の総本山であった鍾路警察署に、ほんのわずかな間ではあるが朝鮮人治安組織の本部が置かれていた。

朝鮮人治安組織が結成されたとはいえ、混乱は続いた。京城の通りにはさまざまな噂が立ち、デモが絶えず、治安の乱れにより迫害を受ける日本人が出始めた。勢いづいた朝鮮人従業員が日本人社長を追い出し、隣に住む日本人に家を明け渡すように要求する朝鮮人も現れた。新聞社、会社、工場、大学、専門学校など主要機関の朝鮮人職員も日本人責任者に「施設を接収する」と宣言した。総督府の明確な方針が示されない中で、多くの日本人責任者が書類に押印して、印鑑と金庫の鍵を渡し始めた。さらには総督府を相手とする接収要求もあった。(*15)

田中正四《ただし》京城帝大医学部助教授が「世の中が変わった」と実感したのは敗戦2日後の17日だった。大学に出勤すると校内のあちこちに「朝鮮独立万歳」と書かれた紙が貼られていた。「大学自治委員会」と書かれた建物の前で木銃を持って警備する朝鮮人学生の姿が目に入った。昨日まで一緒に働いていた朝鮮人職員たちは、さまざまな肩書きが書かれた腕章をつけて、忙しく走り回っていた。

田中は大学の管理権をこのように移管することが正しいことなのか、管理権を移管された側が適法な団体なのか問い詰めたい気持ちがなかったわけではないが、時代の流れに順応することにした。田中は朝鮮人自治委員会委員長になった友人のナム・ギョンに頼んで通行許可証を得て、研究室に入った。田中は翌18日、街頭で急いで家具を処分する日本人を見かけた。突然の敗戦でパニックに陥った日本人が現金を確保しようとしていたのだ。

地方に住んでいた日本人の地主たちは朝鮮人の襲撃を憂慮し、人目が多い都心に集まってきた。坪井は清州の中心部に避難してきた日本人の地主たちが日の暮れた街で安全な住処を探して右往左往する姿をただ見守るしかなく、警察の責任者として「自分の非力を思い知らされて、心が痛く苛《さいな》まれるばかりであった」と回想している。(*16) 坪井は仕方なく日本人警察官10数人で武装パトロール隊を組織して、夜遅くまで市内を巡回して武力を誇示した。その際、「弾込め」と大声で号令をかけて威嚇しながらも、部外者にはわからないように安全装置をかけるよう密かに命じた。流血の沙汰となれば、その後の始末を誰がどう処理するのか考えることができなかった。日本の警察は現行犯を認めても逮捕することもできず、逮捕したとしても起訴することができず、起訴したとしても裁判ができなかった。日本の統治権が崩壊してしまったのだ。

時が経つにつれて、坪井は総督府の統治が可能だったのは、朝鮮人下級官吏の協力があったたからということに気づいた。これまで警察専用電話の交換・接続を担当していたのは、ほとんどが朝鮮人女性だった。日本語で行われていた交換が敗戦数日後には朝鮮語だけで行われるようになった。警察車両の運転手もほとんどが朝鮮人だった。彼らは欠勤したり、時には露骨に命令を無視したりするようになった。そして、警察は朝鮮人に死命を制せられた。また、主な駅で切符を販売する朝鮮人は、時には日本人には切符を売らないと言い張った。坪井は激務とストレスでまともに眠ることができず、血尿が出るほどだった。[b]

「この家は私がもらいました」

1990年代に広島市長を務めた平岡敬《たかし》が父を追って朝鮮に移り住んだのは、1937年のことだった。平岡はその後、京城に居住する日本人のための中等教育機関である京城中学に入学する。そこで受けた教育は、被支配民族である朝鮮人に対する差別意識を助長する内容だった。学校では常に「私たち日本人は朝鮮人の嘲笑を買ってはならない」と指導された。中学1年生のときには、朝鮮人に馬鹿にされてはならないとの理由で、欧州風のマナーや洋食フルコースの食べ方までも教わった。だが、戦時中だったので、本物のフルコースの代わりに紙に印刷された食器とナイフで代用した。

徹底した皇民化教育を受けた平岡は、同年代の少年と同じく徹底した軍国少年になった。4年生で[c]陸軍士官学校や海軍兵学校への進学を希望したが、身長が足りず諦めざるを得なかった。父が平岡に「お前は長男だ。戦争に引っ張り出されて死なないために軍医になれ」と諭したため、

1944年京城帝大予科医学部を受験した。

1945年4月になると中学生以上は工場などに学徒動員された。京城帝大予科医学部の学生が動員されたのは、興南（咸鏡南道）にあったアジア最大の肥料工場である日本窒素だった。それは敗戦4日目の8月19日だった。ソ連軍が翌日興南に侵攻してくるという噂に、興南市内はそれまで見たこともない興奮に包まれた。平岡と友人たちは、街角のあちこちに貼り出されている朝鮮語の新聞を読んだ。新聞に書かれている「日本人即時撤去」「朝鮮独立万歳」「解放軍歓迎」という漢字から、おおよその意味を読み取ることができた。平岡はそのとき初めて「日本帝国主義」という表現に接した。これを見た日本人学生たちの間で議論が湧き起こった。

「おれは朝鮮人に対して何一つ悪いことはしていない」

「日本の統治のおかげで朝鮮の近代化は進んだのだから、すべてを悪いというのは間違ってい

［b］しかし、解放直後の日本人への攻撃は思ったよりもひどくなかった。これについて京城日本人世話会は「内地人への迫害よりも親日系朝鮮人への迫害のほうが多かった」とはっきり記録している。日帝統治機構の末端で食糧供出や労働動員、徴兵の先頭に立った朝鮮人が報復の対象になったということだ。8月15日以降10日間で、日本人警察官に対する暴行・脅迫・略奪は66件、民間人に対する犯罪は80件だった（李景珉「朝鮮総督府終焉期の政策」、『思想』1985年8月、103頁）。また、同時期の日本人に対する殺害・傷害・暴行事件はそれぞれ6件、8件、21件で、朝鮮人に対する同種事件はそれよりも遥かに多い21件、67件、118件だった（加藤聖文『「大日本帝国」崩壊東アジアの1945年』中公新書、2009年、73頁）。

［c］当時の中学校は5年制で、4年生から上級学校への進学が可能だった。

る」

日本人学生たちの議論に朝鮮人のH君が割り込み、総督府が強要した創氏改名や神社参拝、国語（日本語）常用などについて、朝鮮人がどれほど大きな民族的屈辱を感じたのかを説明し始めた。議論はまもなく日本と朝鮮との「民族論」に変わり、感情的な攻防が交わされた。H君は「僕たちは僕たちの国をつくる。日本民族も新しい生き方を探すべきだ」と述べた上で、「僕は日本人が憎いけれど、君たちとはまたいつか会えるといいね」と慰めるように言ってくれた。(*17)

翌日にはソ連軍が侵攻してくるので急がなければならなかった。平岡と友人たちは19日午前、興南から京城行きの最終列車に乗った。列車は進んでは止まりを繰り返しながら、ゆっくりと京城に向かった。何がそんなにうれしいのか、同乗した朝鮮人学生たちは最後尾の車両に集まり、絶えず歌っていた。

列車は20日夜、京城帝大医学部からそう遠くない清涼里駅（現在のソウル特別市東大門区に所在）に到着した。校門に入ると1年生の朝鮮人学生が、「この学校はわれわれが接収しました」と話した。複雑な感傷に浸った平岡は久しぶりに戻ってきた京城の夜が多くの人々で賑わっていることに気づいた。敗戦で灯火管制が解除された京城の夜は灯火で輝いていた。平岡は自宅に戻ったが、出迎えたのは両親ではなく隣家の朝鮮人だった。「この家は私がもらいました」と言う彼の言葉を聞いて、平岡は「これも〝接収〟というやつだな」と思い、そのまま家を出た。

平岡は仕方なく漢南町（ソウル特別市龍山区）の別荘に向かい、そこで両親と再会した。平岡は「朝鮮が独立すれば私たちがどうなるのか何も考えていなかった。ここで生まれ育った人たちもいて（朝鮮も）当然私たちの土地だと考えていた」。（*18）朝鮮に住んでいた日本人に自らが加害者であるという歴史的自覚はなかった。そのため、敗戦後も朝鮮に残って以前のような安楽な暮らしを維持できるという期待を捨てていなかった。

反撃の始まり

70万人の日本人民間人の生命と財産が本格的な脅威にさらされるようになると、総督府も対応に乗り出すしかなかった。遠藤は後輩の穂積からさえも「もう少しはっきりした態度を見せてほしい」と叱責されていた。遠藤はやむを得ず17日夜になって、長崎京城保護観察所長に連絡して、呂運亨《ヨ・ウンヒョン》と面会し、「接収は連合国によってなさるべきものであるから、建国準備委員会の活動は治安維持協力の限界にとどめるよう」に伝えることを求めた。西広刑務局長も長崎と白允和《ペク・ユンファ》を連れて、18日午後3時、会賢洞（ソウル特別市鍾路区）の料亭に安在鴻《アン・ジェホン》を呼び出して2日前の放送内容の逸脱を指摘し、建準の解散を要求した。しかし、建準がこのような要求に応じる道理はなかった。（*19）

すると総督府は自主的な対応に乗り出した。まず19日に談話を発表し、安在鴻の放送は「その内容において、建国準備委員会の使命を逸脱する点がかなり多い。建国準備委員会は、本来、総督府行政の治安維持に協力するのがその使命」であると告知した。また、安在鴻が言及した正規軍の編成や行政機関接収などの措置は「将来、当局が大日本帝国の名において4か国代表との間で折衝すべきものであり、個々の団体の関与すべき筋合はない。また各種施設機関の接収などはもとよりこれと同様、総督府の公の意思決定により、後日、決定すべき問題である」(*20)と指摘した。総督府は続けて、このような逸脱行為に対する取り締まりを強化する意向を明らかにして、建準側に「猛省を促す」と警告した。総督府は建準の暴走を防ごうとしたが、あくまでも対話を通じて問題を解決しようとした。

しかし、軍の考えは違った。米国と矛を交えることなく敗戦を迎えた第17方面軍は、沸き立つ血気を抑えることができなかった。さらには軍当局は、遠藤が15日未明、呂運亨に治安維持の協力を依頼したということ自体を知らなかった。軍がこの衝撃的な事実を知ったのは、16日の安在鴻演説でであった。

「なぜ、このような重大なことを軍との事前協議なしに行ったのか」。日本軍の若い参謀たちの怒りは激しかった。参謀らは総督府に抗議し、今後は軍が前面に立って治安維持を担うことを強固に主張した。総督府は、軍と朝鮮民衆が正面衝突すれば、誰も予測できない大惨事が起こるおそれがあるとの理由で反対した。万が一流血の事態が起これば、京城に進駐してくる連合軍から厳しく責任を追及されるおそれがあった。阿部総督は後日、この総督府と軍の対立について、軍は「治安の憂慮がある場合、自発的に出兵する権利がある」と主張したが、総督府、特に警察は「軍隊の手を借りれば(警察の)面目がなくなる」と対抗したと証言している。(*21)

日本の敗戦直後に建準と朝鮮総督府、日本軍の間で起こった対立は8月17日付「毎日新報」で確認できる。この日の1面トップ記事は、安在鴻が前日に行ったラジオ演説を整理した「互諧の精神で結合、我々の光明の日を迎えよう」で、2番目の記事は「民族解放の獅子吼　理想の楽土を創ろう」という呂運亨が徽文中学校の運動場で行った演説だった。これらの記事だけを読めば、明日にでも朝鮮独立が成し遂げられるという希望を抱かせる。しかし、紙面下段には「軽挙妄動を慎め」という、16日付日本軍の布告「管内一般民衆に告げる」が掲載されている。軍は朝鮮人に「もし、民心を錯乱せしめ治安を害するようなことがあれば、軍は断固たる措置を取らざるを得ないこと」(*22)として、「デモは一切不許可」「人心錯乱治安妨害には断固たる措置」「民衆は絶対自制」などを要求した。軍が警告した「断固たる措置」とは武力行使を暗示していた。

日本軍の介入

軍と警察の意見対立で勝利したのは、軍であった。遠藤は総督府の警察組織が崩壊している事実を認めざるを得なかった。治安の空白を恐れた総督府は15日、警備招集で入営していた日本人警察官4千人を原職復帰させた。しかし、それでも依然として警察力は不足していた。遠藤は軍の提案を受け入れ、軍人9千人を追加復員(*23)させた上で、「特別警察隊」という名称を付して、警察に転属させた。井原参謀長の言葉を借りれば、「軍隊が警察官の服に着替えさせるというようにして協力した」であり、兵士を警察官に転換させて警察力を確保した。(*24)総督府と軍は続けて、雨後の筍のような朝鮮人政治団体を牽制するため「政治運動取締要綱」も策定した。(*25)

京城府内に殺気みなぎる日本軍が配置され始めたのは17日からだった。京城中央放送局新人記者の文済安《ムン・ジェアン》は、取材を終えて帰社した。それは治安隊の青年が外郭警備に立つ中、京城放送局が初めて朝鮮の放送局らしい放送を行った次の日だった。文済安はわずか1日で放送局の雰囲気が完全に元に戻ったことを知った。治安隊の学生らは跡形もなく消え去り、午前10時頃には軍人が来局して、朝鮮軍管区司令部「長屋報道部長の命令」として、放送局を奪還した。軍人は言った。

放送局はただ今から軍が接収する。占領地の住民は捕虜と同様の処分を受けるのが常だ。しかし、ここの職員は大人しいので、そこまではしない。事実を正しく受け入れろ。(*26)

小銃に着剣した兵士たちがスタジオはもちろん報道課や経理課にまで配置された。当時、京城中央放送局2階に最も大きい第1スタジオと国楽専用の第2スタジオ、報道と対談番組を行う第3・4スタジオがあり、その下層階に4坪にも満たない第5スタジオがあった。その狭い第5スタジオにまで兵士が配置された。「『日本人を皆殺しにしろ!』とでも放送されれば只事では済まないので、自分たちの治安維持のために朝鮮人を掌握する」という意図だった。京城中央放送局の解放は16日「たった1日」で終わった。この衝撃で、18日と19日はアナウンサーと報道課の職員以外は誰一人として出勤しなかった。それ以降は、編成課の職員が時折出勤して時間を埋めるための音楽を流す状況が9月8日夜、すなわち米軍進駐まで続いた。

建準が接収を試みた「毎日新報」の事情も似通っていた。建準は16日、崔益翰《チェ・イクハン》と李如星《イ・ヨソン》、梁在厦《ヤン・ジエハ》、金光洙《キム・グァンス》など4人を新聞委員に指名し、毎日新報の印刷施設接収を試みた。毎日新報接収の決定は急に決まった。どれほど急な決定だったのか、安在鴻の側近として「朝鮮日報」「東亜日報」などで記者を務めた梁在厦がラジオ放送で自分が新聞委員に指名されたことを知り、毎日新報社に駆け込んだことからもわかるだろう。(*27) 彼らは紙名を後に朝鮮共産党機関紙の紙名ともなる「解放日報」に変えようとした。「解放日報」初号は編集まで終えたが、日本軍が17日に毎日新報社を奪還したため、発行されることはなかった。建準の新聞委員はわずか3日で退陣しなければならなかった。

実力行使に出た後の日本軍の警告レベルはさらに高まった。長屋報道部長は18日、朝鮮放送協会を通じて次のような殺伐とした警告放送を行った。

一党一派が野望に目を奪われ、社会秩序を乱し、なんとか自らの利益を得ようとして、東アジアの悲劇を機に食糧を壟断し、交通・通信機関を破壊し、略奪・横領を企図し、治安を害する匪賊のような行為を行っている。朝鮮軍は厳然と健在である。いまその過ちに気づかなければ、場所を選ばずに断固とした武力使用を禁じ得ないことは、昨日の軍当局の発表を見ても明らかである。(*28)

長屋が言及した「一党一派」とは建準、「治安を害する匪賊のような行為」とは治安隊・保安隊など建準下部組織の活動を念頭に置いたものだ。このような恫喝に建準は少なからぬ恐怖を感じた。[d] そして長屋の警告は決して大袈裟なものではなかった。上月良夫《こうづきよしお》第17方面軍司令官は、江原道、京畿道、忠清北道・南道を防衛するために4月に新設された京城師管区の菰田康一《こもだこういち》司令官を、20日京城警備司令官に任命した。武装した部隊が京城の要所を占拠し、米軍上陸に備えて西海岸に配置されていた戦車と装甲車は後方に移動し、主要都市の主な街角に展開した。

日本軍のデモンストレーションは地方でも行われた。1927年、慶尚北道慶山で生まれたカン・チャンドクは解放当時、故郷の食糧検査所で働いていた。解放翌日の16日から群衆集会が開かれた。午後には数十人が太極旗を描いて「朝鮮独立万歳」を叫びながら街中を練り歩いた。そんな17日か18日の夜だった。真夜中、村に駐屯していた日本軍部隊から機関銃の銃声が聞こえてきた。カン・チャンドクは「あいつらが鬱憤晴らしをしようとしているのかもしれない」と考えて、母親を背負って家から300メートル以上逃げた。しばらくして母親と帰宅して床についたが、日本軍が危害を加えてくることを恐れて眠れなかった。(*29)

1920年代に義烈団で活躍した劉錫鉉《ユ・ソクヒョン》は解放直後、安在鴻から「建準で仕事をしてほしい」と連絡を受けた。〔e〕建準治安部に配置された劉錫鉉は地域別・職場別自衛隊などを組織し、日本人宅を捜索して拳銃、日本刀などを押収していった。ところが、総督府の警告談話が発表され、鍾路に日本軍の機関銃が配置されるに至ると、悲嘆に暮れていた日本人が少しずつ自信を取り戻し、街を闊歩し始めた。そのような24日だった。

劉錫鉉は朴錫胤《パク・ソクユン》からの連絡で日本料理店「新星」に向かった。店の前で憲兵が銃を握ったまま警戒するなど、どこか威圧的な雰囲気が漂っていた。先に到着していた岡京畿道警察部長、佐々木憲兵大佐が劉錫鉉を出迎えた。彼らは「日本人の生命と財産をどのように取り扱うのか」「あなたは治安維持に自信を持っているのか」と非難交じりで尋ねてきた。劉錫鉉は「日本にいる

300万同胞を無事に帰還させてもらえれば、あなたたちを保護する」と適当に答えた。会談を終えた劉錫鉉が朴錫胤に尋ねた。

「なんで、あんな場所に呼んだのですか」

「違います。治安を担当している君が日本人を害しているから暗殺しようと、彼らが話しているのを聞いたので、会って話せば何か通じるものがあるだろうと思ったのです」(*30)

解放の喜びで沸き立っていた京城の通りは、戒厳令下のような殺伐とした空気に変わった。朝鮮の治安は16日、「ほんの少しの間」建準の手に渡ったが、再び日本軍の手中に戻った。(*31)

崔謹愚の応戦

日本軍の介入で京城は殺気立った。軍の性質に詳しい朴錫胤は、流血を回避するため呂運亨を訪ねて懇願した。

総督府は呂先生に任せれば治安維持は問題ないと確信しています。しかし、軍司令部

[d] 李康国は解放1周年を記念した「解放日報」への寄稿文で、「16日から不穏な気配を見せていた在京城日本軍敗残兵の示威行動はますます険悪になり、抜刀した倭憲兵隊が狂った犬のようにソウルの通りをさまよい回り、私たちの委員会のあった鍾路青年会前の通りには倭兵の戦車隊縦列が恐ろしく…（文字不鮮明）をして物々しかった」と記した。

[e] 8月22日に発表された建国準備委員会中央執行委員会名簿で名前を確認できる。

は違います。彼らは米軍に武装解除された訳ではありません。敗戦によって狂った猛獣に生まれ変わりました。彼らが適当な口実で暴動を起こし殺りくに及べば、先生の身辺や国民の命に関わります。略奪を犯すかもしれません。ですから、呂先生が遠藤総監を通じて、あるいは私を通じて、どんな事情があるにせよ日本軍に軍隊としてふさわしい待遇をし、無事に日本へ帰すという保証をしてほしいのです。(*32)

朴錫胤の助言が功を奏したのか定かではないが、朝鮮人と日本軍の間で事態収拾のための協議がなされた。貝出茂之《かいでしげゆき》京城師管区参謀（少佐）は17日夜、[f]鍾路の長安ビルの保安隊本部を訪れた。貝出を連れてきたのは、解放前から警察接収工作をしてきたチョン・ウソプという人物だった。保安隊幹部らは貝出を連れ、東大門外側の朴錫胤の家に場所を移して協議を続けた。協議は夜明けまで続いた。李栄根の回顧によれば、「貝出参謀の口から、戦場で歩哨が交代するように、こっそりと治安担当を交代しよう」という建設的な意見も出てきた。(*33)保安隊は翌18日にも、総督府当局と全国の警察機関を建準に移譲する協議を続けた。しかし、日本軍が電撃的な実力行使に乗り出したことにより、協議は決裂してしまう。(*34)

日本軍と総督府は突然、解放直後に結成された朝鮮人政治団体に解散を迫る最後通牒を出した。李栄根は「夜を明かした翌日」の20日、長安ビルの椅子にもたれ居眠りしていた。日本警察が「大事な相談がある」と彼を鍾路警察署に呼び出した。2階の署長室には西広警務局長、高地茂都《たかちしげると》朝鮮憲兵隊司令官など軍と警察の代表と、白い外套を身に着け厳しい表情を浮かべる安在鴻建準副委員長と解放後に雨後の筍のごとく現れた各種朝鮮人団体の代表20名余りがいた。西広は「各団体は本日午後5時までに看板を下ろして解散せよ。そうしなければ実力行使する」と通告した。李栄根は「耳を疑うほかなかった」と大きな衝撃を受けた。「日本は敗北し、遠藤は呂運亨に政権を移譲したのではないのか」と。(*35)西広の通告に署長室は水を打ったように沈黙した。しばらくして安在鴻が上気した顔で、「私一人の考えだけでは決められない。戻って機関と相談して回答する」と答えた。

建準は15日に看板を掲げて以降、朝鮮独立を実現してくれるであろう組織として民衆の期待を一身に集めていた。8月18日付「毎日新報」には、解放の喜びを抑えきれず、建準事務室に食事を運び入れる女たちの姿が描かれている。建準の組織は地方にも急拡大し、解放当日から8月までの2週間で各地に145の支部が誕生していた。(*36)地方では建準を朝鮮の新たな「独立政府」と考える人も多かった。そんな建準にとって、解散通牒を受け入れるということは、敗北した日本に屈服するということであり、甘受できるものではなかった。

李栄根は長安ビルに戻り、保安隊幹部会議を招集した。保安隊はひとまず建準の決定を見守ることにした。しかし、武装した日本軍はその夜、建準に圧力を加えようと隊伍を組んで京城の要所を占拠した。

［f］森田はこの協議を「18日夜」にあったと記したが、協議にあたった保安隊の李栄根は「17日夜」と記憶している。

勢いづいた日本軍との交渉に乗り出したのは、崔謹愚《チェ・グンウ》建国準備委員会総務部長だった。1897年開城に生まれた崔謹愚は東京商科大学（一橋大学の前身）を卒業後、フランスとドイツに留学した知識人であった。彼は東京に留学していたとき、1919年三・一運動の導火線となった東京の留学生の二・八独立宣言に参加し、その後上海に渡って大韓民国臨時政府で活動していた。呂運亨とはその頃に知己を得た。呂運亨はその年の11月、古賀廉造拓殖局長官の招請を受けて東京を訪れたとき、崔謹愚を随行して朝鮮独立の正当性を堂々と主張した。しかし、崔謹愚は日本時代末期には、満州国安東省民政庁事務官、満州の御用団体である満州国協和会の安東省事務長などとして活動していた。これは明白な親日行為だが、崔謹愚は後に建国同盟に参加して、満州の事情を呂運亨に報告するなどして日本の敗戦に備えた。[g]

崔謹愚が朴錫胤を連れて遠藤政務総監を訪ねたのは、翌21日午前だった。李栄根は朴錫胤から、日本軍を相手にした崔謹愚の精悍な様を聞いた気持ちを、「感激を忘れることができない」と回顧した。(*37) 崔謹愚の訪問はまず遠藤政務総監を訪ねた。遠藤は苦しい立場に置かれていることを態度で伝えながら、「これは総督府の意向ではない。軍が決めたことだから井原参謀長を訪ねなさい」と弁明した。

崔謹愚はしかたなく龍山（ソウル特別市龍山区）に向かい井原参謀長と向かい合った。井原は「参謀たちを統制しづらい状況だから、直接話をしてみてほしい」[h]と、興奮した若い参謀に責任を転嫁した。そのため崔謹愚は高級参謀である神崎長大佐と丸崎中佐を相手にしなければならなくなった。崔謹愚は、彼らが集まっている参謀室に入った。神崎、丸崎の両参謀は崔謹愚に険しい視線を向けた。神崎大佐が口を開いた。

「何しに来た」

「建準の看板は何があっても下ろすことができないと、知らせに来た」

神崎は興奮して顔が赤く変わった。軍刀に手をかけて崔謹愚を威嚇した。

「大権はまだ陛下に厳存している。誰であろうと歯向かう者は容赦なく斬り伏せる」

「なんだと。斬るなら斬ればいい。我々はお前たちが意気揚々としていたときも闘ってきた。ましてや敗戦国の分際でなにをほざいている。お前が刀で来るのであれば、俺はこの歯で噛みちぎってやる」

崔謹愚の予期せぬ強気な反応に驚いた神崎は動きを止めた。息が詰まる睨み合いをいなしたのは神崎だった。彼は右手を差し出して握手を求めた。日本が敗れたいま、これ以上事態を悪化させれば、後の動きに支障をきたすと判断したためだと思われる。

この日の劇的な場面について、日本人の記録は簡素だ。森田は『朝鮮終戦の記録』で、「崔・朴両氏は井原参謀長をたずねて、神崎大佐らと会談した。席上相互のきびしい応酬ののちに、建国準備委員会だけはその看板をおろさず、治安に協力することになったという」と記した。続い

［g］このような点を考慮して、民族問題研究所は「親日人名辞典」に収録される予定だった崔謹愚を最終リストから除外した。崔謹愚のように当初のリストに含まれていて除外されたのは3人に過ぎない。

［h］神崎は13日、宋鎮禹を説得する場にいた人物でもあった。

龍山日本陸軍第20師団の全景。建国準備委員会総務部長の崔謹愚はここで建準の無力化と解散を要求する日本軍将校と談判した。

て日本軍の強固な対応について、「軍は、日ごろ朝鮮人に接していないために、政治的感覚がにぶく、その工作はつたなかった。ために、かえって混乱をひきおこしたところも少なくなかった」という評価を残した。(*38)

かろうじて危機は回避されたが、朝鮮半島をめぐる不確実性はますます大きくなっていった。日本は降伏し、朝鮮は解放された。そうであるならば、誰が解放された朝鮮の治安と行政を握るべきなのか。そして、朝鮮半島の主人はいったい誰であるのか。

第9節

再び合作へ

宋鎮禹の民族主義と呂運亨のえせ共産主義が妥協することは難しく……

李仁

呂運亨と宋鎮禹の決別

朝鮮人は、日本を相手にした36年にわたる休みない血の闘争の歴史から、朝鮮の主人は自分たちであると信じて疑わなかった。彼らはこれを既成事実とするために、一日も早く朝鮮人の手による国家を建設しなければならなかった。解放当日に結成された建国準備委員会は、このための「第一歩」だった。

しかし、日本の降伏が突然であったため、建準は朝鮮の政治勢力の広範な支持を得ることができないまま、解放当日になって駆け足で結成された。第5節で述べたように、建準は呂運亨《ヨ・ウンヒョン》を中心に活動してきた建国同盟員と、鄭栢《チョン・ベク》や李康国《イ・ガングク》など共産主義者が主軸になり、安在鴻《アン・ジェホン》など右派民族主義者の一部が参画した緩い連合体だった。彼らは15日夜、極度の興奮と混乱の中で、建国という大事業を成し遂げるための「産婆的機関」として建準を設立することで意見が一致した。とはいうものの、「建国」と冠するほど左右を包括する国内政治勢力の普遍的同意を得たわけではなかった。したがって、「外縁拡張」こそが解放直後の建準が解決すべき最優先課題として浮上することになる。

その中で最も急を要した問題は、依然として苑西洞（ソウル特別市鍾路区）に引きこもった宋鎮禹《ソン・ジンウ》を引っ張り出すことだった。それによってのみ、臨時政府など海外政治勢力は別にして、国内政治勢力の左右合作を終えたと主張することができた。

これを切実に意識していたのは呂運亨自身だった。第5・6節で述べたように、呂運亨が主導した左右合作の努力は15日以前から始められていた。李仁《イ・イン》が伝えた宋鎮禹の言葉によれば、呂運亨はどれだけ急いでいたのか15日だけで宋鎮禹に2度も会ったが、「意見の食い違いで協働は決裂」してしまった。ただし、このような「無責任な決裂」は、解放初日から呂運亨に政局の主導権を奪われた右派も望んでいない結果だった。よって、第6節で述べたとおり、このような膠着状態を打破するため、民族陣営である李仁が16日午前8時に桂洞を訪れたことにより、再び左右合作に向けた動きが始まった。

呂運亨は李仁との約束どおり16日午後2時、苑西洞の宋鎮禹宅を再び訪れた。この動きを嗅ぎつけた記者たちも宋鎮禹宅の周辺に集まっていた。会談の成果を尋ねる記者に宋鎮禹は「話すことはない」と応え、それでも食い下がる記者には東亜日報社長であった面貌を浮かべて「何も話すことがないということも立派な答えじゃないか」(*1)と言い放ち、成果のない会談であったことを伝えた。

この会談について、呂運亨と宋鎮禹はそれぞれ記録を残している。呂運亨の側近である李萬珪《イ・マンギュ》の『呂運亨闘争史』には、呂運亨が宋鎮禹に「あなたが見るところ私のやり方に誤りがあるとしても、国家の大業なのだから虚心坦懐して大衆の信望を集め今後の支障をきたさないようにしよう」と強く勧めたが、宋鎮禹は「軽挙妄動を慎め。重慶政府を支持しなければならない」との立場を変えなかった。(*2)宋鎮禹側の東亜日報社刊『独立に向けた執念』の記述も、概ね同じではあるが、強調している部分が少し異なる。

「古下《コハ》（宋鎮禹）、あなたは私をペタンと言ったようだが、それはどういう意味だ」

「夢陽《モンヤン》、あなた（呂運亨）に対して言ったのではなく、このような時期に政権を譲り受ければ、ペタンになり得ると言ったのだ。国内にいる我々が政権を握るのではなく、連合軍が入り、日本軍が撤退し、海外にいる先輩方と手を取り合った後に政権を担う手順を踏む方がいいと思ったのだ。そのときになって、まだそちらに決意があるのなら、私はできる限りあなたを推戴する。だから今は、政権樹立を見送っていただきたい」

「なぜそこまでして海外にいる人々とともに政権を担わなければならないのだ。古下よ、あなたと私が手を握れば、これほどの勢力はないだろう。海外から戻ってくる勢力も我々に吸収されるだろうし、海外の人々も問題にしないだろう」

「義理として、私はそうはできない」
「ならば、それまで国内を真空状態にしておくというのか」
「私が見るに、夢陽、あなたは共産主義者ではない。しかし、ともすれば彼らに振り回され、共産主義者にならなくとも、共産主義者の役割を演じてしまう危険性がなくもない。私の言うことを聞くのだ」(＊3)

この短い会話から、解放直後の政局を睨む2人の間に「和解できない」ほどの深い溝があることがうかがえる。まず、呂運亨は「あなたが見るところ私のやり方に誤りがあるとしても」という言葉を通じて、建準が十分な民主主義的手続きを経ずに結成されたことを認めた。当時は36年にわたり朝鮮を統治してきた日本が敗れ、新たな朝鮮を生み出さなければならないという非常事態だったので、「革命にためらいは無用」(＊4)と考える呂運亨は、宋鎮禹は「国家の大業」を前に自らの考えに固執することなく建準に参画しなければならないと主張した。

しかし、何事にも慎重な宋鎮禹の考えは違った。彼は参加できない理由を3つ挙げた。第1は、日帝がいまだ退いていない状況で政権を引き継げば、フランスのヴィシー政権のような傀儡になる恐れが大きいこと。第2は、「海外にいる先輩たち」、すなわち大韓民国臨時政府を推戴しなければならないという「臨時政府奉戴論」だった。最後は、左派に偏った建国準備委員会の構成だった。宋鎮禹は「ともすれば彼らに振り回され、共産主義者の役割を演じてしまう危険性」が大きいという言葉で、呂運亨を警戒していた。呂運亨の積極的な説得にもかかわらず、宋鎮禹は厳のように微動だにせず、会談は物別れに終わった。

「2人は喧嘩別れしたのか」(*5)。会談に期待を寄せていた李仁は呂運亨と宋鎮禹の会談が決裂したと伝えられて嘆いた。かつて「東亜日報」社長と「朝鮮中央日報」社長を務めた2人は、知る人ぞ知る犬猿の仲だった。李仁は会談決裂について、「古下（宋鎮禹）の民族主義と夢陽（呂運亨）のえせ共産主義が妥協することは難しく、また密かに主導権を掌握してやろうという思惑がそれぞれにあって、合わなかったようだ」と評し、李仁はそれ以降、呂運亨と宋鎮禹の合作を進めなかった。これが解放後試みられた第1次左右合作の失敗である。

「左翼諸君は一線から退け」

李仁が指摘するように、呂運亨と宋鎮禹の合作が不発となった理由はそれぞれの性格に起因する不和を挙げることができる。しかし、理由はそれだけではなく、2人の階級と思想の違いがあった。呂運亨は遠からずソ連軍が京城に進駐するからには、建国の主役は左派が務めるべきだと考えていた。一方、資本家の利益を代弁せざるを得ない金性洙《キム・ソンス》右派グループの核心メンバーであった宋鎮禹は、呂運亨の要請を受けた建準に参画すれば呂運亨の付き添

教育者、崔松雪堂《チェ・ソンソルダン》の銅像の除幕式（1935年）に参加した宋鎮禹と呂運亨。2人の決別は解放直後の朝鮮半島が歩むことができた未来との決別でもあった。

いとして二番手に甘んじるしかなかった。よって、右派が合作に参画するのであれば、少なくとも右派が主導権を握る道筋が見えていなければならなかった。ここで注目すべきは、建準内部にも右派民族主義勢力が建国を主導しなければならないと考える人物が存在したことだ。それは建準副委員長でナンバー2の安在鴻だった。

建準は呂運亨というカリスマの下、3つの異なるグループが集まった「緩い連合体」であった。第1のグループは、李萬珪や崔謹愚《チェ・グンウ》、李如星《イ・ヨソン》、李相佰《イ・サンベク》など呂運亨に長年連れ添う側近たちだった。彼らは呂運亨がどのような選択をしても、最後まで従う者たちだった。第2は、鄭栢をはじめとする旧ソウル派と、李康国や崔容達《チェ・ヨンダル》、朴文奎《パク・ムンギュ》など呂運亨との個人的な縁により合流した共産主義者だった。そして最後は、彼らとは理念を異にする安在鴻など右派民族主義者だった。呂運弘は当時、建準の構成を「共産党員である極左。非共産主義的な左翼、すなわち穏健な社会主義者。安在鴻や李奎甲《イ・ギュガプ》などの右翼。無条件に呂運亨を兄貴分と慕い支持する張権《チャン・グォン》と宋圭桓《ソン・ギュファン》などに分けることができた」(*6)と記している。

安在鴻が1949年に著した『8・15当時の我が政界』から、解放直後に建国の方向性をめぐり建準内部で起こった「軋轢」を推し量ることができる。安在鴻は感激的な8月15日を過ごした後、16日未明、呂運亨と左派関係者と会談し、建準の今後の行く末について協議し、民共協働(左右合作)しなければならないと彼らに重ねて強調した。

16日未明、呂運亨と梁在厦とそのほか左派数人は私に実情を織り交ぜながら、「今後

は必ず緊密に協働するので失望しないでほしい」と述べた。私が左派諸氏に「新幹会当時の民共分裂（民族主義と共産主義の分裂）を継承することなく、左派は協働するのか」と質問するたびに、彼らは「絶対に心配するな」と答えた。私はそのとき「新民族主義」をぶつぶつつぶやきながら民共協働が歴史的要請であることを力説した。建準においても「民族主義者に政権を握らせるようにして、左派諸君は一線から退かれよ」と正面から主張して多くの非難を浴びた……。

この記述から、建準の多数派である左派と右派民族主義者である安在鴻は、当初から相当の緊張関係にあったことが確認できる。安在鴻は「民族主義者に政権を握らせるようにして、左派諸君は一線から退かれよ」と右派が主導権を握る建国を主張したが、「多くの非難を浴びた」という言葉からわかるように、大多数の左派はこれを認めなかった。しかし、それでも民共協働という大義に反対しているわけではなかった。左派は左右合作のために協力するのかという安在鴻の問いに、「絶対に心配するな」と繰り返し約束している。その甲斐あって、16日未明には意見対立をひとまず先送りして、建準結成が合意された。

呂運亨・宋鎮禹会談の翌17日、建準の5つの部署が発表された。呂運亨委員長と安在鴻副委員長の下で、崔謹愚総務部長、李奎甲《イ・ギュガプ》財務部長、鄭栢組織部長、趙東祜《チョ・ドンホ》宣伝部長、権泰錫《クォン・テソク》武警部長などが指導部を構成した。ただし、5つの部署の担当者だけを発表したことからわかるように、右派民族主義者のための席は空けられていたようだった。そして、翌18日の「毎日新報」に建準の性格と使命に関する呂運亨の談話が掲載された。呂運亨はこの談話で「息を吸うこともできず長らく抑圧された大衆」が「さまざまな看板と名目を掲げて動き回る」現状を「一元的に統一」すること、要するに政治統合の必要性について言及した。そのためには「いまだ合流していない方面に対しては、できる限り誠意を尽くして協力を」求めると明かした。これは左右合作に門戸を開き、政治統合を推進するという意思を公にしたものだ。

呂運亨に先を越された右派は、彼らなりの行動に出始めた。左派が中心となった建準に対抗すべく、遠からず進駐してくる連合国の歓迎行事を準備することとし、準備委員会の設立行事を17日午後1時、半島ホテルで開催した。そこに集まった百人余りの関係者は、連合国歓迎準備委員会と重慶から戻ってくる臨時政府要人を迎えるための臨時政府歓迎準備委員会を設立し、委員長に民族代表33人の1人だった天道教の元老、権東鎮《クォン・ドンジン》（１８６１〜１９４７）を選出、補佐役である事務長に趙炳玉《チョ・ビョンオク》を任命した。以降、健康問題で外部活動が難しい権東鎮に代わって、副委員の李仁が委員長の役割を果たす。

行事を終えた右派は宋鎮禹の苑西洞の自宅に集まり、前日に行われた呂運亨と宋鎮禹の会談が決裂したことを知り、このままでは自分たち右派が建国事業から除外される最悪の状況になるかもしれないと憂慮した。そして、「会談決裂はあってはならないこと」と結論づけるや、「呂運亨と安在鴻の不純行動を粉砕しようと議論した後」、金炳魯《キム・ビョンロ》と白寛洙《ペク・グァンス》、李仁の3人が呂運亨、安在鴻と再び会談しなければならないという意見をまとめた。

彼らが再び合作に乗り出した背景には、金大羽《キム・デウ》（１９００〜１９７６）慶尚北道知事を通じた総督府の説得もあったものと推測される。森田芳雄の記録を中心に調べてみると、阿部総督は15日、玉音放送を受けて、「当時、朝鮮人知事の中で最も実力のあった金大羽知事に急いで『京城に上れ』」と指示した。金大羽は16日京城に到着、その日すぐ遠藤政務総監、西広警務局長と面会し、呂運亨と宋鎮禹の合作のために動いた。それは同夜、安在鴻のラジオ演説が行われた後だった。総督府は呂運亨と宋鎮禹の合作を成功させ、治安維持の範疇を逸脱した建準の「過激な動き」を制御しようとしたようだ。

　金大羽は翌日、すぐに呂運亨と会談した。呂運亨は合作の必要性に同意し、朴錫胤《パク・ソクユン》と崔謹愚、鄭栢を合作委員に推薦した。一方、宋鎮禹は「親しく」金大羽と会談したが、「個人的に、呂運亨と一緒に行うことだけは理解してほしい」（行動を共にすることは難しいの意味）と述べながらも、自陣営の委員として張徳秀《チャン・ドクス》と白寛洙、金俊淵《キム・ジュンヨン》を提案した。金大羽の構想は、呂運亨と安在鴻、宋鎮禹の3人に加え、兪吉濬《ユ・ギルジュン》の次男で親日派だった兪鈺兼《ユ・オクキョム》（1896～1947）やキリスト教系親日人士の梁柱三《ヤン・ジュサム》（1879～？）、天道教幹部など有望な朝鮮人をまとめて、総督府が彼らに再び治安維持協力を要請するというものだった。

　李康国によれば、総督府は敗戦直前、呂運亨にこれと似た形態の治安維持会を組織するように提案していた。8月12日以降、「総督府から呂運亨氏に敗戦後の治安を確保することについて責任を負ってほしいという要請があったが、その際の交渉内容は治安維持会を組織するにしても、構成は総督府の朝鮮人高官と民間人有志を網羅するようにしてほしい」[*7]というものであった。しかし、呂運亨はこの要請を断り、朝鮮の愛国革命家だけで組織することを主張して貫徹した。

それこそがまさに建準であった。

ゆえに金大羽の構想は、遠藤が15日未明に呂運亨に依頼した治安維持要請を事実上撤回し、それ以前の治安維持会に立ち戻る案であった。森田は「宋鎮禹はこの構想に賛成だった」と書いているが、呂運亨は同意しなかっただろうし、この計画は結局のところ廃棄されたようだ。総督府の仲介が失敗したので、呂運亨と右派の関係者は合作に直接乗り出さなければならなかった。ただ問題は、言うは易く行うは難しということであった。この乱脈を理解するためには、当時を生きた人々に深い痛手を負わせた「新幹会のトラウマ」という歴史的背景に視線を向けなければならない。

新幹会のトラウマ

1945年8月15日に解放を迎えた人々は、何の努力もなしに独立を手にしたわけではなかった。彼らは地獄のような植民地時代を生き抜き、良きも悪しきも目にしてきた同時代を生きた人々だった。李仁と金炳魯は、日本警察に捕らえられ、あらゆる辛酸を嘗めた呂運亨と安在鴻のために法廷で闘った弁護士であり、白寛洙は安在鴻と「朝鮮日報」で長らく同じ釜の飯を食べた同僚だった。李仁は朝鮮語学会事件で収監された際、先に投獄されていた安在鴻から挨拶された。

金炳魯は自らの理念とは異なるが呂運亨を尊敬しており、彼が知る収監者の中で「呂運亨は素質や経験が最高だった。人格や言葉の筋道とか体格からして、彼以上はいなかった」(*8)と絶賛した。複雑な人間関係の中で、彼らは同じ時代を生きてきた者だけが理解できる尊敬と幻滅、期待と失望、感謝と怨嗟など多様な感情を蓄積できいった。

建準の3つのグループのうち、合作に最も熱心だったのは非妥協的民族主義者の代表格である安在鴻だった。彼は解放された祖国を新たに建国する大業のため、「民族主義者が政権を握り、左派諸君は一線から後退」(*9)しなければならないと信じていた。これこそが彼が建国準備委員会への参画を決心した理由だった。安在鴻はこのような民共協働、すなわち左派勢力が握る建準の主導権を民族主義者が奪うために、壮絶な内部闘争を展開することになる。

安在鴻のたゆまぬ努力にあっても、左右合作はいばらの道であった。それは、同時代を生きた彼らの記憶に生々しく残っている「新幹会解体」という巨大なトラウマのためだった。後に安在鴻は1年5カ月ほど在職した米軍政庁民政長官を辞任し、「新天地」1948年7月号への寄稿で当時の哀痛の心情を切実に記した。左翼が新幹会事件のように内部へゲモニー闘争を行い、運動自体を崩壊させてしまうのではないかと心を痛めたのだ。

1928年に結成された新幹会運動のときも民共合作が成立発展し、ヘゲモニー獲得問題で分裂、解消という名目で自然消滅した。解放以前、共産陣営と時折会談するにあたって、私は内心に新民主主義の構想を掲げ、「あなたたちは新幹会当時の指導権争いを再燃させないか」と尋ねると、彼らは躊躇せず、当然そのようなことはないと応える。しかし、解放直後の建国準備委員会設立とともに露呈した民共対立は、建国、すなわち祖国建設の意図と相まって発生、出発したものだった。

安在鴻が言及した新幹会とは、「民族協同戦線」という名目で民族主義者と共産主義者、すなわち左右が初めて手を結んだ民族統一戦線を指す。1927年2月15日、鍾路キリスト教青年会館で結成された新幹会は、合法的枠組みによる「非妥協的民族運動」を展開し、左右の対立を乗り越えた運動に民衆は熱く呼応し、150余りの支部と4万人の会員を有する巨大な組織に急成長した。(*10)

のちに解放政局でそれぞれが存在感を示すようになる多くの人物が新幹会に参画しており、建準会側では安在鴻や権泰錫、右派側では金炳魯や趙炳玉、白寛洙、李仁、金俊淵などが会員であり、安在鴻は新幹会初期の総務幹事、金炳魯は最後の中央執行委員長だった。

だが、左右が協力を選択した理由は複雑だった。民族主義陣営は、毒キノコのように一見口にしてしまいそうな自治論など妥協主義と決別しなければならなかった。三・一運動から少なからぬ時が流れると、民族主義運動は非妥協的抗日路線から舵を切り、日本に一定の協力をすることで朝鮮人の権益を拡大しようとする自治運動に傾いていった。大まかに言えば、安在鴻が代表を務めた『朝鮮日報』が非妥協主義路線を代表し、宋鎮禹の『東亜日報』社幹部らは天道教新派と合流して自治運動の方向に進もう」(*11)としていた。

他方の共産主義者たちは日本の厳しい弾圧によって追い込まれていた。1925~26年に行われた第1・2次朝鮮共産党検挙事態で、多くの革命家が拷問により命を失い、心を病んだ。朴憲永《パク・ホンヨン》(高麗共産青年会初代責任書記)は精神異常で自分の糞を食べ、姜達永《カン・ダルヨン》(1887~1942、朝鮮共産党第2代責任書記)も拷問で崩壊し、ついに正気を取り戻すことがなかった。

権五卨《クォン・オソル》（1897～1930、高麗共産青年会第2代責任書記）は33歳で獄死した。残された革命家が苦労して再建した党組織は、日本高等警察の執拗な捜査で再度瓦解し、それとともに代え難い大事な人材も消えていった。新幹会財政総務兼京城支会長を歴任した趙炳玉（1894～1960）は回顧録で、「韓国の現実的立場から見て、自主独立を勝ち取らなければ、民族主義であれ共産主義であれ、その理念は空念仏に過ぎず、まずは自主独立を勝ち取ったあと、その時になって改めて議論しよう」という結論を下したと記している。左右に散らばった民族の力を結集しなければ、まともな抗日運動を展開することは難しいという結論に達したのだ。

だが、問題は新幹会の解体過程であり、それに至る葛藤の原因は2つあった。1つは主導権争いだった。民族主義勢力が新幹会の要職を占め続けたため、左翼の立場では「プロレタリア・ヘゲモニー」を確保できない状況が続いた。もう1つは合作相手である民族主義勢力に対する評価だった。左翼の立場からすれば、協力のパートナーが非妥協的民族主義者ではなく、プチブルジョア改良主義者であるならば、合作は無意味であるだけではなく、朝鮮独立と階級革命に害を及ぼしかねなかった。そして改良主義者の新幹会加入が続き、共産主義者の不満は日増しに深まっていった。彼らの警戒対象は宋鎮禹だった。共産主義者は宋鎮禹が1928年1月に新幹会に加入するや、むごたらしい暴力を振るった。「東亜日報」咸鏡北道支局長会議に入場する彼を棍棒で殴り、宋鎮禹は血まみれとなり床に倒れた。(*12)

1930年に入ると新幹会解体論が本格的に論じられ始めた。直接のきっかけは、光州学生運動で空席となった指導部を埋めるため、1930年11月に金炳魯が中央執行委員長に選出されたことだった。金炳魯執行部は、新幹会の急進的傾向を穏健な方向に軌道修正しようと努力したが、共産主義者はこれを改良主義路線と受け止め抵抗し、多くの地方支会を掌握している左翼は「新幹会の使命と役割が時代的要求に追いつけなくなった」と解消論を主張した。(*13) これを受けた安在鴻は「朝鮮日報」などに多くの論説を書いて解消論を攻撃し、金炳魯は「いま新幹会が解消されることを願う者は日本帝国主義者のほかいないはずなのに、なぜ共産主義者が先頭に立つのか」と憤った。しかし、新幹会は１９３１年５月に開催された全体大会で解散することになる。この事件は左右両陣営に深い傷を残した。左は右を「改良主義的親日ブルジョワジー」と蔑視し、右は左を「新幹会を解体した左翼小児病患者」と呪った。

合作の同床異夢

過去の記憶がどれほど辛いものであったとしても、解放された祖国において左右合作という「絶対名分」に反対することはできなかった。さらに、左翼陣営が建準を掌握し、そのまま政局を主導していたので、足元に火がついた右派陣営は急いで建準に参画して橋頭堡を確保するか、あるいは逆に建準という組織自体を容赦なく攻撃して、解体に追い込まなければならなかった。

左右の代表である呂運亨と宋鎮禹の会談が決別したため、それぞれの組織が動き出した。17日夕刻、宋鎮禹の自宅に集まった右派は、会談決裂は「あってはならない」として、金炳魯と白寛洙、李仁の３人が改めて呂運亨、安在鴻との会談をすることを決めた。李仁の表現を借りれば、金炳魯と白寛洙、李仁の３人の代表は「道をまっすぐ」に建準本部が置かれていた桂洞の林龍相宅を訪れた。「道をまっすぐ」と表現しているのだから、呂運亨を追いかけ急き立てた時間は「17日夜」のことだったのだろう。3人は「建準の不純性を国民に謝罪し、直ちに解散しろ」と要求した。だが、解散要求の真意は妥協を求めたものだった。

建準が正当な「政治的手続き」を経ずに奇襲的に結成されたという李仁ら3人の主張は、否定できない事実だった。呂運亨は16日午前に李仁の訪問を受けたときと同じく主張を認め、重ねて「建準は慌ただしい中で結成された」と述べて、「3人の主張を受け入れる」と応えた。呂運亨は16日午後の宋鎮禹との会談でも「あなたが見るところ私のやり方に誤りがあるとしても」と述べたとおり、建準をめぐる「手続き的正当性」問題をなんとしても解決しなければならなかった。

実際のところ、この問題を解決するための最も明快な答えは「選挙」を行うことだった。しかし、解放されたばかりの朝鮮で、それは現実的に不可能な選択肢だった。李仁ら3人と呂運亨は取り急ぎ「挙国的に国内各界各層をすべて網羅した人物を一堂に集めて、建国方法を協議しよう」と合意し、これにより建準結成の手続き的正当性の問題をある程度解決できるはずだった。

この合意について、李仁は1966年「新東亜」への寄稿と1974年の回顧録で、呂運亨と安在鴻が席上、「建準を解散する」という覚書に連署したと主張している。しかし、別の証言では、安在鴻が「慌ただしい中で建準と名乗り建国準備に乗り出したが、改めて各界各層をすべて網羅して決定する」という3行半ほどの覚書を作り、呂運亨が見ている前で押印して手渡したとされている。(*14) いずれにしても17日夜の「合意内容」は、建準の手続的正当性を補完するための「各界各層をすべて網羅した国民会議開催」であった。

ひとまずの合意の後、翌日改めて会談が行われた。金炳魯と白寛洙は18日、建準本部を訪ね、呂運亨委員長、安在鴻副委員長、崔謹愚総務部長、権泰錫武警部長、李奎甲財務部長などと会談した。２時間におよぶ会議で右派は、「これを機に適法な国民大会のような会合を招集し、すべての国民の総意を反映できないにしても、次善の策としてまずソウル市内の各界各層有志または各地方から上京してきた有志を一堂に集めて、中心機関を創設しよう」(*15)と主張した。理想は挙国的国民大会の開催だが、現実的な困難を考慮してソウルと地方の有志が集まった中心機関の創設を提案したということだ。

建準側はこの提案を受け入れた。ただし、各界各層の有志を招請する「主体」を建国準備委員会とし、安在鴻副委員長名義で通知することにした。また、通知に「同志数名が慌ただしい中で過ちを犯した。だが、これを許し、再び名実とも備わった有志団体となることを望む」という文言を盛り込むことにした。このことから、右派が「慌ただしい中で過ちを犯した」と謝罪を受けることで、建準の実体を追認したことがわかる。呂運亨と安在鴻は各界各層人士が参加した会議を開いて建国準備委員会の手続的正当性の問題を解消し、右派は自らの政治的橋頭堡を確保するという同床異夢の合意に達した。

ちょうどこの合意の場に兪鈺兼がいたので、会議参加者は彼にソウル市内の各界各層代表に値する名士の名簿作りを頼んだ。兪鈺兼と右派はそのため苑南洞（ソウル特別市鍾路区）の白寛洙宅に移った。そこで権東鎮や呉世晶《オ・セチャン》（１８６４～１９５３）、宋鎮禹、金性洙、呂運亨、安在鴻、白寛洙など「左右ともに異議を唱えない55人を選定し、和信百貨店の映画館を借りて会議を開くことで合意」(*16)した。ここまでの推移は、8月18日付「毎日新報」の短信(「朝鮮建国準備委員会は19日午後1時から和信ニュース映画館で委員会を開催する」)で確認することができる。この記事で「委員会」と表現されていることから、各界各層人士が参加する中心機関は、既存の建国準備委員会から大きく門戸を広げた「拡大委員会」として位置付けられていたことがわかる。

しかし、ほどなく問題が起こった。建準で強い勢力を誇っていた共産主義者が立ち上がった。彼らは兪鈺兼と李仁、金炳魯が作った55人の名簿を、過度に「右派傾向的」と判断し拒否した。左派政党と社会団体の連合体である民主主義民族戦線が1946年に発行した『朝鮮解放年報』には、この決定を非難する過激な表現が記されている。

宋鎮禹派は金炳魯、白寛洙に合作を提案させ、京城有志大会を開き建準の改造を主張した。有志の定義は、一度も敵を罵倒することなく、一度も敵の頬を叩くことがなかった外勢下の有志紳士たちだった。彼らを建準の中心勢力にしようとしたのみならず、建国準備の目的を重慶にある金九政府の帰国準備にしようとした。

「一度も敵を罵倒すること」がない外勢下の有志紳士たちという右派に対する指摘は、否定できない事実であり、名簿作成に深く関与した兪鈺兼からして問題だった。彼は興業倶楽部事件で転向し、朝鮮人有力者がなし得るほぼすべての親日活動に参加した人物であり、民族問題研究所の『親日人名辞典』と大韓民国政府の親日反民族行為者名簿で、その名を確認することができる。[a]

結局問題が起きた。兪鈺兼が名簿を携えて建国準備委員会に戻ってから1時間ほどして、右派の青年2人が慌てて李仁を訪ねてきた。彼らは建準が「55人の名簿に、若手の社会主義者と共産主義者の色彩が濃い者、90人余りの名前を付し、あたかも55人と一緒に選定したように偽装して、多数決で今後の会議を主導する計画を」企てていると伝えた。李仁は沸騰する怒りを抑えることができなかった。建国準備委員会がこの名簿を「毎日新報」に掲載するという話を聞き、直ちに印刷中止を要求した。しかし、青年たちが毎日新報社に駆けつけたときには、すでに数百部が配達されていた。右派は名簿作りの不正に強く抗議し、「建準の悪だくみを周知する声明の張り紙を市内要所に」貼った。声明には、これまでの議論の経緯をよく知る金炳魯や白寛洙、宋鎮禹など15人が名を連ねた。その夜、安在鴻と呂運亨は長い舌戦を繰り広げた。これについて安在鴻は1949年、奇妙な記録を残している。

建準成立後、夢陽《モンヤン》（呂運亨）は左翼的な工作、あるいは建国同盟を使った政治工作に余念がなかった。1945年8月18日の深夜12時過ぎ、私は夢陽と2人で桂洞某所において長時間にわたり会談したが、彼の意図するところと、私の信念である民族主義陣営が主導する建国方針とでは、かなり距離があるため、内心ではこの日をもってほとんど決裂し……。（*17）

安在鴻が回想する1945年8月18日は、国民大会に参加する55人の名簿をめぐり、建準と右派の間で殺伐とした神経戦が繰り広げられた日だった。安在鴻はその夜、呂運亨と長時間面談したと書いているので、かなり激しい舌戦が繰り広げられたと推測される。安在鴻は民族主義者主導で建国するという自身の信念と、呂運亨の考えに「かなり距離がある」という事実に気付いた。呂運亨は左右合作の提案には同意したが、あくまでも自身を中心とする左派主導の建国を望んでいたのだ。

皮肉にもこの会談直後と推測される18日午後11時頃、呂運亨は帰宅途中でテロに遭った。重傷には至らなかったが、故郷に戻って静養しなければならなかった。そのため「毎日新報」を通じて予告していた19日の委員会（国民大会）も開催されなかった。解放後の緊迫した情勢が続く中、呂運亨は治療のため8月末まで表舞台から姿を消す。これは呂運亨自身にとっても、朝鮮半島にとっても大きな不幸であった。その一方で、この事件は建準のナンバー2である安在鴻に思いがけず「自由な空間」を与えることになる。呂運亨の不在に乗じて、副委員長の権限で「民族主義陣営が主導する建国」という信念をもう一度実現するための機会が生まれた。

［a］兪鎭兼は、1939年に時局対応全鮮思想報国連盟京城分会第3分会長、1943年に学徒兵鍾路翼賛会講演隊員、1945年に朝鮮言論報国会名誉会員などとして活動した。1942年7月5日付「毎日新報」によれば、同年6月29日に開かれた「支那事変と大東亜建設」についての座談会で、「このような長期戦になるにあたって、半島人としての覚悟はあるのか。銃後の国民として、たとえ生活が以前よりも多少苦しくなったとしても、あくまで忍耐鍛錬の精神で必勝の道に邁進しなければならない」と発言したことが確認できる。

安在鴻の執念と呂運亨の決断

建国準備委員会内部の反発で19日の国民大会が霧散した後も、安在鴻は諦めなかった。4日後の23日、権泰錫が苑南洞にある白寬洙宅を訪問した。権泰錫はソウル派共産主義者だったが、1920年代末に新幹会に参加し、この頃は共産主義と距離を置き、安在鴻を助けて左右合作に積極的に動いていた。

権泰錫は白寬洙に、安在鴻副委員長名義の国民大会開催通知を送ることができなかったことをああだこうだと釈明した。そして、18日の合意内容を修正して建準拡大委員会に参加する各界各層の人士に個別通知を送る代わりに、「建準でそのまま推薦、発表することができる各界各層の名士を互選してほしい」と依頼した。これは関係者一人ひとりに連絡して会議開催の事実を知らせる手間を省くため、建準で名簿を一括して確定、発表するということだ。金炳魯と白寬洙はこの提案に不満げであったが、合作をともに進めていた李仁や金若水《キム・ヤクス》、朴瓚熙《パク・チャンフィ》、金用茂《キム・ヨンム》、朴明煥《パク・ミョンファン》など右派は「互譲の精神で構わない」という意思を示した。結局この提案を受け入れた右派は25日、権泰錫同席の下、建準拡大委員会に参加する62人を確定した。[b]

安在鴻による第2次左右合作の試みに、建準は再び蜂の巣を突いたような雰囲気になった。この混乱を抑えられるのは呂運亨しかいなかった。18日夜の舌戦からもわかるように、呂運亨は安在鴻が主張する「民族主義者が政権を担い、左翼がそれを支える」民共協力に同意していなかった。ただ、建国のために各界各層の力を結集しなければならないというのは、呂運亨の信念だった。

権泰錫が右派から62人の名簿を受け取った25日、建準執行委員会が開催された。事態収拾のために療養中の呂運亨が上京し、会議を進行した。呂運弘は当時の状況について、呂運亨が負傷して療養するや、「その職務を代理することになった安在鴻が」「右翼偏重（右派では左翼偏重と主張していた―引用者注）の135人の拡大委員を選定し、拡大委員会の招集を兄（呂運亨）に要請していた」(*18)と記している。呂運亨は左右合作をめぐる建準の内部分裂に大きなストレスを感じていたが、だからといって職務を放棄できるわけではなかった。当初62人であった名簿を135人にまで増やしたのが誰だかわからないが、呂運亨はこの程度であれば自らが主導権を維持したまま、右派を建準に吸収できるだろうと判断していたようだ。呂運亨は意を決して、こう述べた。

［b］明確な記録は存在しないが、17日夜に合意された各界各層の人士が参加する国民大会は建準が指名する委員が集まる拡大委員会に置き換わったようだ。

我々が大業を成し遂げるために、忌憚なく積極的に賢明な意見を提出することはとても良いことです。したがって、2、3人の少数であったとしても、同じ意見で集まり、強固に団結しなければなりません。いまの我々は政府組織ではなく、また既成勢力を形成しようということでもなく、もちろん政権の争奪でもありません。ただ、新政権が樹立されるまでの準備と治安の確保を行うだけです。沈黙寡言（言葉を少なくして行動し

よう――引用者注）で実行あるのみです。

私は任務を終えたらすぐに農村へ帰ります。私は農村出身であり、農夫たちと帰農を約束しました。私は知識階級に罪を犯すとしても、決して労働者大衆に罪を犯したくありません。皆さんの中にたった1人でも、委員会や私の職責に不満があったり、私がきちんと職務を遂行していないと指摘したりするのであれば、私は委員長から退きます。そうでなければ互いに協力して、我々の使命である朝鮮建設という大業のために邁進しなければなりません。（*19）

呂運亨はこの場で左右合作のために、伝家の宝刀を抜いたと考えられる。建準の主導権を手放さないため、反発する左翼を認識したかのように、「ときには多くの諸葛亮よりも1人の忠実な兵卒が必要だ」「沈黙寡言で実行あるのみ」と諭して団結を訴えた。その上で、「知識階級に罪を犯すとしても、決して労働者大衆に罪を犯したくない」と述べ、「皆さんの中にたった1人でも、委員会や私の職責に不満があったり、私がきちんと職務を遂行していないと指摘したりするのであれば、私は委員長から退く」と背水の陣を敷いた。呂運亨は左右合作の決裂を「労働者大衆に罪を犯すこと」と表現し、職を賭して左右合作を貫徹すると強い意志を示したのだった。

この会議を通じて、権泰錫と右派が確定した62人に、72人が加わった135人（当初134人だったが1人追加され135人になる）の拡大委員会名簿が確定したと推測される。その根拠は8月26日付「毎日新報」の報道で、同紙は「（建国準備）委員会では委員を選定し、会議の陣容を拡大強化することで朝鮮民衆の総決起態勢を整えようと（中略）（拡大委員）134人を決定した。これで建準は全朝鮮の総力を集結することになった」と伝えた。この135人こそが、建準が「朝鮮民衆の総決起態勢」を整えるために妥協できる最後の一線だったというわけだ。

このような決定を下した呂運亨の心理に対する証言は食い違っている。呂運弘は「兄の個人的立場としては、これ（拡大委員会）にあえて反対しなければならない理由はなかった」としながら、「特に左派系の非難と反発によって建準内部に大きな波紋が広がった」(*20)と指摘しているが、李萬珪は「夢陽（呂運亨）はこれに反対した」と記している。事実がどうであれ135人の拡大委員会案は、建準執行部を通過した。呂運亨が職を賭して反対を抑え込み、なんとか通過させた案だった。だが、それでも内部の反発は絶えず、呂運亨は拡大委員に「意見提出権のみを与えて議決権を与えない」(*21)と再び譲歩せざるを得なかった。

右派の怒り

呂運亨は職を賭して135人の拡大委員会案を通過させる決心をしたが、右派の評価は違っていた。彼らは2度も約束が破られ、建準に裏切られたと感じていた。解放直後、右派が結集して創設した韓国民主党が発行した『韓国民主党小史』（1948）という冊子には、それについての右派の怒りが込められている。

ことここに至っては、信頼どころか謀略である。これ以上の論議は徒労であることを

確認し、はや10日という時間を浪費した。

この時点で、左右合作は事実上破綻した。拡大委員会135人の名簿は確定したが、安在鴻は建準内部で孤立無援に陥った。李萬珪は『呂運亨闘争史』で安在鴻に対する露骨な不満を記した。

外部の名士たち（右派を指す—以下、括弧内は引用者）が安（在鴻）と組んで建準を大改革し、新しく人を入れる計画で拡大委員会なるものを組織するように強要した。ここには（権泰錫など）内部の数名から連絡もあった。安は、内部では部下の陰口により立場がなくなり、外部では名士たちからの圧力により拡大委員会を認め135人を選定した。ところが、このことはそう簡単に進むものではなく、必ずや建準に大きな波紋を呼び、事業に支障をきたす恐れがあった。（＊22）

このような不満は李萬珪だけではなかった。李基炯は「夢陽（呂運亨）は自らの主張を貫徹することに革命的であり、決断力があり、外部からの干渉には闘争的であるのに対して、民世（安在鴻）はすべてのことに対して、君子然として妥協的で順応的だった」（＊23）と皮肉り、呂運弘は「建準内部では（安在鴻と）左派の意見が一致せず、外部の右派は彼を非難した」（＊24）と指摘した。安在鴻にとっては、針のむしろの日々だったであろう。

コーナーに追い込まれた安在鴻が8月末、八堂（京畿道南揚州市）に蟄居《ちっきょ》した呂運亨を訪ねようとすると、建準の共産主義者である崔容達と鄭栢が同行を申し出た。彼らはひょっとすると呂運亨が安在鴻側に傾くのではないかと懸念し、牽制に乗り出した。崔容達は再建派共産党を結成した朴憲永の強い影響下にあり、建準結成を主導した鄭栢は長安派共産党のリーダーだった。共産党は2つの派閥である再建派と長安派から、1人ずつ代表者を送り込んだ。彼らは自らの主張を貫くために、空腹をものともせずシベリア横断鉄道でウラジオストクからモスクワまでも駆けつけた者たちだ。結局、安在鴻は彼らの牽制で志を遂げることはできなかった。

建国準備委員会の動きを知った李仁は怒髪衝天となった。彼は安在鴻と権泰錫が再び自分を訪ねてきた「ある日」がいつだったのか正確に思い出せなかったが、2人が「過去は水に流して、新たに国家を建設する組織を編成することに決めた」と切り出して、李仁を含む民族主義者20人余りを委員に選定したと明かした。権泰錫は黄色の鞄から選任通知状を取り出そうとした。

民世（安在鴻）が、こんなことをするのか？　朝鮮の地と民衆が夢陽（呂運亨）と民世の所有物でないのに、なぜ何の相談もせずに勝手に指図するのか？　民世が憎たらしい。（*25）

李仁は権泰錫の鞄を奪って安在鴻の胸元に投げつけた。

第10節 分断が知れわたる

自由独立政府が樹立されるときまでは米国とソ連の分割占領下に置き、それぞれ軍政が施行されるものと見られる。

毎日新報

マッカーサーの電報

運命の8月15日以降、何が起こるのか「一寸先」を見通せなかったのは、日本も同じだった。ただし、連合国と降伏手続きの具体的な協議を始めなければならないことだけは、はっきりしていた。そして、連合軍が日本に進駐すれば無期限の占領が待っていた。いずれにしても、すべての決定権を持っているのは勝利者である米国だった。

そんな米国は日本に多くの時間を与えなかった。米国が降伏手続きについて協議を始める意思を伝えたのは、玉音放送の翌日16日だった。米国政府は日本政府に送った電報で、ダグラス・

マッカーサー太平洋米陸軍総司令官が連合国最高司令官に任命されたことを伝え、「ただちに（日本政府を代表する）使者を派遣すること」を命じた。また、米国政府は、この使者が日本軍の配備状況に関する情報と、降伏を受け入れる連合国最高司令官の指示を実行できる権限を持たなければならないと付け加えた。マッカーサー司令官は別の電報を通じて、日本に「フィリピン・マニラにある連合国最高司令部に降伏条件を遂行するために必要な要求を受け入れる権限を持つ代表者を派遣せよ」と指示した。また、別の電報で、日本代表を乗せた航空機が「17日午前8時から11時の間に九州最南端の佐多岬を通過し、米国が占領中の沖縄の伊江島飛行場に到着しなければならない」と、具体的な日時と移動経路も示した。日本代表団が伊江島に到着すれば、そこから米国が提供した軍用機でフィリピンに移動させる計画だった。(*1)

しかし、日本の内部事情は簡単ではなかった。血気盛んな陸軍は依然として「敗戦」という現実を受け入れることができなかった。特にこれまで有利な戦局であった中国戦線では、大本営に「最後まで決死抗戦しなければならない」という電報を相次いで発信していた。このような状況で現地部隊に対して中途半端な停戦命令を下して降伏協議に入れば、軍が暴走しかねない。大本営は暴走した軍が進駐してくる米軍を相手に無謀な行動をとるのではないかと戦々恐々としていた。

17日、東久邇宮《ひがしくにのみや》稔彦王《なるひこおう》を首班とする新内閣が発足した。新内閣の初めての任務は、連合軍がマニラで提示する要求を受領する停戦予備交渉代表使節団を選定することだった。陸軍参謀本部の「ナンバー2」の河辺虎四郎参謀次長（1890～1960）は梅津美治郎参謀長に、日本代表に就くべしと進言した。しかし、普段から「ミスター曖昧模糊」と呼ばれた梅津は最後まではっきりした反応を見せず動こうとしなかった。河辺はほかの将軍とともに繰り返し説得にあたったが、梅津は承知しなかった。(*2)結局、梅津が代表にならないので、河辺が務めるしかなかった。

河辺は煩わしい気持ちを抑えながら陸軍代表団の人選に入った。幾人かの部下がマニラ行きを固辞したため手こずったが、18日午前頃には自身を含む8人で構成する陸軍代表使節を編成することができた。また、海軍と外務省でも人選作業が行われた。この過程を経て、河辺を陸軍代表兼全権代表、横山一郎少将（海軍省出仕）を海軍代表、岡崎勝男調査局長を外務省代表とする16人の停戦予備交渉代表使節団が構成された。河辺は東久邇宮首相から天皇の信任状を受け取った後、同日夜、参謀本部で代表使節団員らと集い冷酒で乾杯して任務完遂を祈った。

マニラ行き専用機

「皇軍不敗」を心から信じる若い将校たちは、大東亜戦争終結の詔書が出されてもなお米軍に襲いかかった。18日午後1時頃、興奮した海軍航空隊が関東上空で偵察飛行中のB‐32爆撃機2機を攻撃し、米兵1人が戦死した。これに米国世論が反発したため、日本政府は緊張した。このような状況で米軍進駐が始まれば、あちこちで同じことが繰り返されかねない。故に日本政府は可能な限り自国で武装解除したのち、9月18日頃米軍進駐を受け入れることを望んだ。河辺の任務は、この事実を米国に十分に納得させた上で、進駐を1日でも遅らせることであった。

代表使節団がマニラに向かって出発したのは19日、日曜日だった。羽田空港と木更津を経由して沖縄に向かう長い飛行時間を深い沈黙が包んだ。河辺の心も重かった。最も大きな悩みは「米国が降伏調印式に陛下の出席を要求した場合、どのように対処すべきか」だった。(*3)

専用機は午後1時半、米軍が激戦を経て、3月末に占領した伊江島飛行場に到着した。河辺はそこを初めて訪れたが、滑走路の舗装状況や土地の掘削状況から米軍が大規模な補強工事を行ったことが一目でわかった。日米の工業力の差を痛感した瞬間だった。(*4)

代表使節団を米軍が出迎えた。終戦の安堵感と勝利を喜ぶ米兵が一行を取り囲み、カメラを向けた。河辺は不快極まりなかったが、避ける術はなかった。当時の米軍記録写真を見ると、直立不動で前方を見据える河辺の姿が確認できる。一行はそこで米国が提供するC-54輸送機に乗り換えた。4発エンジンの大型機は雄大で素晴らしく、座席は32席もあり、通路も広く快適だった。狭苦しい日本軍機の中で窮屈な姿勢に耐えながら、「これがおおよそ空中旅行」と観念していた河辺は、ここで改めて国力の差を実感した。一行を乗せたC-54は東京時間の午後5時45分、マニラのニコラス・フィールド飛行場に到着した。3年4カ月前、陸軍航空本部総務部長として同飛行場を視察した河辺は、自分が敗戦国代表として、降伏協議のために再びそこを訪れることになるとは思ってもみなかっただろう。

河辺らがタラップを降りると、空港に待機していた記者が一斉にフラッシュを焚いた。地上で待機していた米軍大佐が正確な日本語で挨拶してきたため、河辺は妙な親近感を覚えた。同時に体内に満ちていた重苦しい気持ちが一瞬ほぐれて、ほとんど無意識に握手の手を差し伸べようとしたが、はっと手を止めた。握手を交わすのはまだ早い。米国は公式には降伏手続きを終えていない厳然たる敵国だった。(＊5) 一行を宿舎に案内する車の前に1人の将軍が立っていた。米国の日本占領と朝鮮戦争に大きな影響を及ぼすことになる、チャールズ・ウィロビー（Charles Willoughby）連合軍最高司令官総司令部情報部長だった。

河辺一行はホテルに到着し、しばし休息をとった。その間、米軍は夕方に開始される会議のための主要書類を送ってきた。代表使節団が受領した三大文書である①降伏文書②降伏に関する天皇の布告文（詔書）③連合国最高司令官一般命令第1号――だった。同文書には降伏調印式が28日東京湾内の米軍艦で行われ、このためマッカーサー司令官が26日厚木基地（神奈川県）に到着するという情報が含まれていた。

ところで、一般命令第1号（コラム「38度線の画定はどのように行われたのか?」参照）には、朝鮮半島に関する「重大な事実」が記載されていた。シャワーを浴びて一般命令第1号に目を通した河辺は、朝鮮半島が北緯38度線を基準として米ソに分割占領されるという事実を確認しただろう。しかし、河辺は朝鮮の将来にあまり関心がなかったのか、２９４ページに及ぶ回顧録の中で、そのことに触れていない。彼が心から憂慮していたことは、米国が降伏文書調印式に天皇の出席を要求するか否か、ただ一点だった。命令にはそれに関する要求や言及がなく、河辺はようやく胸をなで下ろした。(＊6)

その夜、協議が始まった。河辺の相手は、リチャード・サザーランド（Richard Sutherland）連合国総司令部参謀長だった。河辺は、興奮した日本軍と米軍の偶発的な衝突を防がなければならないと説明し、日本軍が独自に武装解除を終えるよう10日間の猶予を要求した。河辺の「米国の進駐を故意に遅らせようとしているのではない。興奮した日本軍と米軍の間に万一があるやもしれず、衝突を防がなければならない」との説明をサザーランドは理解したのか、しばらく席を外したのち、河辺の当初の要求を半分にした5日間と回答した。これによれば、マッカーサーは28日に日本に到着し、31日に降伏文書調印式を行うことができる。河辺はさらなる猶予を得ようと努力したが、サザーランドは首を縦には振らなかった。

このころ米国は、サハリンと千島列島を席巻したソ連軍が北海道に上陸するのではないかと緊張していた。そのため1日でも早く進駐し、ソ連軍を牽制しなければならなかった。河辺はその夜の会談の雰囲気について、「今まで食うか食われるかで争っていた仇敵だなどという感じを起こすものがなく、国際共通の軍職心理、殊に幕僚業務の共通性、私にはその辺の空気になんともいえぬなごやかさを覚えた」と記している。(*7)

翌20日の会議は午前10時30分に始まった。河辺がアメリカ代表団に対して「連合国最高司令官として、中国軍またはソ連軍と日本軍との間における何事かのトラブルが起きるような場合に必要な指示をされるか」と尋ねると、サザーランドは「それに関して我が方には何らの権限がない」と答えた。河辺ら代表使節団はこの席で連合国の三大文書を改めて受領し、停戦予備交渉に関するすべての会議が正午頃に終わった。代表使節団は20日午後1時、空港に到着して帰国の途に着いた。降り注ぐ豪雨の中を離陸し、午後6時半頃伊江島に到着した。一行はここで乗ってきた日本軍機に乗り換えた。

帰国の途は苦難の連続だった。河辺を乗せた機体がエンジントラブルを起こし、静岡県の天竜川河口に不時着した。辛うじて命をとりとめた河辺が海を見ると、浜松海岸の水平線に月が浮かんでいた。不時着の原因はあろうことか燃料不足だった。(*8)

米国との停戦交渉に臨んだ河辺の帰還が予定より遅れたため、日本政府はパニックに陥っていたが、幸い1日で連絡がついた。河辺は浜松から急遽《きゅうきょ》手配した飛行機に搭乗し、21日東京に帰還した。河辺が帰還した後、大本営は「8月22日午前0時を期して戦闘を一切中止する」という命令を下した。

21日大型台風がマニラを直撃したため、米軍の進駐は予定より2日遅れた。米軍先遣隊は28日、マッカーサーは30日に厚木飛行場に到着した。日本が降伏文書に署名したのはさらに2日後の9月2日午前10時30分、東京湾に停泊した戦艦ミズーリの甲板上であった。重光葵外相と、河辺にマニラ行きを押し付けた梅津陸軍参謀総長が日本代表として降伏文書に署名した。

朝鮮半島分割占領が知れわたる

米ソによって朝鮮半島が分割占領されるという事実を日本が公式に確認したのは、河辺がマニラで受領した一般命令第1号を通じてであった。日本政府はこの「衝撃的事実」を河辺が東京に帰還した翌日の22日、総督府に通知した。これに先立つ20日、ウェデマイヤー(Albert Coady Wedemeyer)中国戦区米軍司令官が朝鮮半島にB-29を飛ばし、米軍が京城に進駐するという内容のビラを散布した。通知によって、その内容が事実として公式に確認されたのだ。

それまで総督府は、朝鮮半島北部に侵攻したソ連軍の動向に神経を尖らせ、事態がどのように推移していくのか判断がつかず気を揉んでいた。もどかしさを感じた遠藤政務総監は、15日から政府に対応を迫った。玉音放送を確認するや内務次官宛に電報を発信し、「朝鮮内の諸般事項について中央から如何なる指示があるのか思料される」(＊9)と尋ねたが、一寸先が読めないのは中央政府も同じで、政府からは何の回答もなかった。

遠藤が15日未明、呂運亨に「17日にはソ連軍が京城に進駐するだろう」と伝えたことからわかるように、このときの日本は京城に進駐するのはすでに半島北部に侵攻しているソ連軍であると判断していた。しかし、数日後必ずしもそうならないかもしれないと判断したようだ。17日付「毎日新報」も「市中に流れるデマに耳を傾けるな」(＊10)というタイトルの記事でこれを警告した。

巷では、ソ連軍が京城市内に進駐してくるとか、あるいはいつ入城式をするとか、米軍がある港に上陸したなどさまざまなデマが飛び交っているが、それらは事実無根である。まだソ連軍がいつ入京するのか、または連合軍が果たして朝鮮に上陸してくるのか、まったくわからない。よって、数日以内に入京するという確報はなく、20日以降にならなければ詳しい情報はわからない。（中略）

入京または上陸する場合は、確報が到達し次第報道されるので、一般においては根拠のない噂を信じず軽挙妄動しないことを望む。

記事は「20日以降」には連合軍の京城進駐に関する詳しい情報がわかると報じている。日本政府は米国に17日、日本代表使節団が2日後の19日マニラに向けて出発すると伝え、日米の交渉は19〜20日にかけて行われた。記事がこのような動きを知っていて伝えたのか定かではないが、結果的に「20日以降」に詳しい情報がわかるといったのは、鋭い予測となった。

総督府は21日、15日に送った電報への回答がないと内務省に再度迫った。総督府の機能が停止したり、総督府が消滅したりした場合、これから朝鮮で起こるすべてのことの責任は中央政府が直接負わなければならないという最後通牒の警告だった。

朝鮮総督府の統治行政いっさいは、帝国政府直接の指揮ないし委任により行われある以上は、今後朝鮮総督府が、中央の指令によるか、ないしは朝鮮の現地における連合軍側の接収等により、その機能を停止する場合においては、従来、総督府の責任をもって処理せるいっさいの結果は、中央政府の責任に移るものとし解し、処理すべきにつき、念のため。

翌22日、ついに内務次官から重要電報が届いた。内務省は同日、「日本軍の武装解除は、38度線以北がソ連、以南が米軍となる見込み」(＊11)と通知した。[c] ただし、一般市民がこの事実を知ったのは、「同盟通信」の報道を伝えた24日付「毎日新報」の記事を通じてであった。見出しは「朝鮮はソ連と米軍、台湾は重慶が保障占領」で、「朝鮮に関しては自由独立政府が樹立されるときまでは米国とソ連の分割占領下に置き、それぞれ軍政が施行されるものと見られる」という一節が含まれていた。この記事を通じて、平凡な朝鮮人も半島が分割されるという事実を知ることになる。

さらに2日後の26日になって、総督府が待ちわびていた返信があった。従前の最高戦争指導会議に代わる終戦処理会議は24日、今後の朝鮮の法的地位に関する日本政府の公式見解を確定した。この内容は26日に遠藤に伝えられた。

朝鮮に関する主権は、独立問題を規定する講和条約批准の日まで、法律上、我が方に存するも、かかる条約締結以前においても、外国軍隊により占領せらるる等の事由により、我が方の主権は事実上、休止状態に陥ることあるべし（*12）

この電報を読んだ遠藤政務総監は、ソ連軍の進駐に備えて呂運亨に治安協力をしてもらい、日本人の生命と財産を保護しようとした15日未明の決断が「致命的な誤り」だったことに気づいた。京城に進駐してくるのはソ連軍ではなく米軍であり、その時まで朝鮮の主人は依然として日本で

［c］朝鮮が分割占領されるという消息は、この時を境にしてソ連軍を通じても確認され始める。ソ連軍は21日、延吉所在の日本陸軍第34軍司令官と武装解除協定を結ぶ際、協定範囲を「38度線以北」にすると明かした。また、朝鮮半島北部を占領したソ連軍第25軍のイワン・チスチャコフ（Ivan Chistyakov）司令官はもう一歩進んで、26日、平安南道人民政治委員会を設立し、38度線について「米ソ両軍の進駐の境界とするだけで政治的意味はない」と説明した。

あり、連合国と締結することになる講和条約が批准される瞬間まで[d]、朝鮮の国際法的な主権は依然として日本にあるという政府の立場を確認したからだ。

また日本政府は同じ電報で建準との関係について、「独立準備委員会は、これを抑圧することにより、民心を我が方より離反せしむるは適当ならざることと思料するするも、治安維持の見地より細心の注意を払い、憂いを後に残さざる様せられたし」と指示した。つまり、後腐れがない程度に建国準備委員会と接するように指示したというわけだ。その後、総督府は建準を「協力対象」とせず、冷ややかな距離を維持することになる。総督府が新しく味方にしなければならない相手は、朝鮮人ではなく、この土地の新たな主人となる米軍だった。

[d] 現実の歴史では、この時点はサンフランシスコ講和条約が発効する1952年4月28日といえる。日本政府の見解によると、この時点まで「技術的」に朝鮮半島の主権は日本にあった。もちろん日本政府も同意しているように、法理的にそうだという意味に過ぎない。実際、朝鮮に対する日本の主権は、ソウルにおいて米軍と総督府の間で降伏文書が調印された9月9日に消滅した。だが、大韓民国の公式見解によると、日本が大韓帝国に強要した乙巳条約・併合条約などは当初から不法条約であるため、日本の植民地支配は法的正当性がそもそもない。

コラム

38度線の画定はどのように行われたのか？

日本の突然の降伏は、米国やソ連など連合国に少なからぬ課題を残した。緊要な懸案は、大日本帝国の崩壊による「力の空白」を埋める作業だった。連合国は日本の降伏をただちに受け入れ、軍の武装解除のために地域分割に乗り出さなければならなかった。その結果、9月2日に連合国「一般命令第1号」が発令された。

米国政府では、日本降伏後の領土分割占領問題を国務・陸軍・海軍調整委員会（State-War-Navy Coordinating Committee：SWNCC）が担当していた。米国は第2次世界大戦のような巨大な戦争を遂行するため、世界各地で「軍事的効率性」と「政治的敏感性」を考慮し意思決定しなければならなかった。そのため米国は1944年12月、戦争遂行と直接関係する国務省、陸軍省及び海軍省でSWNCCを設立し、国務長官に助言させた。1945年8月当時、SWNCCはジェームズ・ダン（James Dunn）国務次官補（議長）、ジョン・マクロイ（John McCloy）陸軍次官、ラルフ・バード（Ralph Bard）海軍次官らで構成された。そして、SWNCC事務局の役割を担当したのは、陸軍省作戦局傘下の戦略政策団であった。

日本が降伏の意思を伝えてきた運命の8月10日の夜、マクロイ陸軍次官の執務室で一般命令第1号を立案するためのSWNCC緊急会議が開催された。そこでの最大の懸念は、それまで連合国間で処理方針が合意されていない朝鮮半島の扱いだった。

命令立案の過程で国務省と陸軍省の意見が激しく対立した。国務省はソ連牽制という政治的観点から、満州と中国本土を含む極東のできるだけ広い範囲を米国が占領しなければならないと主張し、陸軍は軍事的合理性から反対した。ソ連軍150万人は9日午前0時を期して満州と朝鮮半島北部に侵攻したが、米軍は依然として遠く沖縄に留まっていた。だが、いずれにしてもどこかに境界線を引かなければならなかった。

このような高度で軍事的かつ政治的な問題に迅速な代案を提示できる実務グループは、陸軍省作戦局戦略政策団のほかになかった。10日午前0時過ぎの運命の夜に、ダンSWNCC議長が陸軍戦略政策団長のジョージ・リンカーン（George Lincoln）に電話し、草案の基礎作業を指示した。マクロイが戦略政策団のチャールズ・ボーンスティール（Charles Bonesteel）政策課長（大佐、後の駐韓米軍司令官）とディーン・ラスク（David Dean Rusk）大佐（後の国務長官）を直接呼んで指示したという証言もある。境界線策定作業はマクロイ陸軍次官執務室に隣接する部屋で行われた。

この歴史の現場に立ち会ったラスクは10日夜から11日未明までの38度線画定状況について興味深いメモを残した。実務作業を担当したのはボーンスティールとラスクだったが、ラスクは1カ月前の7月に転入してきたばかりであったため、ボーンスティールが作業を主導した。ラスクは同じくメモで自身を「38度線の誕生を〝この目で見た〟目撃者（eye witness）」だったとし、自らを実行者ではなく目撃者と表現した。

リンカーンがボーンスティールとラスクに要求したのは、「できる限り北方で降伏を受理したい米国の政治的欲求と、米軍が到達できる限界を調和させろ」だった。10日夜、ソ連軍はすでに羅津、雄基（ともに咸鏡北道）など朝鮮半島北東部に侵攻していた。米ソが合意できる境界線設定が遅れれば、ソ連軍は素早く南下して朝鮮半島全土を席巻することもできた。ボーンスティールとラスクは米ソ両国が納得できる中間線がどこなのか妥協点を見出さなければならなかった。

2人の大佐は米国合同戦争企画委員会（Joint War Plans Committee：JWPC）の作戦参謀らが待つ中で、約30分にわたって一般命令第1号の草案を作成した。時間がなかったため、朝鮮半島については壁に掛かっていたナショナルジオグラフィックの地図を見ながら下絵を描いた。最も重要な原則は、朝鮮最大の都市であり首都でもある京城を米軍担当地域に含ませるということだった。リンカーンはドイツの首都ベルリンがソ連占領地に含まれたことで、米国が経験した困難を十分に理解していた。そして、ついに境界線の候補が浮かび上がった。北緯38度線と40度線だった。

ラスクは1980年代、日本のNHKとのインタビューで、「もう少し北側にちょうど朝鮮

ジョージ・リンカーンとともに
朝鮮半島分割政策の
下絵を描いた
チャールズ・ボーン スティール

米国の朝鮮半島分割政策
実務者として
「38度線画定の目撃者」を
自称するディーン・ラスク

半島のくびれた部分（40度線）があり、そこで分けるという考えもあった。しかし、それにはソ連が応じなかったかもしれない。我々はあまり北側に手を伸ばすなと軍の指示を受けていた」と述べた。ボーンスティールとラスクは国務省の「政治的要求」より陸軍の「軍事的合理性」に敏感にならざるを得ない軍人だった。最終的な結論は午前2時から3時の間に出た。陸軍政策企画団が到達した結論は北緯38度線だった。

この決定は、世に言われているように朝鮮について何も知らない2人の大佐が一夜で即興的に引いた「偶然の産物」ではなかった。JWPCが作成したいくつかの内部報告書から確認できるように、陸軍の実務者たちはこの問題に関して数カ月にわたって深い政策的な苦悩を抱えてきた。特にリンカーン団長の役割は大きかった。1975年5月26日付「ニューヨークタイムズ」はリンカーンの訃報記事で、「第2次世界大戦で（陸軍の）最高の戦略参謀」だった彼を「38度線を引いた男」として書いた。

ソ連はワシントンで深夜に作られた北緯38度線分割の提案を黙って受け入れた。この頃まで、朝鮮半島はスターリンの本格的な関心地域ではなかったからだ。彼の軍事的関心の対象は満州とサハリン、千島列島であり、政治的関心は日本だった。38度線画定過程を執拗に追跡した『38度線画定の真実』を著した韓国学中央研究院の李完範教授は、このような事実をあまねく論じて、分割決定について「相当期間の深思熟考と勢力間の分割論がソ連の対日参戦という突発的状況の影響を受けて決定された合理的妥協だった」と結論づけた。それでも実務担当だったラスクはメモで、ソ連が遥かに有利な状況であったにもかかわらず妥協に同意したとし、「38度線を受諾したとき、かなり驚いた」と回顧している。

第11節　左右合作、破局に至る

意味のない努力だった。
民共双方とも国際情勢に疎く、
また事大主義的だった。
安在鴻

右派の変心

京城に進駐するのはソ連ではなく米国だ！　建国準備委員会の相次ぐ食言に憤った右派は、この状況の変化を敏感に察した。右派は米軍の京城進駐を大いに歓迎した。彼らの多くは米国留学経験のある当代最高のエリートで、英語が堪能であり、米国式資本主義と自由民主主義の価値観を信奉していた。朝鮮の地主と資本家の利益を代弁した彼らは1930年代末以降「親日」に傾いたが、本質的なアイデンティティは「親米」だった。彼らの英語力は遠からず京城に進駐する米軍を前に光を放つことになる。

米軍進駐により、右派は左派が掌握しつつある建準の主導権争いに神経を使う必要がなくなった。それは、同志でなくなった政治勢力は敵に過ぎないことを意味した。左右合作を諦めた右派は、その後、呂運亨《ヨ・ウンヒョン》と建準に対して卑劣とも思えるほどの過酷な攻撃を加え始める。

朝鮮が米ソによって分割占領されるという事実が伝えられる数日前の18日のことだった。建準の行動に怒った李仁《イ・イン》は、悔しさで眠れないでいた。彼は自宅の居間で一緒に横になっていた趙炳玉《チョ・ビョンオク》と元世勲《ウォン・セフン》を「酒でも飲もう」と揺り起こした。李仁はそこで胸に抱き続けてきた計画を打ち明ける。それは建準にすがることをやめ、意見が一致し意思疎通できる右派が集まり独自の政党を創るという提案だった。しかし、趙炳玉は慎重論を説いた。

「建準側は、我々が組織を持っていないことをいいことに、我々を軽く見て無視してきた。だから、我々も政党をつくろう」

「国家も政府もないのに政党とは……」

「臨時政府が目下、帰国準備中という噂があるではないか。それを、政府とみなし政党を立ち上げ、団結力を見せつけなくては」

「急に手ぶらでどう政党をつくろうというのか……」

「(17日、半島ホテルで集まった)連合軍歓迎会の関係者が300～400人にものぼり、みな確固たる民族主義者で、歓迎会が非常に活発になっていくだろうから、それを土台にすれば短期間で発足できるはずだ」(＊1)

李仁は翌日、金炳魯と白寛洙を呼び出した。白寛洙も右派による政党立ち上げという李仁の意見に賛成し、彼らは「朝鮮民族党」党名称で立ち上げ作業に乗り出した。しかし、もう少し事態を見守る必要があった。李仁が回顧録で書いているとおり、「政党発足を急いだが、ソ連が入城するとか、マッカーサー司令部が空中から撒いたビラで[a]『8月9日現在の状態を保て』」と指示するなど「状況が混沌」(*2)としていたからだ。京城に米ソいずれが進駐するか確認できない状況で足を踏み間違えると、一瞬にして奈落の底に落ちる恐れがあった。

しかし、早急な一部の右派によるそれぞれの生存競争は既に始まっていた。李仁宅の居間で政党立ち上げを議論した元世勲は、「半日も経たず」桂洞の韓学銖《ハン・ハクス》宅に高麗革命党の看板を掲げた。韓学銖は乙巳《イッシ》条約当時、締結に最後まで反対して倒れた参政大臣（副首相）韓圭雪《ハン・ギュソル》（1848〜1930）の孫だった。しかし、元世勲は20日、鍾路警察署に呼び出され、「午後5時までに看板を下ろせ」と警告を受け屈服した。元世勲による政党立ち上げは水泡に帰した。同じ頃、金度演《キム・ドヨン》と洪性夏《ホン・ソンハ》、尹潽善《ユン・ボソン》などは韓国国民党を組織しはじめ、臨時政府が帰国するまで「軽挙妄動してはならない」と苑西洞の自宅に蟄居していた宋鎮禹《ソン・ジンウ》でさえも、「国家が建設されるのであれば国会がなければならない」として、国会開設のために各界各層を網羅した国民大会準備会を組

［a］8月20日、中国先駆米軍司令官のウェデマイヤーの命令で京城に撒かれたビラを指すようだ。

織すると動き出した。

そして、24日付「毎日新報」の報道で、李仁が「混沌」と表現した不確実性が消えた。米軍が京城に進駐することが確認され、「7日、米軍が京城に進駐する」[b]と日付まで明らかになった。

最後まで非妥協的な反日闘争を続けた左翼の闘士に比べ、多くの右派には正統性の欠如という問題があり、そのため民衆からの支持も大きくなかった。解放の年、21歳の青年であった李欄《イ・ラン》は「解放後、若者は左翼にならないと世渡りできないのに、なんで韓国民主党に入るのか。私は病気だった」(*3)と、当時の世相を振り返った。このような社会において、右派は自らの脆弱な道徳性を覆い隠す盾が必要だった。そして、すぐに素晴らしい盾が見つかった。それは１９１９年から26年間、中国大陸を彷徨いながら一途に独立運動に取り組んできた大韓民国臨時政府だった。右派は臨時政府の「絶対的な大義名分」を利用することを決意する。

もちろん、当時の人々もそれが「小細工」であることを見抜いていた。李萬珪《イ・マンギュ》は右派が臨時政府を持ち出すと、「国内の支持勢力がなくて権勢を振るうことができず、海外政権を支持して虎の威を借る狐のように権力を掴もうとする」(*4)行為だと酷評した。いずれにせよ右派は４日、京城府内にビラを撒き、鍾路ＹＭＣＡで臨時政府と連合軍を迎える歓迎準備会を組織したという事実を知らせた。

我々が待ち望んだ日が到来した。屈辱と圧迫から解放の一歩を踏み出すことになった我々の感激と歓喜は言葉では表せない。遠からず大韓民国臨時政府と連合軍は民族解放

を手にして、この地に入ってくることになった。

この日を迎えるために30余年の星霜、苦難を経て苦戦苦闘してきたが、ついに大きな志を成し遂げて故国に戻ってくる先輩たちを心から歓迎し、誠意を持って慰労することは我々の純情の発露であり、在内同胞としての堂々たる義務である。

連合軍は甚大な犠牲で得た勝利の喜びと恩恵を独占することなく、我々に分け与えようとする民族解放の恩人である。我々は彼らに心から感謝し、心を込めて歓迎することは人情であり礼儀であり道理である。我々は政治的立場と外交的関係を超えて、みなで誠意を尽くして歓迎し、慰労し、感謝しなければならない。(*5)

そして右派は建準を相手に悪意に満ちたネガティブキャンペーンを始めた。彼らが初めに打ち出した名目は「臨時政府奉戴」で、次は非道な呂運亨と取り巻きを排除する「建準の打倒」だった。彼らは自らを「いわゆる建準が天下民心を惑わし秩序を乱し、千載一遇の天恵を受ける我々3千万の民衆が歓喜で建国の礎を固めるこのとき、鬼のような群れが白昼横行することに憤慨して立ち上がった志士」と表現した。激昂した彼らの古い表現を現代語調に直すと、3千万の朝鮮人が一丸となって建国の基礎を築かなければならない重要な時に、建準のような鬼が民心を惑わ

［b］この日程は2日延期され、米軍は9月9日に進駐した。

しているので、私たちはやむを得ず立ち上がるしかなかった、となるだろう。このような彼らの正体は、金炳魯《キム・ビョンロ》と白寛洙《ペク・グァンス》、元世勲、趙炳玉、李仁、羅容均《ナ・ヨンギュン》、咸尚勲《ハム・サンフン》、金若水《キム・ヤクス》、朴瓚熙《パク・チャンフィ》、金用茂《キム・ヨンム》らを中心とした朝鮮民族党、それに兪鈺兼《ユ・オクキョム》と尹致暎《ユン・チョン》、尹潽善、崔承晩《チェ・スンマン》などが集まった韓国国民党だった。この2つの政党は2日後の「大同団結の代議の下で合流することを決め、9月6日[y]に発起会」を開いた。その後、韓国政治史に大きな足跡を残す右派合同政党である韓国民主党（韓民党）が誕生することになる。(*6)

建準の極左化

しかし、安在鴻《アン・ジェホン》は依然として諦めていなかった。友好的ではない建準内外の雰囲気であっても、民族主義者が前面に立ち、左派が後支えするという、自身の民共協働を粘り強く推進し、8月25日の執行委員会で難産の末に通過させた135人で構成する建準拡大委員会の開催を推し進めた。そのため、建準の内紛は手の施しようがないほど拡大した。見かねた呂運亨が31日、執行委員会で公言したように辞任届を提出し、2度目となる背水の陣を敷いた。それはなんとしても「135人拡大委員会」案で左右合作を達成するという宣言だった。呂運亨が委員長辞任を表明すると、他の執行委員も組織内の「意思統一ができなかった責任は我々にある」として、同時に辞任することを決議した。

これらの動きをめぐる、建準での意思決定過程を示す記録は見当たらない。いずれにせよ、安在鴻の意地と呂運亨の指示により、31日の執行委員会で拡大委員会開催案が強行通過したと見られ、それは9月1日付「毎日新報」の記事でも確認できる。拡大委員会の開催は9月2日午後5時と決まり、場所は徽文中学校の建準事務室だった。この日、拡大委員135人の名簿が紙面に掲載され、朝鮮全土に知らされた。

この日の委員会（建準）では、これまでの情勢の成熟と事業発展によって、広く各界各層から進歩的な立場を代表する人物を網羅し、さらに強力な指導部を確立するつもりであり、この準備委員会中央執行部全員が8月31日に辞任届を呂運亨委員長に提出したため、呂委員長の統率の下で新たな中央執行委員選挙をはじめとするさまざまな当面の要求を協議する予定であり、案内状が送られたのは次の135人である。

不幸にもこの拡大委員会は、開催前から失敗する運命に呪われていた。京城に米軍が進駐するという事実を確認した右派はすでに独自の活路を模索しはじめ、建準を「統合」の対象ではなく「打倒」する相手として見ていた。建準は建準で、深刻な内紛に陥っていた。呂運亨と側近が主導した初期と異なり、勢力を伸ばした共産主義者が左傾化に突き進んでいたからだ。このように先鋭化する右派と偏狭な左派に無理に和解を促しても、さらに大きな葛藤を生むだけだった。

［c］原文には9月4日と誤って記載されている。

建準の左傾化を端的に表すのが9月3日付「毎日新報」に掲載された「宣言文」だ。この宣言文の発表は8月28日だったが、掲載されたのは6日後だった。ここから内容をめぐって組織内で相当の軋轢があったと推測される。

人類は平和を渇望し、歴史は発展を目指す。人類史上空前の惨事である第2次世界大戦の終結とともに、我が朝鮮にも解放の日が到来した。

この半世紀、我が朝鮮は帝国主義日本の植民地として帝国主義的封建的搾取と抑圧の下、すべての方面において自由の道が閉ざされていた。（以下、強調は引用者）

しかし、我々は過去36年間解放のために闘争を続けてきた。この自由発展の道を開こうとするすべての運動と闘争も帝国主義とそれと結託した反動的・反民主主義的勢力によって頑なに拒まれてきた。戦後問題の国際的解決に伴い、朝鮮は帝国主義日本の羈絆《きはん》から脱することになった。

だが、朝鮮民族の解放は多難な運動思想において、やっと新しい一歩を踏み出したに過ぎないにもかかわらず、完全な独立のための数多くの闘争が残っており、新しい国家の建設に向けた重大な課業は我々の前途に横たわっている。

この際、我々の当面の任務は、完全な独立と真の民主主義の確立に向けて努力することにある。一時的に国際勢力が我々を支配するだろうが、それは我々の民主主義的要求を支援することはあっても妨害はしないだろう。封建的残滓を一掃し、自由発展の道を

開くためのすべての進歩的闘争は全国的に展開されており、国内の進歩的民主主義的諸勢力は統一戦線の結成を切望しているから、このような社会的要求によって我々建国準備委員会は結成されたのだ。

したがって、本準備委員会は、我が民族を真の民主主義的政権に再組織するための新しい国家建設の準備機関であると同時に、すべての進歩的民主主義的諸勢力を集結させるために、各層各界に完全に開放された統一機関であり、断じて雑多な協同機関ではない。なぜならば、ここにはすべての反民主主義的反動勢力に対する大衆的闘争が要請されるからだ。過去において彼らは日本帝国主義と結託して民族的罪悪を犯した。今後も彼らは解放朝鮮をその建設途中で妨害する可能性があるため、このような反動勢力、すなわち反民主主義的勢力と戦ってこれを克服排除し、真の民主主義実現のために強力な民主主義政権を樹立しなければならない。

この政権は、全国的人民代表会議で選出された人民委員として戦取されるだろうし、これまで海外で朝鮮解放運動に献身してきた革命戦士とその集結体に対しては、適当な方法によって心から出迎えなければならないことは言うまでもない。そして、朝鮮全民族の総意を代表し利益を保護する完全な新政権が発足しなければならず、このような新政権が樹立されるまでの一時的過渡期において、本委員会は朝鮮の治安を自主的に維持し、さらに一歩進んで朝鮮の完全な独立国家組織を実現するために新政権を樹立する１つの暫定的任務を果たそうとする意図で、次のような綱領を掲げる。

綱領

一、我々は完全な独立国家の建設を期する

一、我々は全民族の政治的、経済的、社会的な基本要求を実現できる民主主義的政権の樹立を期する

一、我々は一時的過渡期において国内秩序を自主的に維持し大衆生活の確保を図る

1945年8月28日

朝鮮建国準備委員会

この宣言文で建国準備委員会は、朝鮮解放が「戦後問題の国際的解決」、すなわち連合国が第2次世界大戦で勝利した結果であることを認めた。これに伴い「一時的に国際勢力が我々を支配」せざるを得なくなり、朝鮮人は今後「完全な独立と真の民主主義」のための「数多くの闘争」を繰り広げなければならない運命に置かれることになった。それと同時に、同意しづらい2つの「楽観的展望」を示している。

1点目は、彼らは朝鮮に進駐する国際勢力が朝鮮人の「民主主義的要求を支援することはあっても妨害はしないだろう」と考えたことだ。しかし、第2次世界大戦中は連合国であった米ソは、この頃には東欧の戦後秩序再編をめぐる対立で「冷戦の入口」に差し掛かっていた。彼らにとって重要なのは、自国の安全保障のための緩衝地帯の確保（ソ連）と共産主義勢力の封鎖（米国）

だった。これから半世紀にわたり続けられる冷戦を前にした米ソにとって、朝鮮人の多くの民族的要求は副次的に考慮するものでしかなかった。

2点目は、彼らは「国内の進歩的民主主義的諸勢力は統一戦線の結成を切望している」と主張したことだ。しかし、統一戦線を云々と記した建準内の共産主義者たちは、右派民族主義者たちとの合作に強く反対し、深刻な内部葛藤を起こしていた。にもかかわらず、彼らは論理的矛盾を感じなかった。統一戦線を結成しなければならない「進歩的民主主義勢力」から、右派は最初から排除されていたからだ。彼らにとって韓民党の旗の下で結集した右派は、朝鮮建国のために協力しなければならない対象ではなく、「反民主主義的反動勢力」に過ぎなかった。彼らの相当数は「日本帝国主義と結託して民族的罪悪を犯した」だけでなく、さらには「解放朝鮮をその建設途中で妨害する可能性」がある危険分子だったというわけだ。

右派の親日行為に関する建準の指摘は「不都合な真実」であるが、この「勢力と戦ってこれを克服排除」するということは、相手を容認しない極端な考え方だった。そのような意味でこの宣言文は「全民族の一致団結」を強調してきた呂運亨の平素の信念とはあまりにも違う「怪異な文書」だった。建準は、民族の大同団結を主張してきた呂運亨の影響力からとうに脱し、極端化してしまった。

朴憲永の登場

建準の左傾化にはそれだけの必然が作用した。日帝の拷問に勝てず、自分の糞を食べる精神異常を経ても、最後まで信念を曲げなかった(*7)「鉄の共産主義者」朴憲永《パク・ホンヨン》がいたからだ。朴憲永は1942年12月、警察の捜査網をかい潜り光州に避難した後、レンガ工場の労働者に欺騙《ぎへん》して、日本の暴圧が最も厳しかった、解放までの2年半を耐え抜いた。その渦中においても地方同志たちと連係し、党再建事業を続けるなど最後まで闘争を止めなかった。共産主義者の中でも日帝末まで凄絶な闘争を続けてきたのは、朴憲永が指導した「京城コムグループ」だけだった。朴憲永は解放当日、勤務先のレンガ工場のオーナー、李得允《イ・ドゥクユン》に「将来のためにソウルに行く」と話して、光州を離れた。そして、8月18日頃に上京したものと推測される。

解放当日、趙東祜《チョ・ドンホ》や李英《イ・ヨンソン》、鄭栢《チョン・ベク》、崔容達《チェ・ヨンダル》、李承燁《イ・スンヨプ》、趙斗元《チョ・ドゥウォン》、徐重錫《ソ・ジュンソク》らは洪増植《ホン・ジュンシク》宅で在京革命者大会を開催し、朝鮮共産党を再建した。彼らは翌16日、長安ビルに事務所を設けたため、長安派共産党という名前で呼ばれることになる。しかし、党再建を急いだ者の多くは、共産主義運動から脱落していた者たちだった。解放の頃、李承燁は日本と協力して仁川食糧配給組合理事として働き、鄭栢は鉱業に従事し、崔益翰《チェ・イクハン》は東大門の近くで居酒屋をしていた。

上京した朴憲永は、共産主義運動を長らく支援してきた全羅北道益山市の金持ちの息子、キム・ヘギュン宅に厄介になった。明倫洞（ソウル特別市鍾路区）にあるキム・ヘギュン宅は、赤煉瓦造りの韓洋折衷建築だったので「阿房宮」と呼ばれていた。(*8)朴憲永は20日、鍾路区楽園洞の安中ビル2階で、朝鮮共産党再建準備委員会を結成した。いわゆる再建派共産党の誕生だった。

この日の会議で、朴憲永が起草とした「一般政治路線に対する決定」（8月テーゼ）という文書が採択された。同文書にも、建準宣言文のような右派に対する露骨な敵愾心《てきがい》を見ることができる。朴憲永は「朝鮮民族ブルジョワジーはどんな犠牲を払っても自分の親日的性向を隠そうとしている」とし、「我々の課業は彼らと非妥協的闘争を展開すること」(＊9)と指摘した。続いて朴憲永は8月テーゼの内容を補強した「現情勢と我々の任務」(9月25日採択)で、「反動的民族ブルジョワジーの宋鎮禹と金性洙を中心とした韓国民主党は、地主と資本階級の利益を代表した反動的政党」と断定し、「反民主主義的傾向を持つ反動団体(韓国民主党など)に対しては、その反動性を暴露して反対闘争を起こす」と宣言した。李庭植《イ・ジョンシク》は、建準の宣言文に登場する日本帝国主義と結託しようと民族的罪悪を犯した反民族主義的反動勢力という表現は、「朴憲永の8月テーゼを連想させるもの」と指摘し、この時期の建準はすでに呂運亨の手を離れていたと判断した。(＊10)そのような意味で建準の3日の宣言文と朴憲永の8月テーゼは基本的に同じ哲学を共有した「双子文書」だといえる。

建準の急進的左傾化の背後には
当代最高の共産主義理論家、朴憲永がいた。

正統性と大義名分を持つ朴憲永の登場で、解放当日に急ごしらえで結成された長安派共産党は大きな打撃を受けた。朴憲永は長安派共産党設立の主導者に、「弾圧が行われていたとき、既得権益に安住していた者たち」(＊11)と断罪した。結局、朝鮮共産党は9月11日、朴憲永の再建派共産党を中心に統合される。この変化は建準はもちろんのこと、解放政局全体に大きな影響を及ぼした。これまで李康国《イ・ガングク》などが建準に参加した理由は、呂運亨との人間関係による「個人行動」だった。(*12) しかし、朴憲永の登場によって、彼らは党の「組織的決定」に従属しなければならなかった。建準内の共産主義者がますます強硬に左傾化した立場を取るようになったのには、このような事情があった。これについて李庭植は、「共産党内部には夢陽《モンヤン》(呂運亨)の古い同志が多くいて、個人的には夢陽の境遇に同情しただろうが、彼らも党の決定には従わなければならなかったのだろう」(*13) と回顧している。

共産主義者は、民共協働を推進していた安在鴻に極めて強い警告を発した。9月3日か4日頃に作成されたと見られる、「安在鴻の正体を公開する」という謄写物を読むと恐怖を感じる。「裏切り、陰謀、繁栄、反動の寵児、安在鴻よ! お前は頑なに固執して死を甘受するのか、それとも政治運動から手を引いて生きながらえるのか」(*14)。安在鴻がこれまでのように活動するのであれば殺害するという露骨な脅迫だった。

解放後わずか半月で朝鮮半島の左右対立は、修復しがたい状況に至った。李萬珪は『呂運亨闘争史』で3日の宣言文について、「ほとんど夢陽が作ったといえるほど夢陽が内容を大修正したもの」と書いている。だが、李庭植 は「この文がこれまですべての政治勢力の大同団結を叫んできた呂運亨の考えを表現したものとは考えられない」として、李萬珪の異例の言及自体が「この宣言文を採択するのに紆余曲折があったということを物語っている」という評価を残している。

9月4日の破局

破局に至る建準には、最後の手続きが残っていた。安在鴻が推し進め、呂運亨が支持した135人拡大委員会の会議だった。建国準備委員会は予告どおり9月2日午後5時、徽文中学校の建国準備委員会事務室で拡大委員会を開き、安在鴻副委員長が司会を務めた。

安在鴻に対して批判的な立場だった李萬珪が見るに、すでにかなりの出席者が集まっており、さらなる出席者が入ってきている状況だった。だが、安在鴻は「5時ちょうどになったが、外部との連絡が不十分でうまく集まらないようだ」と独断専行で、集会を9月4日に延期してしまった。(*15) 安在鴻がこのような決定を下したのは、拡大委員会に名を連ねた右派が事実上ボイコットしたためと見られる。安在鴻は会議を2日間延期して、彼らに出席を促そうとしたのかもしれない。拡大委員会が延期されたという事実は、9月3日付「毎日新報」による「2日開催予定だった委員会は連絡が不完全なために4日午前10時に延期された」という報道で確認できる。安在鴻を牽制する建準左派は「これは何の陰謀か。尋常ではない」と興奮した。

安在鴻とともに建準の枠組みを通じた左右合作に参画した兪鎭兼は、解放1周年を迎えた1946年8月15日付『時代日報』に短い回顧談を残した。兪鎭兼はこの中で、自分が建準の枠組みを活用した左右合作努力を放棄した日を9月4日であると念を押した。

解放直後、貪欲な建準に…(判読不明)争いが少なくなかったことは周知のとおりだが、私はそのとき、左右の合作のために9月4日まで東奔西走していた。争いを破棄し

て熱を冷まし、感情を解いて手を取り合って全国に邁進するようにしようと右派の要人にも会い、左派の巨頭にも会って、力の限り尽力したが、ついにこれといった結果を見られず、9月4日以降、合作交渉を断念してしまった。

兪鈺兼が言及した9月4日とは、一度延期された建準拡大委員会が開かれた日を指す。この日拡大委員会は午前10時に予定されていたが、集まりが悪かったためか正午になって始められた。だが、定員135人のうち参加者はわずか57人で、右派がボイコットしたのだ。安在鴻が知っていたのかは定かではないが、このころ右派は「建国準備委員会打倒」を目標に掲げた韓民党発起人大会を準備しており、同大会は建準の破局から2日後の9月6日に開かれた。

一般的にこのような会議では召集者の過半数が出席して成立したとみなされるが、建準拡大委員会では「在京委員は過半数に達した」という便法で会議が始められた。安在鴻は開会の辞を通じて、「会合が内外のさまざまな事情で数回延期され申し訳ない。委員会事業が極めて難関に直面したため」と述べた。これは自身の民共協働の努力が「極めて難関に直面」し事実上失敗したという悲痛な宣言だった。続いて、崔謹愚を拡大委員会議長に選出して会議が進行された。

最初の議案は、8月31日に提出された呂運亨と安在鴻の辞任に関する討議だった。呂運亨は「情勢が緊迫していたので重責を任せられたが、責任に耐えられず、また健康も悪い」として辞任受理を要求したが、委員らは「呂運亨を絶対支持する」としてこれを拒否した。韓民党は、呂運亨と安在鴻が18対17と1票差で辛うじて留任したと皮肉ったが、会議出席者が57人だったため、この批判は事実ではないようだ。[d] さらに副委員長1人を追加するという議案が付議され、許憲《ホ・ホン》が満場一致で選出された。(*16)

続いて執行部の改編が行われた。8月17日の建準第1次組織発表で財政部長に選任されたプロテスタント牧師の李奎甲と8月22日の第2次中央委員会組織発表で名前が上がった金度演、咸尚勲、金俊淵など右派が大挙除外された。特に金俊淵などは今後の左右合作に備えて建準執行委員名簿に掲載された者たちだった。彼らが脱落したため、名目上でも存在していた合作の可能性が消滅した。また、建準結成の段階から活躍してきた長安派の鄭栢と、安在鴻とともに左右合作を推進した権泰錫も名簿から消えた。それと同時に朴憲永の直接的影響下にある再建派共産党が主要な職務を総なめにした。李康国は建設部長から要職の組織部長に異動し、朴文奎は企画次長から同部長に昇格し、崔容達は治安部長の職を維持した。これにより建準の核心部署である組織部、企画部、治安部がすべて再建派共産党の影響力下に置かれることになったのだ。

このような執行部改編が行われたのは事実であるが、見逃してはならない厳然たる事実がある。それは最後の瞬間に民共協働というテーブルを蹴ったのが右派だったということだ。安在鴻は1948年7月『新天地』に寄稿した「民政長官を辞任して」で、「私は衆意を排除し民族主義

[d]「韓民党、臨時政府の他に政権を詐称する団体及び行動の排撃決議声明書」(1945年9月8日)。この文書で韓国民主党は呂運亨、安在鴻が18対17の票決で留任となった(35人出席)としている。しかし、「毎日新報」の記録どおり57人が出席したということが正しいだろう。

者の大量参加の道を開いたにもかかわらず、民族主義者の最後の『ボイコット』で協働は決裂した」と明らかにした。

仮に、左右が網羅された建準拡大委員会が成功裏に開催されたとすれば、解放直後の朝鮮の左右合作と政治統合は難産の末に成功した、と評価することができた。そうであったとしたら、海外に滞在していた金九《キム・グ》と李承晩《イ・スンマン》らも帰国後、建準の枠組みを認め、彼らと協力せざるを得なかっただろう。ソ連軍が占領した北朝鮮地域はともかく、少なくとも韓国内の激しい左右対立と相互憎悪は避けられた。朝鮮人の代表としての正統性を確保した建準が朝鮮人民の一致した意思を米軍政に伝えていたならば、朝鮮半島の分断も阻止できたのではないだろうか。

改めてこれまでを振り返ってみると、朝鮮の分断を決定付けたのは、1945年12月16日から26日まで開かれたモスクワ三国外相会議の結果をめぐって起きた左右対立だった。米ソはこの会議を通じて朝鮮人のための臨時政府を作り、これを援助するために両国が参加する共同委員会を設けることで合意した。この共同委員会は朝鮮の民主的政党と社会団体と協議し、「最長5年にわたる4カ国による信託統治に関する協定」を決定できた。この合意案は冷戦を控えた米ソが辛うじて到達した貴重な合意だった。

しかし、モスクワ三国外相会議の合意案が公開されたあと、朝鮮半島は大騒ぎになった。ただでさえ双方に憎悪を向けていた左右が信託賛成と信託反対に二分されたからだ。朝鮮人はこの合意を単純に「朝鮮に5年間信託統治がなされる」と受け取ったが、合意文をよく読めば、それに先立って朝鮮人で構成された統一された臨時政府を構成するという条項を確認することができる。

風前の灯火のような民族の将来を考えると、「信託反対」だけを掲げる状況ではなかったのだ。

時間を遡って、もし、9月4日の建準拡大委員会で左右が建準という枠組みの中で団結できていたならば、もう少し合理的かつ理性的な討論が可能だったかもしれない。そのような意味で、同日の建準拡大委員会の決裂は、解放後の朝鮮半島に悲劇をもたらした最初の分岐点であったと評価できる。もちろん、当時の朝鮮の政治状況を冷静に観察すると、この破局は必然であったとの見解もある。李庭植は、この決裂について次のように評した。

この2つの勢力（左右）が素直に受け入れられる135人の名簿を作り出すことはほとんど不可能だった。そのためには植民地時代の歴史があまりにも複雑だった。三・一運動後に生まれた左翼勢力は既成勢力を排斥した。例えば、左右の勢力分布問題を解決しなければならないが、問題を解決する手がかりをつかむことが難しかった。国民選挙の結果によるとわからないが、果たして3：7の割合で行うのか、5：5の割合で行うのかという問題だけを見ても、双方が合意できなかった。1927年から1930年まで存在した新幹会をめぐる左右の反目を見ればわかる。（*17）

この日、建準副委員長に選出された許憲は、金炳魯、李仁とともに日帝時代を牛耳っていた弁護士だった。許憲は1928年末、光州学生運動で逮捕され弁護士資格を剥奪、日帝末期には短波放送事件に関与して1943年3月6日に逮捕され、2年以上収監生活を送った。彼は共産主義者ではなかったが、娘が共産主義者の許貞淑《ホ・ジョンスク》（1902～1991）で、娘婿が、朴憲永や金丹冶《キム・ダンヤ》（1901～1938）とともに若い共産主義者「トロイカ」（三人党）と呼ばれた林元根《イム・ウォングン》（1900～1963）だった。そのため許憲は、右派の李仁や金炳魯とは異なる左翼的色彩を持つ独特の存在だった。

許憲は安在鴻との不和で危機に陥った呂運亨が協力を求めてきたとき、積極的に応じた。「私はすべて呂先生に任せる。私は先生を信じてすべての知恵を絞り出して助ける」と手を差し伸べた。（*18）

居場所を失った安在鴻は、建準を離れるしかなかった。彼は9月10日、京城府内に配ったビラ「朝鮮建国準備委員会と余の立場」を通じて、「主見相異（主要見解が異なる）による矛盾を解消するため、建準副委員長の職を離れた」と明らかにした。その余波は非常に大きく、安在鴻という安全装置が消えると、わずか2日後の6日、共産主義者は朝鮮人民共和国〝建国〟を宣言して暴走する。解放直後に起こった数々の騒乱が「昔話」になった3年後、安在鴻は次のように記した。胸を抉るように激しく諦観した文章だ。

我々が建準本部で昼夜を問わず邁進しているとき、米ソ両軍が38度線で南北を分断占領することになったとのニュースを聞いて、私はとめどもない熱い涙を流した。しかし1945年の早春頃にそれらしい世界の消息は聞いたことがあったが、同年2月11日にクリミア半島のヤルタでスターリンとルーズベルト、チャーチルの間で、1904年当

時の帝政ロシアの既得権益を承認するヤルタ協定[e]が行われたことは知らなかった。私はその当時、建準を通じて民共協働で分裂対立を未然に防ごうとしたが、これは意味のない努力だった。民共双方とも国際情勢に疎く、また事大主義的だった。9月4日、私が完全に建準を離れた数日足らずで、朝鮮人民共和国が結成された。

次の節では右派が待ちわびていた金九と大韓民国臨時政府の解放前後の動向に目を向ける。

[e] しかし、ヤルタ協定で朝鮮半島分割が決まったわけではない。ヤルタ協定にはソ連が参戦すれば、米国はその見返りとしてサハリン南半分と千島列島などを保障するという内容が含まれているだけだ。当時までは朝鮮半島は米ソの主な関心事ではなかった。

第12節 痛恨の米韓共同作戦

いま私は(中略)完全に個人の資格で帰国を許されたことを十分に熟知していることを貴下に確信させたいと思います。

金九

金九のため息

「倭敵が降伏するそうです」

金九《キム・グ》がこの衝撃的なニュースを初めて聞いたのは1945年8月10日夜、中国陝西省西安ででであった。彼は臨時政府が長い間念入りに準備してきた「禿鷲作戦」(Eagle Project)の実施を控えて、臨時政府庁舎がある重慶を離れ、西安に留まっていた。訓練を終えたばかりの光復軍兵士を励まし、米国戦略事務局(Office of Strategic Services:OSS)と作戦を調整しなければならなかった。

金九は3日前、光復軍第2支隊本部がある西安郊外の杜曲でウィリアム・ドノバン（William Donovan）OSS司令官と最後の会議を開いた。第2支隊本部事務室正面右側の太極旗の下に金九が座り、その前に光復軍幹部が列席した。ドノバンはこの席で、「ただいまからアメリカ合衆国と大韓民国臨時政府が共同の敵、日本に抵抗する秘密工作を実施する」と宣言した。翌8日には、金九とドノバンが見守る中、朝鮮人兵士たちがこれまで受けた訓練を点検する模擬実戦訓練を実施した。金九がニュースを聞いたのは、それからわずか2日後のことだった。

この日の夜、金九は祝紹周《しゅくしょうしゅう》陝西省長の招待を受けて彼の家で夕食をともにしていた。真夏、中国内陸に位置する西安の夜は蒸し暑かった。食事を終えた一行は、暑さを和らげるために客室でスイカを食べながら談笑していた。そんな中、突然電話が鳴った。祝省長は「重慶から何か便りがあるようだ」と急いで電話室に駆けつけた。しばらくして祝省長は金九に驚くべき事実を伝えた。日本が降伏したという話だった。

金九は言葉を失った。この時の悲痛な心境を『白凡逸志』に次のように記している。「このニュースは私にとって朗報というより、天が崩れ、地が消えることだった。数年間努力して参戦を準備したことも全て無駄になってしまった。（中略）ところが、そのような計画を一度も実施することもできず、倭敵が降伏したのだから、今まで傾けた努力が惜しくて、来たる日が心配になった」（*19）。金九は急いで祝省長の家から飛び出して自動車に乗り、杜曲に戻った。すでに街頭は日本の降伏を喜ぶ群衆で人だかりができていた。

朝鮮の右派は、臨時政府の正統性はもとより、実力にも大きな期待をかけていたが、現実は冷徹だった。臨時政府は米国とソ連はもとより、長い間友好的な支援を惜しまなかった蒋介石の国民政府からも承認を受けられずにいた。臨時政府の立場からはありえないことだったが、それには理由があった。米国は臨時政府を朝鮮のすべての政治勢力を代表する正統性のある準政府ではなく、半島の外で活動する独立運動勢力の「一派」と見ていた。臨時政府を承認するということは、朝鮮が解放されれば、臨時政府がそのまま朝鮮半島の正式政府の地位を得ることを意味する。臨時政府は本当にすべての韓国人の意思を代表する、正統性のある政府になれる機関なのか。この点が明確でない状況で臨時政府を承認すれば、解放後、朝鮮人が自由で独立的な選挙を通じて自らの政府を選択する権利を制約する危険があった。

同時に、臨時政府の承認は世界に複雑な波紋をもたらしかねない敏感な国際問題でもあった。米国は欧州だけで8つの亡命政権を相手にしなければならなかった。彼らに適用される共通原則は、第2次世界大戦の結果、解放された国家で、その国の市民が「自由で独立的な選挙」を通じて政府を樹立するということだった。[*20] また、他の連合国との関係に及ぼす影響も考慮しなければならなかった。米国が臨時政府を承認すれば、極東情勢に神経を尖らせるソ連はもちろん、植民地ネットワークである大英帝国を通じて繁栄を維持する英国を刺激する恐れがあった。臨時政府が中国政府の圧倒的な影響力の下にあるという点も気になるところだった。ややもすると、朝鮮半島が日清戦争以前のように中国の圧倒的影響下に置かれることになりかねない。

臨時政府はこの問題解決のために血のにじむ外交努力を注いだが、訴えが厳しい現実を変えることはできなかった。臨時政府を代表する李承晩《イ・スンマン》駐米外交委員部は、１９４２年から解放に至るまで、実に30回余りにわたって国務省、陸軍省、ホワイトハウスなどに臨時政府を承認すること、１９４１年３月に施行された兵器貸与法によって軍事支援をすることを粘り強く要求した。だが、米国はその都度拒絶し態度を変えなかった。

外交では複雑な懸案は先送りすることが原則だった。米国は臨時政府を承認する代わりに、解放後の朝鮮でまずは信託統治を実施するという立場を固守した。一例として、コーデル・ハル（Cordell Hull）国務長官は１９４３年４月21日、臨時政府の承認を要請するオダニエル（W.Lee O'Daniel）上院議員に、「朝鮮関係の懸案は米国の関心だけでなく、連合国諸国が関心を持つ問題」（＊21）として、「自由に向けた諸民族の念願に対する米国政府の立場については、貴殿も（米国と英国が１９４１年８月公布した―引用者注）大西洋憲章[a]など一連の声明についてよく知っているだろう」という原則論を繰り返した。戦争が終わり朝鮮を独立させることはあるが、それは臨時政府を承認することを意味しないということだった。

大長征

東京の日本神学校（訳注―１９３０年から１９４３年まで存在）で学び、学徒兵として半強制的

［a］「米国と英国は領土やいかなる勢力拡張も追求しない」「すべての国民がその中で営む政府の形態を選択する権利を尊重する」などの内容が盛り込まれていた。

に志願することになった青年、張俊河《チャン・ジュンハ》（１９１５〜１９７５）は１９４４年７月、江蘇省徐州郊外に駐屯する日本軍部隊で、同志３人とともに鉄条網を越えた。彼ら脱走兵の純情な願いは、遠く離れた重慶にある大韓民国臨時政府に合流し、祖国独立のために命を捧げて戦うことだった。

ひたすら大陸を西進していた張俊河一行は、安徽省阜陽市臨泉県で別の脱出学徒兵である金俊燁《キム・ジュンヨプ》（１９２０〜２０１１）と出会った。張俊河は生涯の同志となる金俊燁の助けで、中国中央軍官学校臨泉分校の韓国光復軍幹部訓練班に入隊した。しかし、ここでの訓練は退屈だった。祖国解放に貢献するためには、一日も早く臨時政府に合流しなければならなかった。臨泉を離れた張俊河、金俊燁ら50人余りの青年たちは2カ月余りの長征の末、翌年1月31日午後、夢にまで見た臨時政府庁舎に到着した。

学生たちを迎えた臨時政府は、喜びを抑えることができなかった。朝鮮人学徒兵の集団脱走のニュースは、中国国民政府の戦時首都重慶に集まっていた各国外交団に衝撃を与えた。ＯＳＳ所属で朝鮮語を解したクラレンス・ウェームズ（Clarence Weems）大尉は彼らを見て、金九に「先生、鴨が葱を背負ってやってきましたね」と声をかけた。それ以降、重慶に駐在していた西欧のマスコミと大使館関係者の臨時政府への態度が大きく変わることになる。

だが、夢にまで見た臨時政府庁舎にたどり着いた学生たちは、分裂した臨時政府の無気力ぶりを目の当たりにして失望を深めた。臨時政府の各政派は、青年たちを自らの陣営に引き入れるために血眼だった。青年たちは競争のように繰り広げられる歓迎会に当初は感謝したが、競争は分裂の表れ、それが「臨時政府の構成であり、その性格」(*22)であることを知ることになる。彼らは、政府庁舎さえも借りているのに、派閥は椅子の数よりも多いと陰口を叩いた。
張俊河一行が到着して2週目の月曜日、彼らは毎月1回重慶市内で開かれる臨時政府内務部主管の同胞の集いに参加した。そこには臨時政府の閣僚と100人近い同胞が青年たちから懐かしい故国の消息を聞くために集まっていた。だが、張俊河はここで後日自らを窮地に追い込むことになる反骨気質を露わにした。

私たちは先輩方の力に少しでもなりたくて、いや、その手足になろうとして、何度も死線を越え数千里を歩き、やっとの思いでここまでたどり着きました。ですから、日本軍として中国に配置されたことは幸いでした。日本軍として中国に連れてこられて、最初に行ったのが脱走計画でした。

ところが、私たちはここ最近、一日も早く重慶から発ちたいと話しています。私も率直に言って、ここを離れたくなりました。むしろ重慶に来ることなく、皆さんを尊敬し続けることができたら、どれほど良かったでしょうか。できることなら、ここを離れて再び日本軍に戻りたい。日本軍に戻ったら必ず航空隊を志願します。そして、重慶爆撃を志願し、この臨時政府庁舎に爆弾を落としたい。

それはなぜか。先生方は奴らから受けた悲しみを忘れてしまったのですか。屈辱を晴らす気持ちがあるのなら、臨時政府で足の引っ張り合いをするわけがありません。(*23)

張俊河の「爆弾発言」は波紋を呼んだ。実際、彼の発言は度を越したものだった。中国国民政府が重慶に首都を移すと、日本は1938年12月から1943年8月まで218回にわたり大規模な空爆を行い、死者は1万人を超えていた。同胞の集いは修羅場となり幕を閉じた。侮辱された臨時政府は緊急国務会議を開き対策を議論した。会議が始まって20分後、申翼熙《シン・イクヒ》（1892〜1956）内務部長が張俊河を捜しているという知らせが届いた。申翼熙は顔を赤く上気させ肩で息をした。

「三・一運動の血で建てられた臨時政府をあのような妄言で侮辱するとは……」

張俊河は申翼熙に引き連れられ国務会議室に入った。正面の椅子にはどっしりとした体格の金九が座っていた。金九は「まず将軍の話を聞いてみよう」と声を発した。張俊河は改めて率直な感情を吐き出した。

わずか10日間余りで私たちが目にした臨時政府は、私たちが慕っていた臨時政府とは異なることを知りました。（中略）日本軍を脱走し長い行軍を経る前に描いていた臨時政府は、一致団結した愛国闘争の本営でした。しかし、その期待は私たちの幻想だったのではないかと懐疑を抱くようになりました。

張俊河の言葉を聞き終えると金九は微笑んだ。

「将軍、もうよい。出て行け」。張俊河はその言葉に押し出されるように国務会議室から退出した。若かりし金九であれば、張俊河をその場で処断していただろう。国務会議室で怒号が飛び交った。声の主は金九が属する臨時政府内の与党である韓国独立党を牽制する、野党の柳林《ユ・リム》（1898〜1961）国務委員と金元鳳《キム・ウォンボン》（1898〜1958）軍務部長などだった。張俊河の発言騒動は申翼熙の謝罪で幕引きとなり、幸いなことに張俊河には何事も起こらなかった。

禿鷲作戦

臨時政府の分裂に失望した青年たちに思いがけない転機が訪れたのは1945年4月のことだった。朗報を伝えたのは、西安にいた李範奭《イ・ボムソク》（1900〜1972）光復軍参謀長兼第2支隊長だった。祖国解放のために行動したくてやきもきしていた青年たちに、「西安の第2支隊は米軍と共同して朝鮮半島に浸透する作戦を準備中」という事実を伝えた。願ってもみない知らせを聞いた張俊河の心臓は激しく鼓動した。

1940年9月17日、臨時政府の国軍として創設された光復軍は、堂々たる連合軍の一員として対日戦争に参加することを願った。1941年12月7日、日本の真珠湾空襲で太平洋戦争が始まると、臨時政府は10日、金九主席と趙素昂《チョ・ソアン》外務部長名義で、「韓国のすべての人民は、韓国と中国、西太平洋から倭寇を完全に駆逐するために、最後の勝利を収めるときまで血の闘争を続ける」という対日宣戦声明書を発表した。しかし、内陸の重慶で国民政府の強い統制下にあった臨時政府にできることは、そう多くなかった。

反転の機会は迫ってきた。戦時下の1942年6月に設立されたOSSはこの頃、欧州戦線の勝敗はほぼ決したため組織存亡の瀬戸際にあり、近く行われる日本本土決戦で功を上げようと焦っていた。そのような時期の１９４４年10月頃、李範錫は中国戦区ＯＳＳ秘密情報課責任者に対日戦での米国と朝鮮の協力を提案した。ＯＳＳは以前とは違って、真剣に検討を始めた。

日本本土侵攻は数十万人の命をかけなければならない、極めて困難な軍事的挑戦だった。外見が日本人と変わらず、日本語を駆使する朝鮮人を活用することができれば、さまざまな面で作戦を支援することができるかもしれない。ソ連の動向も気になるところだった。ワシントンはこの頃、極東ロシアに約20万人の朝鮮人が居住しており、ソ連が彼らで構成する２、３個師団を編成している（＊24）という情報[b]を事実であると判断していた。ソ連はすでに朝鮮人で編成された大規模軍事組織を保有しているので、米国も対抗して朝鮮人を軍事的に活用する方途を見出さなければならなかった。

禿鷲作戦が具体化しはじめたのは１９４５年1月末、張俊河など青年らが重慶に到着してからだった。これら青年は先日まで日本軍の兵士であり、長くて苦しい長征を乗り越えた愛国者であり、何よりも大学や専門学校で最高水準の教育を受けたインテリだった。同年２月からこの学徒兵出身者を朝鮮に送り込み、諜報員として活用するという「禿鷲作戦」が立案されはじめた。この計画は、いくつかの検討段階を経て、３月中旬にウェデマイヤー米軍中国戦区総司令官の最終承認を得た。（＊25）

禿鷲作戦は米軍が朝鮮人隊員たちに３カ月間情報・通信訓練など施し45人を選定して、京城・釜山・平壌・新義州・清津など朝鮮半島５つの戦略地点に侵入させるという構想だった。彼らの任務は各地域の海軍基地や兵站線、飛行場、軍事施設、産業施設、交通網などに関する情報収集だった。あわせて連合軍の本格的な朝鮮上陸が行われれば、朝鮮での地下活動などに関する有用情報の収集や朝鮮人の大衆蜂起を支援することなどに任務を拡大する予定だった。

作戦への参加を決心した張俊河らは4月29日、重慶臨時政府庁舎に集結した。彼はこの日を「日本の降伏までわずか3カ月半しか残っていないとは想像もつかない、うんざりする中国の春の日の朝」(*26)と回想した。

青年たちを前にした金九が「君たちの若さがうらやましい」(*27)と別れの挨拶をした。そして13年間、胸懐に入れていた時計を高く掲げた。

本日4月29日は、私が尹奉吉《ユン・ボンギル》君を死地に送った日だ。また、今がまさにその時刻である。君たちも知っていよう。今日は上海虹口公園で爆弾を投げて白川義則大将（上海派遣軍司令官）を殺した奉吉君が私と時計を換えて旅立った日なのだ。

青年たちは李範奭の引率で米軍トラック4台に分乗し重慶飛行場に移動した。彼らは3時間の

［b］1945年当時、沿海州に居住する朝鮮人は少なかった。1937年にスターリンの命令によって多くの朝鮮人が中央アジアに強制移住させられたからだ。またソ連が満州地域の朝鮮人ゲリラをソ連軍に編入したことは事実だが、2、3個師団のような大きな規模ではなかった。

大韓民国臨時政府と米軍OSSの共同作戦である
禿鷲作戦を共同指揮した金九主席と
ウィリアム・ドノバン少将。

空路を経て午後2時に西安飛行場に到着した。そこで再びトラックに乗り換えて、飛行場から西北に16キロほどの杜曲にある光復軍第2支隊本部に到着した。ここに韓米合同指揮本部が設置されていた。隊員たちは5月1日の、予備訓練を皮切りに「禿鷲作戦」の指揮官であるクライド・サージェント（Clyde Sargent）大尉の下で本格訓練に突入した。

張俊河は魯能瑞《ノ・ヌンソ》と李啓玄《イ・ゲヒョン》、金聖煥《キム・ソンファン》の3人の隊員とともに、最も重要な京城地域投入組に配置された。魯能瑞は無線送信、李啓玄は拳銃射撃に長けており、金聖煥は大学時代にボクサーとして活躍するなど強い腕力を誇った。張俊河はこのチームを率いる組長として情報と組織の責任を負った。

8月4日、すべての訓練が終わった。36人の隊員は、ほどなく戻ることのない旅路に踏み出さなければならなかった。張俊河は心を整理するためにしばらく部隊を離れ、中国人市場で頭を丸刈りにした。そして、これまで書いてきた日記7冊、日本軍から脱走したあとで学徒兵同期と作った雑誌『灯火』5冊と『祭壇』2冊を取り出した。その上に遺書1通を載せて大きな封筒を1つ作り、雑誌を載せて二重に丁寧に包んだ。封筒には2つの住所を書いた。1つは両親、もう

1つは朝鮮に残してきた妻の実家の住所だった。残りの持ち物すべて燃やしてしまった。張俊河はこの小包を1年余りの苦楽をともにした金俊燁の、妻ミン・ヨンジュに任せた。その日は日本軍から脱走して1年と29日目だった。

光復軍第2支隊員と米軍OSS教官。
中央が光復軍参謀長兼第2支隊長の李範奭

作戦変更

8月7日に金九とともに杜曲を訪れたドノバン司令官は9日、再びここを訪問した。10日には、これまで訓練を実施したサージェントの代わりに侵入チームを指揮するウィリス・バード（Willis Bird）中国戦区ＯＳＳ副司令官（中佐）が訓練基地に移動してきた。張俊河は「時が到来した」と気を引き締めた。

しかし、すぐにでも出されると思っていた出撃命令は、なかなか下されなかった。朝鮮人青年たちの焦燥感を知ってか知らずか、ドノバンと金九、池青天《チ・チョンチョン》光復軍司令官、李範奭などの会談はますます長くなっていった。張俊河は知らなかったが、すでにそのとき150万のソ連軍がソ満国境を越えて満州の地に雪崩れ込むように侵攻を始め、広島と長崎に原子爆弾を投下された日本は大きな衝撃を受け動揺していた。日本の降伏が迫ったのだ。

会議を終えた李範奭は青年たちに、「数時間後にも出動できるよう特別待機せよ」と指示した。隊員たちは必要な通信装備や武器、食糧、携帯品を再確認した。しばらくして、日本がポツダム宣言を受諾したというニュースが伝えられた。

突然の展開に光復軍第2支隊司令部は大騒ぎになった。戦争が終わったという事実ほど喜ばしいことはなかった。しかし、張俊河の心境は複雑だった。命をかけて日本軍を脱走し、訓練を終え、計画されていた作戦に投入されないまま戦争が終わったからだ。張俊河は当時の心情を「喜びのあとに失望が、失望のあとに喜びが湧き上がり胸中を交差した」と描写した。他方の米軍教官と軍人たちは、勝利の興奮で、秩序が乱れていることにも気づかなかった。(*28)「シンチョル同志、どうした」。深い歓喜と失望の中で途方に暮れている張俊河の肩を友人の金俊燁が叩いた。この頃張俊河はキム・シンチョル、金俊燁はキム・シンイルという仮名を使っていた。金俊燁は笑顔で握手を求めた。張俊河は握手の代わりに彼の体を抱きしめて泣き出した。

だが、作戦は中止されたわけではなかった。終戦にあわせて任務が修正されただけだった。日本が降伏したので、当初の「禿鷲作戦」のように敵地に侵入し、情報工作を行う必要はなくなった。その代わり、OSSは東北野戦司令部を編成し、禿鷲作戦チームを急ぎ朝鮮半島に派遣することを命じた。彼らの新しい任務は①情報収集②日本の文書押収③連合軍捕虜の救護・送還などに決まった。しかし、これらの任務は米軍が日本との交渉を通じて進めざるを得なかった。したがって、米軍が主体となり、光復軍は通訳など補助的役割にとどまらなければならない状況だった。新作戦の責任者は、10日杜曲に移動してきたバード中佐に決まった。

ＯＳＳは新作戦の戦略的価値を高く評価していた。ドノバンはウェデマイヤーに、「もし、ロシア人が韓国と満州に到着したとき、私たちがそこにいなければ、私たちは（そこに）２度と入ることはできないだろう」（＊29）と報告した。ソ連に対抗するためには、少数でも米軍が朝鮮半島に存在するという既成事実が必要だという論理だった。禿鷲作戦チームは太平洋戦争開戦以降、朝鮮半島に正式に進軍する最初の連合軍部隊となるはずだった。

光復軍は光復軍で8月11日、池青天を指揮官とする国内挺進軍を編成した。これに伴い張俊河の新しい任務は朝鮮への挺進になった。李範奭は13日朝、虚脱感に陥った数人の精鋭隊員を呼び出し、米軍とともに朝鮮の地を踏むことになるという事実を伝えた。

「全員集まったか」

「はい」

「本日午後、私は韓国に戻る計画だ。ここに集まった同志たちも私と行動をともにしなければならない。以上」（＊30）

光復軍、汝矣島に着陸す

「ああ、そのとき、その風の匂い、その空気の熱気、ゆらぐポプラの陽炎、それらは瞬間的だったが何も見えなかった」（＊31）

バード中佐率いるＯＳＳ隊員18人と李範奭、張俊河、魯能瑞、金俊燁の光復軍国内挺進軍４人を乗せた米軍Ｃ－47輸送機が18日午前3時30分、西安飛行場を離陸した。順調な飛行が続き、午前11時頃、飛行機の窓から仁川沖の島々が見えはじめた。高度を下げた機体は漢江の下流に向けて方向を変えた。5分ごとに米軍輸送機と日本軍の間で緊迫した無線連絡が続いた。機体はやがて永登浦を経て汝矣島《ヨイド》滑走路（ソウル特別市永登浦区）に向かって高度を下げた。張俊河は1971年に出版した回顧録『石枕』で、輸送機から降りて朝鮮の地を踏んだ時間を18日午前11時18分と記している。

当時、朝鮮に駐屯していた日本陸軍第17方面軍は、ＯＳＳの突然の京城到着について何ら事前連絡を受けていない状態だった。現地部隊のみならず、大本営さえも知らなかったことだろう。日本が連合国に「無条件降伏」の意思を示したのは事実だが、軍の指揮命令系統は降伏の手続きについて何ら指示していない。したがって、中国戦区米軍が推進した禿鷲作戦チームの京城入りは、良く言えば大胆で、悪く言えば成果欲が先行したものだった。

日本軍が米軍の突然の登場を喜ぶはずがなかった。バード中佐一行は着陸と同時に重武装の日本軍に囲まれた。敗戦による虚脱感に包まれた彼らがどう動くのかわからなかった。輸送機から50メートルほど離れた格納庫には、1個中隊が日本刀を抜いた将校とともに待機していた。戦車の機関砲も彼らに照準を合わせていた。沈黙の対峙が10分余り続いた。まず米軍が日本軍の高級将校たちが居並ぶ方に一歩ずつ近づき始めた。その場に来ているのは、上月良夫司令官や井原潤二郎参謀長ら第17方面軍の首脳部だった。上月が尋ねた。

「何をしにまいられたのか」(*32)

米軍は永登浦上空から撒いたビラを差し出した。これを見た上月は「京城入りした理由はわかるが、まだ大本営から何の指示も受けていない。帰ってほしい。兵士たちが興奮しているので、身辺の責任を負うのは難しい」と話した。バードは「天皇がすでに連合軍に無条件降伏した。これからは東京の指示は必要ない」と対抗したが、上月は動じなかった。

バードは最初に朝鮮の地を踏んだ連合国の将校として、朝鮮を解放したという名誉を得ることを望んでいた。そのためか、今回の作戦にOSSの記者ハワード・リバーマン（Howard Lieberman）を同行させた。活動を記録し、ワシントンと全世界に知らせるための「プレスリリース」を試みたわけだ。しかし、これは中国戦区OSS司令官、リチャード・ヘップナー（Richard Heppner）の命令に違反していた。(*33)

興奮した日本軍兵士は銃で威嚇し、すぐにでも攻撃できる姿勢をとった。張俊河は彼らに劣らず怒った李範奭が引き金に指をかけて、日本軍に発砲してしまうのではないかと気が気でなかった。仮にそうなれば、皆殺しされることは目に見えていた。険悪な雰囲気に圧倒されたバードは、日本軍が米軍に協力する意思がないことを悟った。作戦遂行が不可能な状況でむやみに対峙を続ければ、最悪の事態に陥りかねない。バードは帰還するための燃料を日本軍からもらい受けて、翌19日京城を発つことを決心した。

その夜、日本軍はバードが率いる部隊のために、夕食を兼ねたささやかな宴席を用意した。汝矣島滑走路部隊の参謀長である上田中佐が一行にビールを勧めた。酒肴として出されたのは、天ぷらや卵焼きなど貧素なものだった。李範奭が尋ねた。

「なんだ、ありったけの物を用意してこれか。物資がこんなに少ないのに、なぜ国民の犠牲を強いたのか」
「我が軍の状況が状況だったのでしょう。さあ、酒でも飲んでください」
「ああ、そうしよう。あんたは空軍だと。日本空軍の軍歌でも歌ってみたまえ」

夜が明けると張俊河は水筒に故国の水をいっぱいに満たし、紙袋を作って一握りの土も入れた。李範奭と隊員たちは日本軍の監視をくぐり抜けて京城へ入る抜け道があるか調べたが、やめた。隊員たちは昇る朝日を眺めながら「愛国歌」を歌った。午後3時半頃、平壌から燃料を空輸する飛行機が到着した。午後5時頃、22人の隊員は再びC-47輸送機に乗り込んだ。

OSSは20日帰還した隊員たちに、「再び京城に戻り、日本軍にしばらく抑留されることがあっても留まること」と命令した。バードは「日本軍は私の指示を聞こうとせず、戦車で威嚇して『京城を離れろ』と言った」と反対した。バードは22日午後、重慶に飛んでウェデマイヤー司令官に禿鷲作戦チームが再び京城入りすれば、隊員22人が処刑される可能性があると上申した。現場を確認した作戦責任者がそこまで反対するのであれば、ウェデマイヤーは命令を撤回せざるを得なかった。

しかし、バードが予想できなかった事件が発生した。京城に連れて行ったOSSのリバーマン記者が書いた記事が公開されたのだ。記事に添付された写真には、日本の軍人が米兵をビールと食事でもてなし、互いに軍歌を歌う写真などが含まれていた。翌日、世界中に公開された記事を見たウェデマイヤーは激怒した。彼はバードが中国戦区の米軍全体を辱めたと考えた。自分の指揮下にある部隊がいまだ降伏手続きを終えていない「敵」である日本軍と親睦を図っているように見えたためだ。ウェデマイヤーをさらに立腹させたのは、バードがOSSの記者と写真記者を連れていったにもかかわらず、朝鮮半島の捕虜収容所に拘束されている米軍と連合軍捕虜のための食糧と医薬品を持って行かなかったという事実だった。

怒ったウェデマイヤーは、これ以上OSSを信頼できなくなった。彼は朝鮮内の連合軍捕虜救出計画から禿鷲作戦を完全に排除せよと命じた。禿鷲作戦チームは28日、西安に復帰するよう命じられた。2日後、作戦は永遠に中止された。当初、このチームが遂行するはずだった連合軍捕虜の救護・送還などの任務は、まもなく朝鮮半島に進駐することになるジョン・リード・ホッジ(John Reed Hodge)中将が率いる米陸軍第24軍団が引き受けることになった。禿鷲作戦チームは10月1日、正式に解体された。(*34)

臨時政府の屈辱

重慶に戻った金九は「国内外同胞に告げる」という声明を発表した。この声明には、解放に関する臨時政府の情勢認識が比較的明確な言葉でまとめられている。金九は「我々が置かれている現在の階段は、復国任務をまだ完全に終わらせることができず、建国の初期が始まるための階段だ。したがって現下の我が任務は煩雑で複雑であり、我々の責任は重大だ」とした。続いて臨時政府は「最も早い時期に速やかに入国」し、「全国的普通選挙による正式政権が樹立されるまでの国内過渡政権を樹立するために国内外各層の各革命党派、各宗教集団、各地方代表と著名な各民主領袖会議を招集するよう積極的に努力する」とし、「国内過渡政権が樹立され次第、本政府（臨時政府）の任務は完了」したものと考えると明かした。臨時政府の活動計画は、呂運亨が建準を発足させた際に掲げた目標と似ている。金九も臨時政府の法統を掲げ、自らが朝鮮建国を主導する産婆の役割を担うと宣言したのだ。

しかし「煩雑で複雑」な建国任務を遂行するために「最も早い時期に速やかに入国」すると宣言した金九と臨時政府は、朝鮮半島に戻る手段をなかなか見つけられずにいた。金九は9月26日午後2時、蔣介石と会談して、臨時政府の帰国に協力してもらうこと、そして、「米国政府と交渉し、少なくとも非公式革命的過渡政権と黙認して入国させてほしい」と要請した。だが、蔣介石は「英米と交渉するから待て」(*35)と答えるのみだった。

臨時政府は米国とも激しく交渉した。趙素昂《チョ・ソアン》外務部長は8月14日、パトリック・ハーリー（Patrick Hurley）駐中米国大使と会談し、17日には金九と趙素昂が共同名義でトルーマン大統領に送る書簡も認めた。臨時政府が「韓国の運命に影響を及ぼすすべての公式・非公式国際機構に参加することを希望する」(*36)という内容であり、事実上、臨時政府を承認してほしいという話だった。

しかし、米国はそれを許さなかった。米国政府の公式立場は、臨時政府が「政府として帰国することは許さない」ということで一貫していた。だが、個人資格で帰国することまで止める理由はなかった。ディーン・アチソン（Dean Acheson）国務長官代理は9月21日、ハーリー駐中大使に「戦域司令官が承認する場合、国務省は（彼らの）帰国に反対しない」という指針を伝えた。もちろん、その前提は金九などが臨時政府要員ではなく個人資格で帰国しなければならないということだった。(*37)

重慶で張俊河たちが臨時政府にたどり着いた姿を見て、金九に「鴨が葱を背負ってやってきた」と話したウェームズ大尉はこの頃、米軍政要員として京城に入っていた。米軍政が金九を受け入れるかどうかを判断する基準はただ1つ、自分たちの朝鮮統治に役立つかどうかだった。ウェームズは9月28日、米軍政に臨時政府を肯定的に評価する報告書を提出した。しかし、金九の帰国は米軍政の権威に挑戦できる「政府」ではなく「個人資格」で行われなければならないということだった。統合参謀本部がマッカーサーに伝えた民政に関する初期基本指令（SWNCC176/8）にも、臨時政府やそれに類似した政治団体を公認または利用しないよう明確に禁止していた。(*38)

金九は解放の知らせを聞いてから何と2カ月半が過ぎた11月5日午前7時、重慶を離陸する飛行機に乗った。上海で約10日滞在した後、23日午後1時に米軍機に搭乗し、午後4時40分頃金浦飛行場に到着した。(*39)米国は臨時政府帰国の意味を薄めるため、要員を2回に分けて帰国させた。第2陣は12月1日上海を出発し、気象悪化で搭乗機が地方の飛行場に着陸したため、2日夕方になって京城に到着することができた。

臨時政府要員たちは帰国便に搭乗する前、自身の帰国が「個人資格」であることを誓約する同意書を提出した。金九が京城に到着する4日前の11月19日、ウェデマイヤーに送った書簡は次の

帰国直前の臨時政府要員（1945年11月、重慶臨時政府庁舎）彼らは「政府の帰還」ではなく「個人の帰国」であることを確認する書面同意書を提出することによって、祖国の土を踏むことができた。

とおりだ。

いま私は私と同僚たちが何らかの公的立場としてではなく、完全に個人の資格で帰国を許されたことを十分に熟知していることを貴殿に確信させたいと思います。さらに私は、韓国に入れば、私たちが個人的にも集団的にも、政府としてあるいは民間及び政治的能力を発揮する機構として活動することを期待しないという点を喜んで陳述します。私たちの目的は、韓国人に有利になる秩序を樹立する上で米軍政と協力することです。（＊40）

ＯＳＳの禿鷲作戦が成功していたならば、解放後の歴史は今とは若干異なる方向に流れていただろう。そう考える理由は、米軍主力は依然として沖縄にとどまっていたが、敏感な情報を扱うＯＳＳ要員が8月下旬から京城で活動を開始していたからだ。それに、ＯＳＳ要員には、彼らと「同じ釜の飯」を食べた李範奭など光復軍隊員が同行していた。したがって、米軍もまた次の節で記述する姿とは裏腹に、朝鮮総督府や日本軍が提供した「汚染された情報」に依存せず、客観的な朝鮮情勢を把握することができたはずだ。

金九と臨時政府の立場としても、忸怩たる思いは同じだった。李範奭たち禿鷲作戦チームは、米軍と苦楽をともにしてきた「戦友」だった。彼らが米軍政内で活動していたなら、初期占領政策を臨時政府に有利な方向に誘導することができた。金九も帰国に際して侮辱を味わうことはなかったかもしれない。しかし、禿鷲作戦は廃棄され、朝鮮占領という重大で困難な任務は、朝鮮という「騒々しくうるさい国」について何一つ知らないジョン・ホッジ米陸軍第24軍団司令官の手に任されることになった。

第13節 日本の欺瞞

朝鮮は米国の敵 ジョン・ホッジ

太平洋のパットン

米国イリノイ州の田舎町ゴルコンダ出身の52歳の男性が朝鮮占領という不慣れな任務を引き受けることになったのは、「運命のいたずら」だった。沖縄で激戦を繰り広げた後、師団再建に余念がなかったジョン・ホッジ第24軍団司令官は、8月19日に解放された朝鮮南部を事実上統治する在韓米陸軍司令官に任命された。この決定が下された理由はただ1つ、「物理的距離」だった。1944年4月8日、ハワイで創設され、太平洋の多くの戦闘で赫々たる功績をあげた第24軍団は、終戦直後の米国が運用できる、朝鮮半島に最も近い戦力だった。

ホッジ中将は部下が絶大な信頼を寄せる「野戦軍人」だった。単純で率直な性格で、戦闘指揮のスタイルは攻撃一辺倒だった。彼が米軍で軍団司令官という高位に就くことができたのは、太平洋戦争で収めたさまざまな成果のためだった。彼は米国反攻の転換点となったガダルカナル島の戦いに第25師団副師団長として参戦し、続いて第43師団長に昇進した。パプアニューギニアのブーゲンビル島の戦いでは最前線に立ち、部隊を鼓舞激励して負傷した。ホッジはその後フィリピンの戦いに参加し、日米両国でおよそ20万人が犠牲になった太平洋戦争最大の悲劇の現場、沖縄でも戦った。ホッジは数々の戦闘で見せた攻撃的リーダーシップで功労勲章と殊勲章を受章した。

米国メディアはこうしたホッジに「太平洋のパットン」というニックネームをつけた。敵の予測を覆す猪突猛進な作戦と口汚い悪口で、欧州と北アフリカ戦線で名声を轟かせたジョージ・パットン将軍に例えたのだ。この表現は生涯、ホッジについて回った。70歳で亡くなった彼を称える1963年11月13日付「ニューヨークタイムズ」の訃報にも、この表現が登場する。不幸にも多くの研究者が指摘するように、頑固で勤勉で決然としたホッジの指揮スタイルは、朝鮮南部占領のような複雑かつ微妙で高度な政治感覚が必要な任務には合わなかった。(*1)

第24軍団の朝鮮占領はホッジ本人の表現を借りると、飛行機が「緊急発進」するような速い速度で進行した。そして、最大の問題は情報不足だった。第24軍団軍史室が編纂した『駐韓米軍史』は、「軍団参謀陣は3週間後に到着する地域について知っている情報がほとんどなかった」と認めている。当惑した軍団参謀は、中国戦区に配置された偵察機がそれまでに撮影した航空写真をかき集め、沖縄の第28航空写真偵察中隊に朝鮮半島に対する追加偵察を要求した。(*2)

飛行機が緊急発進するかのように米国が朝鮮進駐を急いだ理由は、ソ連のせいだった。米軍は、ソ連軍が一般命令第1号を無視し、北緯38度線下まで南下を続け、京城を占領するかも知れないと憂慮していた。米統合参謀本部は24日、マッカーサーに「ソ連軍は米軍と遭遇しない限り、南進を中止する保証はない」と警告した。この話を聞いたマッカーサーはホッジに、「(トルーマン)大統領は速やかに朝鮮半島に移動することを希望する。迅速に移動しろという決定が下されたことを肝に銘じろ」と尻を叩き始めた。マッカーサーは29日、ホッジに再び「第24軍団が上陸する前にソ連軍が京城地域を占領している可能性を検討しなければならない」と催促した。(*3)

第24軍団は出発を急ぐほかなく、休暇で米国に戻っていたガービン参謀長は急ぎ復帰した。ホッジは8月28日、野戦命令第55号を通じて、「第7師団は9月3日夜から9月4日午前中に出発し、9月7日に夜が明けて満潮になる頃、仁川に上陸せよ」と命じた。

日米のショートカット交渉が始まる

この頃、朝鮮総督府は呂運亨ら朝鮮の政治勢力と妥協し、日本人の生命と財産を保障させるとした初期判断が重大な誤りだったことに気づいていた。そして、過ちを挽回する機会は十分残っていた。遠藤は8月29日、内務省からホッジ率いる米陸軍第24軍団が9月7日、仁川から上陸するという事実を伝えられた。(*4)ほどなく京城に進駐する米軍を味方にすれば、総督府に有利な朝鮮半島情勢を作り出すことは、いくらでも可能だった。

総督府はソ連の動向に神経を尖らせている米国の心理を見抜いていた。敵の敵は味方だ。総督府が米国から寛大な処分を引き出すには、ソ連の脅威を強調しなければならなかった。マッカーサーが朝鮮の状況について初めて具体的な情報を入手したのは、阿部総督が日本政府を通じて送ってきた8月29日付の電報を通じてだった。阿部総督はソ連が占領中の朝鮮半島北部の混乱を強調し、その影響が半島南部に及ぶ可能性があるという点を強調した。

朝鮮半島北部の状況は8月23日以降急速に悪化した。日本人の生命と財産は風前の灯火である。このような悲劇的状況を放置すれば、朝鮮半島南部も同様の状況に陥るだろう。各地域の日本の官憲は平和と秩序を維持するために極度の困難を経験することになるであろう。各地域の日本の官憲は、朝鮮半島南部で日本軍に代わって平和と秩序を維持する連合軍が早く到着することだけを指折り数えて待っている。また、連合軍が日本を武装解除し、行政機構を日本から引き継ぐ前に、朝鮮半島で起こっている実際の状況を十分考慮することを望んでいる。(＊5)

マッカーサーはホッジにこの電報を転電し、「注意深く読むこと」と指示した。しかし、ホッジはホッジで朝鮮に関する情報を収集するために努力していた。最も手っ取り早い方法は、カウンターパートナーとなる日本の第17方面軍とのコミュニケーションチャンネルを確保することだった。ホッジの第24軍団はすでに独自に「すべての周波数と交信符号を使って」(＊6)、第17方面軍に無線連絡を試みていたが、成果を上げられずにいた。だが、この問題はまもなく解決した。

連合軍総司令部が日本政府を通じて、第17方面軍司令官に「第24軍団司令官と東京時間8月31日8時までに暗号と英語による無線連絡を開始せよ」と指示したからだ。先日まではお互いを「鬼畜」と「ジャップ」と呼んでいた米国と日本が、朝鮮人を徹底的に排除した「ショートカット」を始めたのだ。

その後、第24軍団と17方面軍は数多くの電文をやり取りした。『駐韓米軍史』によると、当時の交信内容は、降伏の準備や朝鮮の情勢、朝鮮に居住する人々の動向などだった。この過程を通じて、日本軍によって加工されたさまざまな情報が白紙状態に近いホッジの頭の中に入り込んだものと推測される。上月司令官は9月1日、「朝鮮人の中には、現状を利用して朝鮮の平和と秩序を乱し、陰謀を企てる共産主義者と独立扇動家が存在する。警察は軍が支援する時だけ力を発揮することができる」と主張した。また、米軍が初めて上陸する仁川について、港湾労働者が「(共産主義に染まった)労働組合の教唆を受け、過度な給与支払いと食糧配給を要求することに不安を感じており、彼らがサボタージュをする可能性がある」と報告した。朝鮮人暴徒が日本人警察官を相手に行っている暴力行為、弾薬奪取、頻繁に発生するストライキに対する憂慮も伝えた。(*7)

状況を懸念したホッジは9月1日と5日の2度にわたってB-24爆撃機を飛ばし、朝鮮各地に大量のビラを撒いた。1日に撒いたビラの量はソウル7万枚、釜山3万5千枚など計13万枚で、2日間で約30万枚にのぼった。ビラ全文は9月1日付『毎日新報』に掲載された。朝鮮人はこの記事を読んで、朝鮮に進駐する米軍司令官の名前を知った。

米軍軍使は朝鮮の再建と秩序ある政治を実施するため、近日中に上陸します。これを実施するのは民主国である米国です。

朝鮮が再建されるかどうか、または早くなるかは、朝鮮国民の行動如何です。軽率で無分別な行動は、無意味に人命を失い国土を乱し独立を遅くするでしょう。現在の環境は色々と不満な点が多いと思いますが、将来の朝鮮のために冷静沈着に秩序を守り、国内に動乱が起きないようにしなければなりません。そして全力を傾け、平和産業に力を入れなければなりません。

このことを忠実に守れば、朝鮮は早く独立でき、また民主主義の下で幸せな生活を送る日が早く到来するでしょう。

上月司令官はビラの内容に大いに満足した。ホッジが散布したビラが、朝鮮の「平和と秩序を維持するのに非常に有益な結果をもたらした。特に共産分子の不法行為を止めるのに効果的だった。このような種類の声明書を今後も歓迎する」(*8)と謝意を示した。だが、朝鮮人の反応は真逆だった。「期待したような一刀両断の痛快さもなく、日本人に対する厳しい軍令もない」(*9)このビラの内容に「少なからぬ不満」を感じた。使用された3カ国語の順序が英語、日本語、朝鮮語という点も妙な不安感を抱かせるのに十分だった。敗戦国の日本を解放国の朝鮮より優遇する印象を与えたからだ。

「太平洋のパットン」こと、ジョン・ホッジ米軍政司令官。
「政治を知らない軍人」のリーダーシップと「最良の政治力」が
要求される朝鮮半島の情勢は不安定にならざるを得なかった。

終戦直後から部隊を動員して朝鮮の治安を維持してきた第17方面軍司令部は、米軍との意思疎通から自信を得た。9月3日には米軍の許可を得て、「日本軍は米軍が責任を引き継ぐまでは、北緯38度以南で朝鮮の治安を維持するとともに行政機関を存置する」とし、10日には「このために米軍機が朝鮮人に対して治安を維持するよう布告文を投下した」(*10)と発表した。兵力を背景に朝鮮の治安を掌握している現在の状況を戦勝国である米国が承認したという宣言だった。

一方で、朝鮮総督府の立場は第17方面軍司令部よりは複雑だった。日本軍は米軍進駐後、ポツダム宣言第9条によって「武装が解除された後、それぞれ家庭に戻れ」ば、それで終わりだった。しかし、総督府はそれ以降も朝鮮に居住する日本人の生命と財産を保護しなければならなかった。総督府の重要な関心事は、これまで自分たちが行使してきた朝鮮の治安権と行政権が誰に引き継ぐのかであった。もし米軍がソ連のように総督府を解体し、ただちに朝鮮人に治安権と行政権を渡すのであれば、日本人の安全は風前の灯火だろう。実際、朝鮮北部の日本人は敗戦直後から1946年12月まで強制収容されたまま病気と飢えに苦しみ、多くはその中で命を失った。朝鮮北部に住んでいた20万人以上の日本人はその苦しみに耐え切れず、38度線を越えて命懸けの逃避行を試みることになる。南側でこのような悲劇は防がなければならなかった。総督府は、効率的な統治のために既存の行政機構をそのまま活用しなければならないという論理で米軍を説得することを決心する。米軍がこれを受け入れれば、38度線以南で日本人の生命と財産を比較的安全に守ることができるようになる。

総督府は京城に進駐する主力が米軍であることを確認した直後の8月25日、彼らに提出する13項目の「朝鮮総督府希望事項」を作成した。(*11) 主な内容は「治安確保のために日本の憲兵と警察官を活用したい」「米軍が行政体制を確立するまで、朝鮮総督府などが存在する限り、従来のように全力を傾けたい」「朝鮮人思想主義者に日ソ、日米を仲違いさせる隙を与えてはならない」などだった。日本は降伏したが、総督府が朝鮮の治安を担当しつづけ、行政権も施行することを望んでおり、米国は共産主義者が絶対多数の朝鮮人独立運動家と距離を置かなければならないという内容だった。総督府は26日、米軍が行政を引き継ぐとしても、「できるだけ相手（米軍）は監督的地位に置き、実務は内地人が現在のまま」(*12) 担当し業務を進めるよう説得する交渉方針を決めた。

日本政府も訓令に乗り出した。内務次官は9月2日、遠藤に電報を送り、内地に進駐した米軍と交渉した経験を基に、「米軍との交渉は親切かつ率直な態度で臨み、もし条理に反することがあれば、忌憚なく主張しなければならない」(*13) と伝えた。萎縮することなく、米国人特有の合理主義を徹底的に利用し、主張することがあれば強く主張せよという助言だった。

万全の準備を整えた総督府は、米軍の先発隊を迎えた。チャールズ・ハリス（Charles Harris）准将を代表とする37人の先発隊が9月4日午前7時、8機のB-25爆撃機に分乗し、沖縄・嘉手納飛行場から京城に出発した。しかし、途中で暴風雨に遭い6機が帰還し、2機だけが金浦に到着した。(*14) ハリスは金浦から京城に空路で向かい、6日に到着した。

日米間の本格的な協議が始まったのはその日の夜だった。ハリスは戦前朝鮮に住んでいた知人から英語が堪能で誠実な日本人通訳官、小田安馬という人物がいると聞いていたので、飛行場からホテルに移動する車中で同乗した日本人に、「小田通訳官に会いたい」と話した。しかし、これは必要のない質問だった。質問した相手こそが、小田だった。(*15)

協議は日を跨ぎ7日午前3時まで続いた。ハリスは日本当局者に、正午までに行政参考資料を提出すること、米軍が占領することになる京城と仁川に米軍司令部が使用する事務室スペースを準備すること、米軍将校と約2千人におよぶ兵士の宿舎と病院、倉庫などの施設を提供することを要求した。総督府は総督府庁舎、総督官邸、朝鮮ホテル、半島ホテル、三井物産の建物などを充てた。また、万が一の事態を防ぐため、米軍の進駐前に、仁川と京城に残った日本軍は南部に移動することにした。米国は彼らに、「釜山や大邱まで南下せよ」と指示したが、日本側は「北朝鮮にいる日本軍が管下にある以上、軍司令部の移転先は大田が最適である」(*16) と主張し米軍に認めさせた。日本人を残して去っていく軍の心境は複雑だった。井原参謀長は朝鮮に残る穂積に無念の心境を残した。

残らんと念願せしもの、先ず去るべからざる運命、詠嘆の至りにして、かつまた、貴下御一統に相すまぬ次第、何とぞ御了解されたく、漢水ひややかなるを眺めつつ南山をふり返りつつ去る悲痛、50年ただ1回の恨事に御座候。(*17)

逆転の成功

7日の協議は午前10時から遠藤政務総監の執務室で行われた。米軍からはハリス准将とリームス・アルゴ（Reames Argo）大佐、総督府からは遠藤政務総監と水田財務局長、伊藤泰吉逓信局長、山名酒喜男《みきお》秘書官兼総務課長らが出席した。ハリスはそこで総督府が願ってもない言葉を口にした。朝鮮総督府がこれまでのように行政の実務を担当し、米軍は総督府の監督のみを実施するというのだ。ハリスが尋ね、遠藤が答えた。

「南朝鮮における行政を行うにあたり、現行の官庁執務中の役員および官庁の建物設備を引き続き使用したいが、可能か」

「貴官の意向は、朝鮮に軍政を施行するということか」

「軍政を敷くとは明言できない。朝鮮は、これまでのように総督・総督府の総括下におき、米軍司令官は、行政の管理・監督をおこなうという意向である」

ハリスの発言を聞いた遠藤は内心快哉を叫んだに違いない。総督府が全力を傾けてきた対米説得工作が見事に成功したのだ。朝鮮の新しい主人である米軍代表の提案がそのまま実施されれば、総督府官僚が朝鮮の治安と行政をこれまでどおり担当することができる。

ハリス発言には少し説明が必要だ。既存の統治機構をそのまま活用し、米国は監督するに止めるというのは、米国が日本本土で採用した占領統治形態だった。マッカーサーは、既存の日本政府機構を維持したまま連合軍総司令部を通じて監督のみを行う間接統治を選択した。だが、朝鮮は日本本土ではなく植民地支配から脱したばかりの解放国だった。総督府を使った間接統治を朝鮮に導入することは、日本の植民地支配を米国が継続させる意味と受け取らざるを得なかった。

遠藤はこのような重要な内容は口頭ではなく文書で確認しなければならないと考え、「本件は重要事項であるから、貴官の意思を書面にしてもらえるか」と尋ねた。だが、ハリスは「本件は、米軍司令官の決定権に属すので、私はあらかじめだいたいの内意を表明し、貴官らの準備を容易にするだけである」と文書化を拒んだ。すると遠藤は言葉を変え、「38度線以北から多数の共産党員が潜入している。ここ1週間の情報によると、総督、総監、軍司令官、参謀長などがテロの標的になっている。これら共産主義者は日米間の衝突と離間のためにこれを利用しようと策動している」(*18)と、共産主義者の脅威を改めて強調した。

朝鮮に進駐する米軍の率直な心理を示す記録が残っている。米軍先発隊の一員であるアルゴ大佐はその後、山名総督府総務課長と実務協議を進めた。山名が「朝鮮人は米軍を独立の福音をもたらす救世主として歓迎している」と話すと、アルゴは「ただ、苦笑いするだけ」と答えた。(*19)山名はアルゴの反応から、朝鮮人に対する米軍の認識が非常に否定的だという事実に気づいた。これはホッジも大差なかった。騒々しい朝鮮人よりも、慣れない占領業務を命じられた自分を誠心誠意手助けする日本人に感謝を感じたのか、1945年9月23日付『ニューヨークタイムズ』のインタビューでは、第24軍団の最高の情報提供者であると同時に朝鮮上陸を支援したのは、「朝鮮人ではなく日本人だった」(*20)と明らかにした。戦争が終わるやいなや、米国は日本を敵ではなく貴重な協力者と認識し始めた。『駐韓米軍史』はハリスが率いる米軍先発隊の活動について、彼らは「概して日本軍と交わり、そこから朝鮮人は除外された。このような理由から、一部の朝鮮人には先遣隊が日本人将校たちと友好的な態度で付き合い、朝鮮人とは遠く離れてホテルの中だけで活動しているように見えた」(*21)と自評した。

朝鮮解放に合意したカイロ宣言で米英中3カ国は、「朝鮮人民の奴隷状態に留意し、適切な時期に朝鮮を自由に独立させることを決める」と明らかにした。朝鮮人民が奴隷状態にあったとすれば、朝鮮人は敗戦国民ではなく解放国民であり、米軍も占領軍ではなく解放軍でなければならなかった。東京にいたマッカーサーは8月下旬、第24軍団に朝鮮人を「解放された国民として待遇せよ」という命令を出すが、ホッジは9月4日、第24軍団将校に「朝鮮は米国の敵」であると指摘し、したがって「降伏の諸規定が朝鮮に適用される」と述べた。(*22)この嘆かわしい米軍の変化について、ブルース・カミングスは自著『朝鮮戦争の起源』で、「1945年8月から9月の間に、占領軍の目には朝鮮人は準敵国人、日本は友好国の国民に映り変わった」(*23)と指摘した。

コラム

呂運弘の出迎え

米軍先遣隊と日本軍の間で朝鮮の未来を巡り、朝鮮人を排除した「ショートカット」が行われている頃、建国準備委員会は差し迫った本格的な米軍進駐への対応を準備することとし、近いうちに仁川から上陸してくる米軍と接触するために特使を派遣した。

建準特使に選ばれたのは呂運弘《ヨ・ウンホン》と白象圭《ペク・サンギュ》、趙漢用《チョ・ハンヨン》の3人だった。呂運弘は米国オハイオ州ウースター大学を卒業したのち、普成専門学校で英文学教授として勤務した知識人であり、白象圭もアイビーリーグであるブラウン大学出身、普成専門学校で英文学・経済学などを教えたインテリだった。

総督府と異なり米軍との通信手段を確保できなかった建準特使一行は事前に接触の調整ができなかったため、やむを得ず仁川沖に船を出してあてもなく米軍を待つ「出待ち戦術」をとることにした。

9月5日に米軍が上陸するという情報を入手した3人組は2日、仁川に向かった。彼らは仁川税関に勤めていたピョ・ヤンウォン、キム・ジェゴンなどとともに70トン級の船に3日分の食料を積み込んで仁川を出港した。船は速度を上げて、仁川港から50キロほど離れた徳積島まで進んだが、よりにもよってその夜台風に遭遇した。だが、4日には仁川から「米軍は8日に上陸する」という情報が伝えられた。すると情報のとおり午前3時になると、沖合に細い光の線が見え始めた。米軍が到着したのだ。

午前4時半頃には重厚な米艦隊の姿を捉えることができた。建準特使一行は船室で着替え、日の丸に重ね塗りして急拵えした太極旗を掲げた。(＊24) 一行は船を米艦隊に近づけては司令官が乗艦する軍艦がどこにいるのかを尋ねた。これを幾度か繰り返して揚陸指揮艦カトクティン(USS Catoctin,AGC-5) を探し出した。カトクティンに接近して大声で呼びかけると、「上がってこい」と舷梯が降ろされた。白象圭が先頭で舷梯を上り、呂運弘と趙漢用が続いた。いまだ日が昇らぬ夜明け前のことだった。

ガービン第24軍団参謀長が建準特使一行を出迎えた。呂運弘はガービンに呂運亨建準委員長のメッセージを伝えたあと、ホッジ司令官との面会を要求したが、ガービンはまず自分と話すべきだと拒んだ。ガービンの関心はソ連の動向、発電所の分布と現況、建準の性格や権限、組織形態、構成員などであった。一行はガービンに、建準について「組織結成の動機から活動状況まで漏れなく説明した」が、ガービンはいぶかしむ態度をなかなか変えなかった。呂運弘はこれを「(特使一行が) 仁川に米軍を迎えに行っている最中に人民共和国が誕生したが、私たちはこれを知らなかった。しかし、米軍はそれを知っていたから」と解釈した。もし、呂運弘の解釈どおりガービンが人民共和国成立の事実を知っていたならば、その情報源は総督府や日本軍だったはずだ。米軍は呂運弘らを慇懃にもてなしたが、警戒は緩めなかった。一行はガービンと朝食をともにしたあと甲板に上がって対話した。(＊25)

結局、建準特使一行が要求したホッジ司令官との面会は叶わなかった。ホッジはのちのインタビューで面会しなかった理由について、「彼らが日本人の支援を受けており」、特定政治勢力を支持するという印象を与えたくなかったためだと明らかにした。だが、ブルース・カミングスはホッジの回顧は偽りだと断定している。当時、建準を親日派と主張する勢力は韓国民主党しかなく、その事実を仁川沖のホッジが知る由がないためだ。(＊26)建準特使一行は所期の目的を達成することができなかった。

米艦隊は(9月8日)正午頃、仁川の月尾島に到着し、午後1時半頃に上陸を始めた。遠藤政務総監と総督府各局長、井原朝鮮軍管区参謀長らが仁川までホッジを出迎えに出てきていた。ホッジとともに仁川に上陸した「ニューヨークタイムズ」の従軍記者リチャード・ジョンストン(Richard Johnston)は8日、同紙に第24軍団が沖縄から「三日三晩」の航海を経て「隠遁の王国(Hermit Kingdom)」に到着したと報じた。

少なくない朝鮮人たちが米軍を歓迎するために月尾島海岸に集まった。しかし、集会は封鎖され、朝鮮人には歓迎の機会さえ許されなかった。午後2時頃、興奮した朝鮮人の集団が、仁川港入口の本町と宮町の交差点を規制している日本警察の警備線を突破しようとしたところ、日本軍人出身で編成された特別警察隊が彼らに発砲した。そのため、労働組合仁川中央委員長の権平根《クォン・ピョングン》と建準保安隊員の李錫雨《イ・ソクウ》の2人が死亡し、14人が負傷した。(＊27)死亡した朝鮮人の葬儀は10日午前10時、仁川のカトリック教会で府民葬として執り行われた。(＊28)のちに特別警察隊を被告とする裁判が開かれたが、米軍政は無許可集会への発砲は正当な行為だったとして無罪を言い渡した。

この騒動が終わってから呂運弘ら建準特使一行はカトクティンをあとにした。8日夕方だった。彼らは米軍防諜隊CIC所属の中尉のジープに同乗して京城に戻った。経過を報告する席で呂運亨は一行の功績を称えたが、呂運弘の告白どおり米軍進駐以後「政界混乱はますます激しくなる」ばかりだった。

第14節 人民共和国の誕生

これは――単純に小児病的な過激共産党員が作り出した1つの芝居だった。

呂運弘

突然の登場

朝鮮総督府が9月6日、朝鮮ホテルで米軍先発隊を幾重にも取り囲んで交渉を行っていた頃、京城ではさらなる波乱が起きていた。朝鮮人民共和国（人共）結成のための全国人民代表者大会が、京畿高等女子普通学校（ソウル市鍾路区。現在は憲法裁判所が所在）講堂で電撃開催された。（当時の）人々は人民共和国の出現を突拍子もない出来事と受け取った。それは、これまで左右合作を推進してきた安在鴻《アン・ジェホン》などが退き、朴憲永《パク・ホンヨン》に従う再建派共産党を中心に「建国準備委員会が改編されてわずか2日後の6日に突如として登場」したためだった。（*1）

なぜ建準が拡大会議を終えたわずか2日後に「人民共和国宣言」という無謀な決定を下したのかについては、依然として明確な経緯を確認できない。決定は呂運亨《ヨ・ウンヒョン》と朴憲永、許憲《ホ・ホン》、鄭栢《チョン・ベク》の4人が京城医専病院に入院中の許憲の病室で行ったと言われている。(*2)

専門家たちは人民共和国を、朴憲永や李康国《イ・ガングク》、崔容達《チェ・ヨンダル》など再建派朝鮮共産党重鎮が呂運亨を形式的な代表に据えて誕生させたと見ている。(*3) その見解には、そう捉えるしかない理由がある。朴憲永の「8月テーゼ」と共産主義者の影響力が強くなった建準「宣言文」に、人民共和国〝建国〟の根拠となる一節が含まれている。朴憲永は8月テーゼで「人民と連携し、(中略)彼らの代表を集めて全国的代表会議で最高指導機関を創設する」と宣言し、建準は宣言文で「真の民主主義実現のために強力な民主主義政権を樹立しなければならないだろう。この政権は全国的人民代表会議で選出された人民委員で構成されるだろう」と表明した。朴憲永の影響力が強く働いた2つの文書は、いずれも人民共和国の到来を予言していた。

人民共和国〝建国〟を主張した共産主義者の論理は、米軍進駐が目前に迫った以上、米国と折衝する「人民総意の集結体」が必要であり、人民総意の集結体は建準のような過渡期組織ではなく「人民共和国」のような正規の国家組織の形態を備えなければならないというものだった。

6日の全国人民代表者大会の開催時刻と参加人数については、記録がそれぞれ少しずつ異なる。「毎日新報」は「午後9時、1千人」、李萬珪《イ・マンギュ》は『呂運亨闘争史』で「午後7時、参加人員およそ1千人」と記録している。一方で大会に批判的だった朴馹遠《パク・イルウォン》は『南労党総批判』で参加人数を200〜300人とし、呂運亨の側近だった李東華は「午後4時、400人」としている。

全国人民代表者大会は共産党系が中心となり、呂運亨支持者が一部の席に着いた中で行われた。李東華はこれについて、「あまりにも時間的余裕がなかったせいか、ソウルに来ている人だけが集まった。当時の勢力分布は、私が知る限りでは共産党と夢陽（呂運亨）勢力が拮抗していたのではないかと思う」(*4) と証言し、金南植《キム・ナムシク》は『南労党研究』で「500〜600人の代議員が参加したが共産党系が大部分であり、呂運亨系は一部が参加した」と記している。いずれの主張を採用するにしても、国家創設のために開催する「全国人民代表者大会」の意味を考えると、正統性を到底主張できない手続きと規模だったといえる。大会の開催状況に関する「毎日新報」の描写を見てみよう。

冒頭、建準宣伝部の李如星による開会宣言が行われるやただちに議長選出に入り、委員長の呂運亨が議長席に登壇した。開会の辞ののち、全員起立して解放戦線で犠牲になった先輩同志への追悼黙想があり、国歌斉唱が行われた。許憲副委員長による経過報告に続いて、「朝鮮人民共和国」組織基本法草案を順に従って朗読し、多少の修正を加え、これを通過させたのち、人民委員選挙に入った。委員長、副委員長を加えた5名の選考委員を選定し、55名の委員、候補委員20名、顧問12名を発表した。

大会の途中、呂運亨支持者から「朝鮮人民共和国」という国号は過激すぎるため、「朝鮮民主共和国」にしようと提案された。すると共産主義者が立ち上がって原案を通過させ、国号は朝鮮人民共和国に決まった。しかし、この日の核心的決定事項は、国家樹立のための人民委員の選出だった。金南植の分類によれば、選出された55人の人民委員の絶対多数である72％（38人）、候補委員の75％（15人）が共産主義者だった。李庭植《イ・ジョンシク》によれば、呂運亨系列は人民委員に4人、候補委員に3人が選出されただけだ。呂運亨の側近として8月21日に日本軍と交渉して建準を救った崔謹愚総務部長も、人民委員ではなく候補委員にしか選出されなかった。これに比して、朴憲永の直系である再建派共産党が人民委員の過半数の30人（54・5％）と候補委員の半分である10人を占めた。(*5)ここからわかることは、呂運亨は朴憲永に建準の後身である人民共和国を事実上奪い取られてしまったということだ。大会を主導した彼らは左右合作の形を取り繕うため、金炳魯《キム・ビョンロ》や金性洙《キム・ソンス》など右派数人を人民委員名簿に載せたが、大会を妨害しかねないという呆れた理由で招集しなかった。(*6)

呂運亨は形式的な代表に転落したが、それでも与えられた役割に忠実で、壇上から大会の意義を説明した。その第一声は意外にも「謝罪する」だった。そこから呂運亨が人民共和国の〝宣言〟をあまり好ましく思ってなかったことが見て取れる。

人民代表会議を突如開催することになったことについて、皆に私は謝罪する。しかし、いまは建国のための非常時なので、非常措置としてこのようにせざるを得なかった。選出された人民委員は各界各層を網羅した。しかし、これは完全とはいえず、彼らは人民総意による代表委員が選び出されるまでの暫定的な委員であるといえる。選出された委

員は大部分承諾すると思う。

（中略）

連合軍が近いうちに進駐するので、彼らと折衝する人民総意の集結体がなければならず、その集結体の準備事業として、急いで全国代表大会を開催しなければならなかった。

（中略）

一方、今後の我々の事業の相手は外国人である。すぐに2人のお客（米ソ）を迎えなければならず、多くの困難が予測される。しかし、いかなる時であっても過去500年の間、我々の恥辱であり、弊害であった事大思想は断固として排除しなければならない。（＊7）

呂運弘は6日夜、突然の人民共和国の誕生について、「これは予定されていたことでもなく、さらにいえば兄（呂運亨）が本心から乗り気だったものでもなかった。これは単純に、小児病的な過激共産党員が作り出した1つの芝居だった」（＊8）と指摘した。李栄根《イ・ヨングン》も朴憲永の横暴を猛烈に非難したあと、人民共和国の誕生を「子宮外妊娠」（＊9）と揶揄し、李庭植は「端的にいえば、人共の設立は朴憲永系共産党による宮中革命の結果」（＊10）と皮肉った。朴憲永や李康国、崔容達などが呂運亨を取り囲んで人民共和国の必要性を力説すると、呂運亨はこれに抗することができず、無理やり表舞台に引きずり出されたということだろう。この頃、呂運亨を近くから見守っていた李欄《イ・ラン》は「人共は、朴憲永によって呂運亨が利用された結果だ。崔容達や李康国、朴文奎《パク・ムンギュ》など朴憲永の直系が、米軍が進駐してくる時に建準では力不足なので国号を作ってしまえば米軍も事後承諾するだろう（と主張した―引用者注）」と証言している。朝鮮人民共和国の〝建国〟は、朴憲永の戦術だった。(*11)

人民共和国が〝建国〟されたため、「建国」に備えて解放当日に結成された臨時組織である建準は解体せざるを得なかった。建準の事実上の後身である人民共和国は10月7日午後2時、玉仁洞（ソウル特別市鍾路区）にある人民共和国政庁[a]で執行委員会を開き、「人民共和国がすでに誕生し、人民の支持を得たので、建準はその使命を全うした」として解散を決議した。解散式は翌8日、淑明高等女学校（ソウル特別市鍾路区壽松洞）で開かれた。(*12) 解放直後、朝鮮人の期待を一身に集めた建準は、むなしくもあっけなく解体された。

痛恨のミス

多くの関係者が人民共和国の誕生について、「呂運亨の失敗」と舌打ちをしている。解放後に越南してきた咸鏡南道利原郡出身の青年、姜元龍《カン・ウォンリョン》（１９１７〜２００６）は１９４６年夏頃、共産主義者に振り回される呂運亨に腹を立て、桂洞の呂運亨宅を訪れ抗議したことがあった。呂運亨は見ず知らずの青年の急な訪問にも驚かず、「李康国と朴憲永に利用された」(*13)という事実を

[a] 朝鮮人民共和国本部は玉仁洞に所在した親日派、尹徳栄（１８７３〜１９４０）宅に建てられた。

潔く認めた。呂運亨が批判をあっさりと受け入れたので、姜元龍の気勢がそがれた。康元龍は「あの方の思想というものは曖昧だ。だから共産党にも利用された。よくいえば、（思想の幅が）とても広く、どちらにも偏らず、悪くいえば、芯が通っていなかった」(*14)という証言を残している。安在鴻も同様に人のいい呂運亨に対して、「日本人の政客や長官級軍人などと会って天下の大勢を論じ、自らの抱負を総論的に語っている姿は、天下一品と称賛してもいいほど堂々としたところがあった」反面、「客観的な具体論はそれほど明快ではなかった」(*15)と辛辣な評価を残している。また、弟の呂運弘でさえ呂運亨について、見てくれは良いが使い物にならない「金の斧」に喩えていたほどだった。(*16)

姜元龍の証言どおり、呂運亨は非情な政治の世界を生き抜くにはあまりにも「善人」すぎた。だが呂運亨は、朝鮮革命のために言語を絶する辛苦を経験した朴憲永を心から大事にした。あるとき、朴憲永が呂運亨宅を訪ねて、「旅費を補ってほしい」と頼んだことがあった。手元にまとまった現金を持たない呂運亨は、「朴同志が来たので中華料理を買ってこい」と言って夫人を追い出し、家にあったすべての銀スプーンを朴憲永に手渡した。そのほか、誰かが朴憲永を悪く言うと、「朴憲永が地下でどれほど苦労したことか。それくらい活動した者が他にいるのか」(*17)とかばおうとした。

一方、朴憲永は徹底した革命家だった。彼は歴史の進歩とプロレタリアの勝利のためには、家族愛さえも犠牲にした。朴憲永は解散から少なくない時が流れた１９４６年４月29日、モスクワにいる娘、ビビアンナに手紙を書いた。「愛する私の娘へ、遠い朝鮮から君に送る」で始まる手紙で、美人で知られた最初の夫人、朱世竹《チュ・セジュク》（1901〜1953）の行方を尋ねた。「君のお母さんコレエワ（朱世竹）がどこにいるか知っているか。お母さんは辛かっただろう。いまどう暮らしているか知らないか」。朴憲永は1932年1月に朱世竹と別れて以降、二度と会うことが叶わなかった。(*18)革命家にも家族愛はあっただろうが、彼は日帝による「獣の時間」に耐えながら、すべてを喜んであきらめた。解放後、再び世の中に出た朴憲永に妥協はあり得なかった。

6日の全国人民代表者大会で選出された人民委員のうち37人は8日午後4時、建準本部に集まり組閣名簿を作成した。だが、その前に〝建国〟の骨子となる憲法草案を起案していたのか疑問だ。内閣を決めるに際しては、国家首班の権限と義務は何なのか、首相は何をすべきなのか、各省庁の長官たちの役割は何なのか、憲法によってあらかじめ決めなければならない。憲法で大統領中心制と議員内閣制のどちらを選択するのかによって、大統領と首相の権限と義務は天と地ほど異なる。李庭植は、朴憲永など共産主義者たちが「人民共和国を急いで創設しようと焦る過程で、最も重要な憲法制定を行わずに組閣したと結論付けるほかはないが、もしそれが事実であるとすれば片腹痛い」(*19)と評した。

にもかかわらず、事は一瀉千里に進められた。組閣名簿は7日、再度テロに遭い会議に出席できなかった呂運亨の同意を得ることなく14日公開され、15日付の「毎日新報」に掲載された。人民共和国が主席に指名したのは李承晩《イ・スンマン》、副主席は呂運亨で、許憲は国務総理だった。そのほか金九は内務部長、金奎植は外務部長、金元鳳《キム・ウォンボン》は軍事部長に任命された。この組閣を通じて、李承晩は「凶悪な」共産主義者までもが国家首班として支持する真の「民族の英雄」という意外な政治資産を獲得することになる。

著名な共産主義者だった金錣洙《キム・チョルス》（1893〜1986）は、朴憲永が引き起こしたこの途方もない事態を聞いて腰を抜かした。彼は人民共和国〝建国〟を伝えに来た共産主義者の河弼源《ハ・ピルウォン》に、「宋鎮禹や安在鴻、白南薫《ベク・ナムフン》など民族主義者たちと相談したのか」と尋ねた。数日後、人共の経済部長として組閣名簿に名を連ねることになる河弼源は「否」と答え、金錣洙は憤った。

民族運動の分裂を画策している、600人集めてやったと自慢するが、私が大通りに出て演説すれば、6千人以上も集めることができる。君の名が上がったのは好ましくない。(*20)

2日前、建準を離れた安在鴻は嘆いていた。彼は人民共和国に対して「左派側は一挙に労農政権樹立という意図で鋭く動いており、建準がそのような意味での組織本部となるように工作を策動していた。私はそれに反対し表面化を防いでいた。だから私の離脱を待って6日夜、人民共和国というものを急ぎ作るに及んだ」(*21)と怨んだ。安在鴻は5日、許憲に「連合国が入ってきて、あなたたちを相手にしないとなったら、後のことをどのように収拾するのか」と尋ねた。許憲は「どうして相手をしない理由があるのか。民世（あなた）はなぜ時局をそのように考えるのか」(*22)と問い返した。呂運亭は人民共和国〝建国〟と関連した『毎日新報』インタビューで、「連合軍が進駐したときに、すぐにでも政権を担えるように準備したのが朝鮮人民共和国内閣だった」(*23)と説明したが、米国には共産主義者が跋扈する人民共和国に政権を渡す意思は毛頭なかった。自分たちの正統性に心酔し、情勢を甘く見た楽観的な予測だった。

危機のときであるほど、審議され尽くした意図よりも手続き的正当性が重要だ。建国準備委員会を通じた左右合作は4日の時点で不可能となり、右派は「建準打倒」を前面に出して勢力を結集していた。そして、ほどなく上陸する米軍は総督府の「洗脳教育」によって、共産主義者の動きを非常に警戒している状況だった。そのような状況で、共産主義者が中心となって米軍政の正統性に脅威を与え得る国家樹立を宣言したのだ。

「突然の」事態の展開に、ホッジは「朝鮮人共産主義者を警戒せよ」という、総督府と日本軍の警告を改めて噛みしめただろう。米軍政は人民共和国への反動として、英語が堪能で、自分たちと政治的・思想的に共通した認識を持つ韓民党に傾くしかなかった。呂運亨は以降、「米軍政当局においては、朝鮮人の政党が争う場合には干渉しても、その他すべてのことに一々干渉しないでほしいと要請したい」としてフェアプレーを要求したが(*24)、ついに不公平な状況が変わることはなかった。

韓国民主党の呪い

(朝鮮人民共和国結成のための全国人民代表者大会が開かれた)9月6日、京城では世間の耳目を集めるもう一つの行事が開かれた。人民共和国打倒を目標に掲げた右派700人が午後4時、協成実業学校(現在のソウル特別市鍾路区楽園商店街付近)講堂に集まり、韓国民主党(韓民党)創建を知らせる発起人大会を開き、党の綱領と政策を発表した。韓民党は11節で述べたとおり、解放直後に右派の生き残り策の結果生まれた大韓民主党（訳注：朝鮮民族党の別称）と韓国国民党が、「同じ目的と政策を持っていながら分立する必要はない」と合意して作られた右派連合政党だった。人民共和国〝建国〟が宣布した京畿高等女学校と韓民党発起人大会が開かれた協成実業学校は500メートルも離れていなかったが、両政派の心理的距離は和解が不可能なほど広がっていた。

韓民党は2日後の8日午前11時に緊急常務委員会を開き、大韓民国臨時政府を絶対に支持することを決議した後、建準と人民共和国を攻撃する辛辣な声明書を発表した。彼らは「我が民族は臨時政府を中心に完全な自由独立政府を樹立しなければならない『民族的大義務・大公道』が定められて」いるにもかかわらず、「少数者が党派をなして『人民共和国』政府を僭称し、己未《キミ》（1919年三・一独立運動）からの独立運動の決定であり、国際的に承認された在外韓国臨時政府を否認」しているとし、「このような輩どもを3千万人の民衆が許すのか」と主張した。彼らの声明書は、その後展開される凄絶な左右対立と骨肉相盃を予告するかのように、尋常でない憎悪の気運に満ちていた。

事がここまでくれば悪あがきしか残っていない。彼らは反逆的ないわゆる人民大会というものを開催し、朝鮮人民共和国政府というものを組織したと発表した。だが笑い過ごすには事態はあまりにも重大である。出席もせず、同意もしない国内の有識者の名前

を盗用したことは言うに及ばず、海外の我が政府の厳然たる主席や副主席、領袖たる諸英雄の名を掲げて、誰某委員などとしたことは人心を惑わし秩序を乱す罪で、実に万事がそうだ。彼らの言明によれば、海外の臨時政府は国際的に承認されたわけでもないし、また大衆の支持なく樹立されたものだから、これを認めることではないという。（中略）有識者の名を借りて虚勢を張る輩ども。かつて君たちは、小磯総督官邸で合法運動を起こそうとほくそ笑んだ輩であり、海雲台温泉で日本人の真鍋と朝鮮のラウレルになることを夢見た輩であり、日本の圧迫が弱まるや政務総監、京畿道警察部長から治安維持協力の委嘱を受け、血を流さず政権を奪取するという野望を抱いて現れた日本帝国の走狗である。

呂運亨と人民共和国に対する右派の攻撃は度を越していた。建準と人民共和国の成立過程の問題点を非難することはたやすい。しかし、彼らは呂運亨などを「血を流さず政権を奪取するという野望を抱いて現れた日本帝国の走狗」という言葉まで使って非難した。呂運亨を親日派だと罵倒した韓民党の代表的な急先鋒は、金俊淵《キム・ジュンヨン》、李仁《イ・イン》、趙炳玉《チョ・ビョンオク》だった。彼らは韓民党関係者の中でも「親日論争」から比較的自由だった。自分たちが親日派と指弾されないだけに、政敵への攻撃は執拗で残酷だった。金俊淵は1946年9月7日付「東亜日報」に、1945年6月遠藤政務総監と長崎京城保護観察所長が呂運亨を訪ね、漢江の八堂に船を浮かべながら、中国共産党の拠点である延安行きを勧めたと暴露した。呂運亨が「私が行けば延安の毛沢東を説得して、日本とソ連と手を結んで英米を攻撃させることができる」と提案すると、長崎は「本当に妙案だ」と感嘆の拍手を送り、遠藤を紹介したという。(*25) 李仁は、遠藤政務総監と西広警務局長、岡京畿道警察部長らが呂運亨に、朝鮮から日本の衆議院議員に当選できる人物を中心に御用政党を組織させ、「朝鮮大衆党」という党名とともに政党綱領と発足宣言文まで作ったと主張した。(*26)

彼らが呂運亨に親日派の汚名を着せた唯一の理由は、呂運亨の政治生命を終わらせるためだけだった。趙炳玉はむしろ率直だった。彼は回顧録に「韓国民主党の初事業は、いわゆる朝鮮人民共和国を除去することにあった」と記した。「建国準備委員会はソ連軍の指令を受けて組織された団体」とし、「中央責任者と各部署の責任者を民族主義者に任せることで共産主義集団ではないことを装い、次長は共産主義者をに任せて実権は左派が掌握したこと」を主張の唯一の根拠とした。姜徳相は趙炳玉などが提起した疑惑を、関係する当事者である日本人が残した記録と一つ一つ照合して、韓民党の政治攻勢が「白を黒と言う」ものであったことを証明した。(*27)

呂運亨が暮らしていた日帝時代末期は保護観察令と予防拘禁令があり、下手をすれば誰にも知られることなくこっそりと消されるという噂が飛び交っていた時期だった。朝鮮人指導層に残された選択肢は、李光洙のように徹底した皇国臣民になるか、朴憲永のように地下に潜伏するか、監獄で無意味な時間を耐えるか、いずれか1つだった。だが、呂運亨は第4の道を進んだ。最後まで節操を失わず、柔軟な身のこなしで行動の自由を確保した。そうして得た小さなすき間を活用して建国同盟を結成し、広く同志を糾合しながら日本の敗亡に備えていた。

呂運亨の老練な振る舞いが柳光烈の回顧から見てとれる。ある日、京畿道警察部は「毎日新報」編集局長出身の柳光烈に「鄭鑑録」（訳注―李氏朝鮮時代、民間に流布した預言書）の解説講義を要請した。この席で、ある日本人警察幹部が呂運亨に、「もし米軍が上陸作戦でも行ってくれば、韓国人青年で義勇軍を編成し、日本軍とともに戦わせるつもりだが、どう思うか」と尋ねた。これに対して呂運亨は「日本軍に義勇軍として編入されるのではなく、初めから韓国人で構成された義勇軍を独立部隊として編成してほしい。（そうすれば）義勇軍部隊は皇国臣民として忠誠をもって戦う」と答えた。その話を聞いた日本人は当惑した。日本のために戦うという言葉に文句をつけることもできず、だからといって本当に朝鮮人だけの部隊を編成することもできない。結局、日本人警察幹部は「それは難しくないが、そうなれば米軍に寝返る確率が高いのではないか」という反応をみせた。相手が答えづらい「逆質問」を投げて議論を避けたのだ。韓民党の指摘は、呂運亨が口にした「皇国臣民として忠誠をもって戦う」という言葉尻を捉えて、彼を親日派として攻撃したものだった。

米軍政は1946年9月から12月にかけて、呂運亨の政治力を弱めるため、旧総督府高官を対象に韓民党が主張する親日行為を調査した。米軍政から派遣された調査官は、宇垣・小磯・阿部元総督、遠藤元政務総監、西広元警務局長らを調査した。呂運亨を親日派に追い込もうとする米軍政の愚問に、旧総督府高官らは予想外の賢答で返した。「呂運亨は生まれつき穏やかで、戦後、韓国人の指導者になる資格があると一般的に受け入れられた」（小磯）、「戦争が終わった後、若い人たちが呂運亨を高く評価し、彼らの運動に積極的だった」（阿部）、「彼は極端な反日主義者だった。しかし、もし韓国に政治的力量があるのなら、彼が韓国の指導者としてふさわしい人物だったと私は信じている」（宇垣）、「彼に金を渡したことはない。私は彼が純粋な民族主義者だと確信している。彼は日本政府または総督府の話を聞かなかった。日本は彼を重要な職責に就かせたかった」（遠藤）、「日本の戦争目的を達成するための協力を得ようと彼と話した。不可能だった。彼は独立を望んでいた」（西広）。(*28)

呂運亨は人民共和国〝建国〟と関連して、少なからぬ批判と向き合わなければならなかった。彼はこれと関連する「毎日新報」の質問に、「朝鮮独立は単なる連合国の贈り物ではない。同胞が過去36年間流血の闘争を続けてきた革命によって、今日自主独立を獲得した」と述べた。続いて「革命に遠慮はいらない。革命家は、先に政府を組織して、のちに人民の承認を受けることができる。急激な変化がある過渡期に非常措置として生まれたのが人民共和国だった」と付け加えた。

その日から70余年が経った今日、呂運亨のこの発言を読む後世の人の心境は複雑だ。彼の信念は地獄のようだった36年を熾烈に生き抜いた1人の朝鮮人革命家が持ち得る当然の考えだったが、米ソの同意を引き出すことができる現実的な考えではなかった。朝鮮独立が朝鮮人の力で成し遂げられたものであれば、真珠湾攻撃から沖縄戦に至る太平洋戦争の多くの戦場で亡くなった米国の若者たちの命は何だというのか。スターリンはなぜ、自国民2千万人の命を犠牲にしてナチス・ドイツを倒したあと、極東に目を向けなければならなかったのか。李栄根は当時を回想しながら、「私は当時を振り返る度に、指導層の我田引水的な情勢判断と自己中心的な行動がもたらす弊害が大きかったことに驚かざるを得ない」(*29)と記した。

しかし、人民共和国という賽は投げられた。人生のすべての瞬間は「リアル」で、取り消すこともできなかった。そして、遂に米軍が京城に進駐した。

第15節

はためく星条旗

米国、英国などに留学して
帰ってきた人々を探しているので、
明日の昼休み過ぎ、朝鮮ホテルに来るように。

米軍司令部

三千里の国土に春は来たのか

本日、私たちは遠路からこの地を訪ねてきた米国進駐軍を歓迎する。幾多の苦難を経て全人類の真の幸福のために戦ってきた米軍将兵の堂々とした進駐を、私たちは拍手で歓迎する。(*1)

朝鮮人が待ちわびていた米軍の京城入りは9月9日午前に行われた。「毎日新報」は玉音放送から26日後に姿を現した米軍を熱烈な詠嘆調の文で歓迎した。最初に到着した部隊は9日未明、仁川から京城行きの汽車で移動した第7師団指揮下の第32歩兵連隊と第184歩兵連隊だった。「新たなお客さま」は午前8時、京城府内に入った。彼らは米国の朝鮮占領計画である「ベーカーフォーティ(Baker-Forty)」作戦の第1段階である京城・仁川接収を行う予定だった。

朝鮮人は米軍の進駐を心から喜び歓迎した。9月8日付「毎日新報」1面にマッカーサー連合軍総司令官の若い頃の写真を大きく掲載し、「ホッジ中将指揮下の米軍、8日午後仁川上陸」という見出しをつけた。その下には英語で、「私たちは我れらが連合軍のソウル入りを歓迎する(We welcome our allied forces into Seoul)」という見出しの歓迎文も掲載された。翌日9日には京城に到着した米軍縦隊の写真を掲載し、「三千里の国土に春が来た」という見出しをつけた。

しかし、当事者である米軍は、朝鮮人の歓待を快く思っていなかった。6日に先発隊として到着した第7師団連絡情報将校のリード大尉は8日、記者団に「朝鮮に進駐する米軍、特に京城と仁川方面に来る軍人は一度も戦闘経験のない者たち」と前置きし、「歓迎は絶対に静かに、秩序整然としてほしい」(*2)と注文をつけた。米軍が移動する間、万一の事態が発生しないように、8日午後8時から翌日午前5時まで仁川と京城一帯に通行禁止令が下された。

9日は日曜日だった。米軍は早朝のがらんとした府内を静かに移動した。主な街角には日本警察が物々しい雰囲気を漂わせ、前日の仁川での騒乱が再び起きないよう警戒した。勝利を誇る意気揚々とした行軍と、それを目にして感激の「万歳《マンセ》」を叫ぶ群衆の姿はなかった。米軍の行軍は「咳一つなく静かに」(*3)終わり、各部隊はあらかじめ指定されている地域に移動して進駐の準備を始めた。朝鮮で最高のホテルだった半島ホテルには、第24軍団司令部が設置された。(*4)『駐

韓米軍史』は同日午前の風景について、「朝鮮人は歓迎の声を出す気もなかった」と記している。(*5)

だが、朝鮮人の歓迎の動きを終日抑えることはできなかった。昼になると、市内の明治町教会(現在の明洞聖堂[ソウル特別市鍾路区])の鐘の音がかすかに鳴り響き、青々とした街路樹の間に太極旗が掲げられ、星条旗、英国旗、ソ連国旗、中国の青天白日旗の4つの国旗もはためいていた。(*6) 米軍の航空機は「朝鮮人と日本人に深い印象を与える凄まじい力を誇示する」(*7) ように轟音を上げて都心上空を飛行した。すると朝鮮人の歓迎の輪が広がり始めた。「各団体で行列を作り練り歩いたり、あるいはトラックと自動車を飾り立てて旗をなびかせながら走行したりした。随所で音楽隊が雄壮な行進曲を鳴らして練り歩いた。すでにどの店も国旗の製造と販売で大忙しだった。進駐軍や米国の通信記者が街を通るたびに群衆の拍手と歓声が絶えず、それは澄んだ空に広がった」。(*8)

朝鮮人は進駐してきた米軍が「黎明の中に厳粛に浮かぶ朝鮮の太陽を敬虔な心と態度で祝福するだろう」と信じ疑わなかった。9日付「毎日新報」は、「5カ国の国旗がはためく中で解放の使徒堂々の進駐」という見出しの記事で、「我々は血と汗を1つにして、我々の空の下で偉大な新朝鮮を力強く建設するだろう。我々は進駐軍の使命が1日も早く円満に完遂されることを心より願う。連合軍万歳！　朝鮮独立万歳！」と高らかに叫んだ。

降伏調印式

平壌の民族主義指導者、呉胤善《オ・ユンソン》（1893〜1960）長老の末息子で、解放後、劇作家として名声を得るようになる呉泳鎮《オ・ヨンジン》（1916〜1974）は9日、京城の通りにいた。これまで「厳格で威圧的な日本軍人を見てきた」彼の目に、初めて見る米軍の自由奔放な姿は実に「真新しい印象」(*9)を与えた。

米軍は午後、総督府で行われる降伏調印式に主席するため、再び府中を行軍した。今度は興奮した歓迎の人波が彼らを迎えた。米軍の隊列は驚くことばかりだった。行軍する兵士たちが「身長順」に整列しなかったという点が、まず目を引いた。「のっぽの前にちびが立ち、ちびの横にはもう1人のっぽ、軍服は日本のそれと似た地味なカーキ色で、堅苦しい日本軍の軍服と違って軽快なジャンパー」だった。腰には日本軍と異なり、威圧的な刀や銃剣を帯びていない。米軍には、日本歩兵の得意技だった「銃剣突撃」の文化がなかった。自動車に乗った兵士たちも好き勝手だった。足を窓から出したり、沿道に並んだ市民に向けて口笛を吹いたりする兵士もいた。

呉泳鎮は歴史的な降伏式の場面を映像に収めるため、朝鮮映画社撮影班を率いて総督府に向かった。日本の朝鮮統治を象徴した厳しい総督府正門前と光化門交差点には、「敗戦日本の最後の運命の時を、その目で見ようとするかのように数多くの高麗人が集まって」(*10)いた。総督府前の国旗掲揚台には、もはや歴史の表舞台から消え去る旗が風のない青空に垂れ下がっていた。呉泳鎮は特別許可を受けて、撮影班の1人である梁世雄《ヤン・セウン》を調印式場に向かわせた。

しばらくして調印式に参加する勝者のホッジ司令官、敗者の阿部総督が姿を現した。阿部総督は敗戦の衝撃のせいか「顔が紙のように蒼白」で、左右から支えられ、よろめきながら庁舎に入った。

呉泳鎮は周辺の風景をカメラに収めるため、正門前を警備していた米軍将校に撮影許可を願い出た。日帝時代、日本軍を撮影するためには山のような申請書類を提出し、軍当局の許可を得なければならなかった。威圧的な日本文化に慣れ親しんでいた呉泳鎮に、米軍将校は意外な反応を見せた。「あなたが撮りたければ撮ればいいし、私に聞く必要があるのか?」。彼のクールな態度に呉泳鎮は新鮮な感動を受けた。米軍は呉泳鎮の望みどおり、総督府庁舎を背景にさまざまなポーズもとってくれた。

降伏式は午後4時、総督府庁舎の第1会議室で開かれた。解放後「東亜日報」に勤務するようになった朝鮮人記者のハン・ホンリョルは、この歴史的な調印式の現場を「見逃さないため」に知恵を働かせた。あらかじめ総督府庁舎のあちこちを見て回り、時間に合わせて降伏式が開かれる第1会議室に潜入することにした。庁舎内は行事の準備で慌ただしかった。米軍将校たちが廊下を行き来する活気に満ちた姿が印象的だった。庁舎を歩きまわりながら旧知の阿部達一情報課長室に立ち寄った。阿部課長は日本の新聞記者たちと車座で続けざまに煙草を吸っていたが、遠目にハン・ホンリョルの姿を見ると涙目で微笑んだ。

降伏調印式が行われる第1会議室は、みすぼらしい日本憲兵が表向き警戒しているだけで、誰も立ち入りを制止しなかった。会議場の中には青色のカバーがかけられた長いテーブルと赤い革がかぶせられた椅子10脚余りが置かれていた。しばらくして現れた米軍憲兵が会議室正面の玉座にかかっていた日の丸を取り外した。それで準備は終わった。

午後4時ちょうど。阿部総督、上月第17方面軍司令官、山口儀三郎鎮海警備司令官など3人が秘書官を連れて会議室に入った。米軍との事前合意によって、彼らは帯剣しなかった。敗戦国代表団が入場すると、現場に待機していた10人あまりの写真記者が容赦なくフラッシュを浴びせ始めた。さらに米陸軍代表のマッカーサー太平洋米陸軍総司令官の代理であるホッジ第24軍団司令官、米海軍代表のトーマス・キンケイド（Thomas Kinkaid）第7艦隊司令官、京城占領の実務を担当するアーチボルド・アーノルド（Archibald Arnold）第7師団長など米軍高級将校15人が会議室に入り、長いテーブルの左側に着席した。「UP」や「AP」など米国通信社、「ロイター」など英国通信社、連合軍映画会社のカメラマンなど20人余りの取材陣があらかじめ位置していたが(*11)、この歴史的現場を見守った朝鮮人は記者のハン・ホンリョル記者と写真記者チェ・ヒョン、撮影班の梁世雄の3人だけだった。阿部総督は冷や汗が流れるのか、何度もタオルを取り出して顔を拭いた。(*12)

午後4時6分。日米両国代表団が入場すると、ホッジは着席したまま降伏調印式の開始を宣言した。「毎日新報」は当日号外を通じて調印式の状況を伝えた。

停戦協定に関する降伏文書調印式は、9月9日午後4時から太平洋方面米軍司令官代理のホッジ中将以下の米軍代表と日本代表が参集し、総督府第1会議室で厳粛に行われた。正刻、日本側代表の阿部総督、上月朝鮮軍管区司令官、山口鎮海警備副司令官の3

人が集合場所に至ると、米軍中佐ノベル・エルジ・ムア氏が日本側代表を点検して間違いないことを証明すると、第1会議室に彼らを誘導した。調印式場の会議室には大きなテーブルを中心に背後に記名した椅子3脚が南側に置かれ、北側には米軍代表の数十脚の椅子が置かれているが、入場した日本代表はそれぞれ指定された椅子のすぐ後ろに直立してホッジ中将を待つ。午後4時ちょうど、ホッジ中将は米国代表と参謀を帯同し厳粛な表情で式場に入場すると、このとき井原朝鮮軍管区参謀長の「気を付け」という号令で日本代表は不動の姿勢で米軍代表を迎える。入場したホッジ中将の指示で日本代表一同は着席、続いて起立したホッジ中将が簡単な挨拶をした。丁寧な内容だった。

ここでホッジ中将の命令で、日本代表の各人は英語2通、日本語1通の降伏文書にそれぞれ調印した。世界平和の確立と朝鮮の解放が、この歴史的瞬間、総督府庁舎大会議室で決定されたのだ。日本側代表の署名が完了すると、ホッジ中将は太平洋方面の米軍司令官代理として、キンケイド提督は米海軍を代表して文書に署名し、日本側代表に通訳された。このようにして世界的な調印式が午後4時15分に終わると、全員が起立する中、ホッジとキンケイドの両将官は会場を出た。

ホッジは署名を終えると、「いま調印された降伏が日本の非武装化と全世界の平和達成のための、新たな一歩を成し遂げた」という感想を伝えた。敗戦後、健康を害した阿部総督は記者団のインタビューに応じず、急いで席を立った。残念ながら「歴史的瞬間」に参加した朝鮮人代表はいなかった。

調印式直後の午後4時20分、総督府庁舎左側の広場で国旗交代式が行われた。第7師団の3個連隊から選抜された3個中隊の混成歩兵大隊がこの行事を執行した。米軍下士官5人が掲揚台の前に出て36年間朝鮮半島を支配してきた「力なくぶら下がった」日の丸を降ろして、星条旗を掲揚した。星条旗が掲揚されるのに合わせて、第7師団軍楽隊は米国国歌を演奏した。これ以降、朝鮮で日の丸を掲揚することは禁止された。(*13)

1945年9月9日、朝鮮総督府庁舎から日の丸が降ろされ、星条旗が掲揚された。
これは日帝植民地支配の終わりと米軍政の始まりを知らせる場面であると同時に、
26日間の短い解放が終わったことを象徴する瞬間だった。

総督府正門と光化門に集まっていた朝鮮人数千人がこの光景を見ながら歓声を上げ拍手喝采を送った。呉泳鎮は、彼らが叫ぶ万歳の声が天下を震わせるほどだったと語った。『駐韓米軍史』も、朝鮮人が「熱狂でどうすれば良いかわからないほどだった」と記録している。降伏調印式の現場を描写した「毎日新報」記事は、こう結んでいる。

また、式場の北側窓から見える勤政殿と遥か新秋の青空の下にそびえる北岳は、今日の解放朝鮮を祝福する沈重の中に慶

祝の星を浮かべたようであり、また、この調印式場の上空には連合軍の堂々とした飛行隊の鵬翼が飛びかい、意味深い調印式を終えたことに華を添えた。

ホッジ中将の第一声

国旗掲揚式が終わったあと、ホッジの初めての記者会見が行われた。ホッジはこの場で、解放の感激に「どうすれば良いのか」わからなかった朝鮮人が聞き取れたとすれば驚愕しただろう衝撃発言を相次いで行った。「毎日新報」は現場記者が英語をまともに聞き取れなかったのか、会見内容をほとんど報道できなかった。そのため、正確な発言内容を確認するためには、「ニューヨークタイムズ」など当時の米国新聞を確認しなければならない。

ホッジはまず、米軍が進駐したあとも行政業務の持続的な遂行と統治権の秩序ある引き継ぎのために、「阿部総督とその他の日本人官吏が臨時的に在職し続ける」とし、「不必要な規制が日本人官吏に加えられないだろう」と話した。このニュースを伝える9日の「ニューヨークタイムズ」記事のタイトルは、「米国が秩序を維持するために、日本の朝鮮支配を維持する（U.S. keeps Japanese Rulers In Korea to Enforce Orders）」だった。新聞はそれとともに朝鮮人がこの衝撃的なニュースに、「頬を打たれたようだ（That is a slap in the face）」と、激昂した反応を示したという事実も伝えている。米国にいた韓吉洙《ハン・ギルス》（１９００～１９７６）中韓民衆同盟党代表はトルーマン大統領に電報を送り、総督府機構をそのまま維持するというホッジの判断は「非常に誤った助言を受けたもの」と抗議した。

しかし、このホッジの発言は、決して突発的なものではなかった。8日、仁川で開かれた記者会見で、ガービン参謀長も同じ趣旨の発表をしていた。現場にいた数人の朝鮮人記者が、「朝鮮政府の核心は重慶に存在する」と反論したが、ガービンは「政治的見解について議論したいとは思わない」(*14)と話を切り上げた。ホッジは総督府機構をそのまま活用することが、米軍の占領政策に有利だという確固たる政策的判断を下したのだ。

だが、朝鮮人が耐えなければならなかった真の不幸は、それではなかった。当分の間、「総督府機構を存置する」ということは非常に辛いが我慢できないことではなかった。ホッジがすぐに言及したように、総督府官僚たちは「できるだけ早く米国人に替わり、その後は朝鮮人に交替される」(*15)からだった。

「ニューヨークタイムズ」が伝えたホッジの2つ目の主要発言は、「即時独立を望む朝鮮の願いは許されない」ということだった。カイロ宣言に含まれた「適切な時期に朝鮮が自由に独立することを決議する」という朝鮮条項に含まれた「適切な時期」は、朝鮮人が希望するような「近い未来」ではないという説明だった。そうであれば「適切な時期」を決めるのは誰なのか。これに対する答えは、ホッジの3つ目の主要発言にある。彼は「未来の手続きと関連して、直ちに朝鮮の指導者たちと相談する。しかし、連合国指導者間のより高い水準の政治交渉を通じて、新しい(朝鮮—引用者注)政策を決めなければならない」と述べた。つまり、朝鮮の完全な独立時期を決定するのは、朝鮮人自身ではなく、米国とソ連であると宣言したのだ。

これは、これから朝鮮人が体験しなければならない「険しい未来」を予言するものだった。数多くの朝鮮人が「朝鮮の解放」は、すなわち「朝鮮の独立」だと信じて疑わなかったが、米軍司令官が進駐初日からこれを否定したのだ。朝鮮の独立はすぐには実現せず、38度線で分割された朝鮮問題を解決するためには、「連合国（事実上、米ソ―引用者注）指導者間の高い水準の政治交渉」を経るほかなかった。もし、この交渉が失敗したら？　朝鮮の未来は風前の灯火のように危ぶまれた。

そして、米軍の態度は高圧的だった。ホッジはこの日発表した「朝鮮同胞に告げる声明」で、「私の指揮下にある諸君は、連合軍総司令官の命令に基づき今後下達する命令を厳守せよ」と命令し、「もし命令を守らないか、混乱を引き起こせば、直ちに適当と考える手段をとる」と威嚇した。朝鮮内の共産主義者の動きを絶えず警告してきた総督府の工作が、ホッジの意思決定に影響を及ぼしていたことがわかる。同時に、東京の連合軍総司令部もマッカーサー司令官名義で朝鮮占領のために必要な措置を盛り込んだ布告第1・2・3号を公布（名目上公布日は7日）した。布告1号1条には「朝鮮北緯38度以南の地域と同住民に対するすべての行政権は、当分の間、本官の権限の下で実行される」、3条には「占領軍に反抗をしたり、秩序・保安を撹乱する行為をしたりする者は、容赦なく厳罰に処する」という内容が盛り込まれた。5条には軍政期間に使用する公用語が「英語」と明示された。米軍は進駐初日から解放軍ではなく占領軍として活動を始めた。

朝鮮人は尋常な事態ではないことに気づき始めた。当時の人々が最も敏感に感じ取った問題は、北緯38度を境に米ソの占領政策が当初から大きな違いを見せているという点だった。ソ連は占領地域で朝鮮人による人民委員会を設置し、彼らに治安権と行政権を委譲した。しかし、米国にはそのような意思がなかった。翌10日付「ニューヨークタイムズ」は、「(朝鮮の)政治家はロシア(ソ連)占領地と米国占領地で同じ法と規定が適用されるかどうかを気にしている。米ソ占領方式の違いが、両軍の業務遂行を目撃した人々の間で話題になっている」という憂慮を伝えた。北緯38度線を境に適用される政策が異なるのであれば、これまで一塊だった南北の異質化が恐ろしい速度で進むのは避けられなかった。

前日までは米軍を歓迎した朝鮮人は10日、総督府の前に集まって抗議デモを行い、このニュースが「ニューヨークタイムズ」など米マスコミを通じてワシントンに伝えられた。その結果、マッカーサーが乗り出して問題を解決した。太平洋米陸軍司令部は11日、ホッジに「政治的理由に基づき、貴官は阿部総督、総督府の元局長、道知事及び道警察部長などを直ちに解任せよ。また、他の日本人官僚及び対日協力者である朝鮮人官僚の解任も、できる限り早く施行することを要望する」と命じた。ホッジは「日本人を全面的に解雇することは非常に大きな問題だ。私の軍政組織は、この状況に対処するには全く力が及ばない」と思ったが、マッカーサーの指示に従うほかなかった。

この命令は12日に施行された。同日、阿部総督と朝鮮の治安担当者だった西広警務局長が解任された。それと同時に、朝鮮を36年間支配してきた朝鮮総督府が解体され、これに代わる米軍政庁が設置された。軍政長官にはアーノルド第7師団長、警務局長にはローレンス・シック(Lawrence Schick)憲兵隊長が任命された。遠藤政務総監と他の局長らは2日後の14日、それぞれ解任

された。(*16)

解任された阿部総督は、米軍が準備した飛行機に乗って、19日朝鮮を発った。帰国した阿部は戦犯として処罰されることなく、東京で安穏な晩年を送った。しかし、解任されたのは総督府の最高位官僚だけだった。米軍はその後も相当期間、日本人官僚を顧問として待遇し、彼らの助言に依存した。小田安馬など日本人官僚は1945年8月から10月まで、米軍政に350編を超える英文報告書を提出した。(*17)米軍占領地域に滞在していた総督府官僚は、場合によってはしばらく拘束されるなどさまざまな困難も経験したが、翌年の1946年にはほとんど帰国することができた。

通訳権力の登場

米軍の進駐が近づくと右派は素早く動いた。先手を打ったのは、延禧専門学校教授の李卯默《イ・ミョムク》(1902〜1957)だった。彼は先輩教授の白楽濬《ペク・ナクジュン》(1896〜1985年)と河景徳《ハ・ギョンドク》(1897〜1951)に、まもなくこの地に入る米軍にきちんとした現地情報を提供するための英字新聞を発刊しようと提案した。4面のタブロイド版英字新聞「コリアタイムズ」の創刊号が発行されたのは、米軍の先発隊が到着する前日9月5日だった。

京城に進駐した米軍将校は、宿舎となっていた朝鮮ホテルでこの新聞を手にした。創刊号の1面には「Welcome Heroes Liberation」というタイトルの流暢な英語記事が載っていた。この記事を書いたのは、韓国人として初めてハーバード大学正規課程を卒業した河景徳だった。ホッジとアーノルドらは「韓国に米国一流大学を出た知識人がいる」という事実を知ると、彼らに会ってみなければならないと考えた。米軍は9日の進駐直後、京城府内に通知を送った。「米軍司令部で米国、英国などに留学して帰ってきた人々を探しているので、明日の昼休み過ぎ、朝鮮ホテルに来るように」という内容だった。電話がある家は電話で、ない家は人に頼んで告知した。(*18)

10日午後1時頃、欧米各国から留学して帰国した50人余りの朝鮮人が朝鮮ホテルに集まった。彼らの一部は、わずか数日前まで鬼畜米英と近しい親英・親米派に分類された「要注意人物」であり、また一部は鬼畜米英を撃滅しなければならないと主張していた親日派だった。アーノルド軍政長官とスチュワート憲兵隊長など米軍高級将校5人が彼らと会ったのは午後1時半だった。11日付「毎日新報」は、この日の懇談会で「現下の朝鮮情勢に関するさまざまな問題を中心に懇談会を行った」と伝えている。この記事だけを見れば彼らの出会いが堅苦しい雰囲気でなされたようだが、全くそうではなかった。「ソウル新聞」から1979年に発行された『駐韓米軍30年』は、当時の状況を次のように描写している。米軍は自分たちのような政治的・思想的背景を持ち、似たような学校に通い、レベルの高い英語を駆使する集団を発見した喜びに勝てなかった。彼らの存在を見出したことで、これで何とか占領業務を遂行できるという勇気を得たのだろう。

懇談会で参加者の学歴と経歴を尋ねたアーノルド少将は、李大偉《イ・デウィ》が「イェール大学で労働問題を専攻した」と話すと、李氏の手を握りしめ、自身もイェール大学でROTC教官生活をしたことがあると述べ、「労働問題はDr.リーが責任を持ってほしい」と頼

んだ。続いてMIT出身の呉貞洙《オ・ジョンス》には同窓生のホーラス・アンダーウッド（Horace Underwood）大佐が担当した鉱工業局を、ウイリアムズ中佐と公州永明学校でともに学んだ趙炳玉《チョ・ビョンオク》には警務局の仕事を見てほしいと懇願した。

記者会見が終わると、朝鮮人記者たちは明月館で米国記者と広報職員のために晩餐会を開いた。この席で抜きん出て目立ったのはシラキュース大学修士、ボストン大学博士号に輝く「コリアタイムズ」編集長の李卯默《イ・ミョモク》の英語力だった。彼はこの席で、占領軍が直面している主要問題として①法秩序維持②食糧と燃料③日本人財産④インフレーション状態⑤在日朝鮮人⑤共産主義同調者の活動――などに言及した。米国は深い印象を受けたのか、演説文を受け取ってホッジに報告した。(*19) この日会合に出席した彼らの相当数は、その後米軍政庁の局長や次長、課長または地方の道知事に任命される。

翌11日午後2時40分には、ホッジの初の正式記者会見が開かれた。ホッジはパイプ煙草を手にしたまま、真剣な態度で米ソ両国が朝鮮半島を占領した経緯と米軍政の政策方向性などについて説明した。「毎日新報」のキム・ヨンサム、「京城放送局」の文済安、「コリアタイムズ」の李卯默など50人余りの記者たちが現場を訪れた。同時通訳がいないため、李卯默が現場で臨時通訳官に抜擢された。彼はホッジの「沈んだ声まで真似して」情熱的に通訳を行った。李卯默の流暢な英語は、米国人も驚くほどだった。

ホッジはこの日の記者会見で、「各界各組織体の代表2人に会って、私の仕事への協力をお願いする」(*20)と話し、出会いが実現した12日には「私は平民であり農民の息子」(*21)と告白した。しかし、ホッジの淡泊なリーダーシップが光を放つには、朝鮮の事情はあまりにも複雑だった。米軍政はこの会談で、韓国内の33の党派からそれぞれ2人を呼んだが、実際の出席者数は1200人を超えた。(*22)ホッジは11日、記者会見のスターになった李卯默を個別に呼び出して、顧問兼通訳になるよう依頼した。李卯默は翌12日からホッジの執務室が設けられた半島ホテルに出勤する。ホッジの目と耳、時に口にもなる、いわゆる「通訳権力」の出現だった。(*23)

ホッジは有能な〝口〟を得たが、自分の裁量で伝えられる言葉は多くなかった。朝鮮人が最も知りたいのは、38度線はいつ撤廃されるのか、朝鮮は一体いつ独立できるのかだった。この質問に答えを出せる唯一の基準は、カイロ宣言に盛り込まれた「朝鮮人民の奴隷状態に留意し、適切な時期に朝鮮が自由に独立することを決議する」に登場する「適切な時期」だけだった。ホッジは11日の記者会見で「適切な時期」に関する質問が出ると、「朝鮮の自主独立はただちになされるのではなく、当分の間、ある程度の時間を経て適当な時期が到来した後にならなければならない」(*24)と答えた。ホッジは18日の記者会見では、もう少し率直に「北緯38度を境界に、北にはソ連、南には米軍がそれぞれ進駐している。この状況がいつまで続くのか、私にもわからない」と答えた。ホッジは「適切な時期」に関する朝鮮人の質問に嫌気がさしたのか、マッカーサーに送った電報で「朝鮮の独立時期と関連して、カイロ宣言の翻訳が『適切な時に』ではなく、朝鮮人には『短期間に』あるいは『近いうちに』として受け入れられていることがわかった。今後、いかなる翻訳でも注意深く確認するよう要請する」と指摘した。この時点では、ホッジもマッカーサーも、いやトルーマンとスターリンでさえも、38度線がいつ撤廃されるのか、朝鮮はいつ独立するのか明確に答えることはできなかった。

逆転する政治地図

解放直後、朝鮮半島の政治勢力を圧倒したのは左翼だった。マルクス・レーニン主義は若者を魅了した「流行り」の思想だった。人々が集まった席で話をリードしていくのは、すべて共産党員だった。右派は親日行為という「緋文字」（訳注―密通の烙印の比喩）のため消極的かつ沈鬱で、守勢に追い込まれていた。(*25)

だが、左翼のこの世の春はそこまでだった。李庭植は、この時期、共産主義者は民衆の目線に合わせた政策を提示し、政権を勝ち取り、維持するだけの経験と円熟味を備えていなかったと指摘した。彼らは日本の厳しい弾圧下にあったため、社会や組織を指導する経験を積むことができなかった。毛沢東やホーチミンのように労働者と農民の中に入って思慮深さを育むこともできずに、魅惑的な理論に陶酔した「書生的革命家」たちだったということだ。今も昔も現実の政治とは、曖昧模糊としたグレーゾーンの中で次善または次悪を選んでいく苦しい決断の連続であり、マルクスが教えた「プロレタリアの最終的勝利」に帰結する歴史法則など初めから存在しなかった。左翼は右派を説得して「大同団結」の道を提示する代わりに、急進的理論に執着して容赦ない攻撃を浴びせた。彼らは韓民党を「反動的ファシストと提携して人民をだます集団」と規定し、朝鮮を解放した米国に対しても、ドイツと日本のように悲劇的運命を免れる術のない「国際帝国主義体制」の一部と断定した。安在鴻《アン・ジェホン》はこの頃、朴憲永に「いまは民主主義民族独立国家の完成が要請されるときだ。左右の割合は問題ではない。民族主義者が指導する国家を成立させなければならない」と主張したが、朴憲永は「何を言っている」(*26)と強く対抗(*27)し、解放から23日目にまともな手続きも踏まず、人民共和国樹立を宣言した。左翼小児主義が生んだ悲劇だった。

ブルース・カミングスは『朝鮮戦争の起源』で、「米国が朝鮮に上陸した後、3カ月間に下したさまざまな決定が、実質的に戦後韓国の基本的政治構図を規定した」(*28)と記した。解放直後に試みられた左右合作が失敗に終わった状況で、最も重要な歴史的分岐点は、米国が「誰をパートナーに選ぶか」だった。米軍の耳目となったのは、米国留学経験のある韓民党の通訳権力であり、彼らの露骨で明確な目標は人民共和国の欠点をあばくことだった。韓民党の趙炳玉(コロンビア大学博士)と尹潽善(エディンバラ大学修士)、尹致暎《ユン・チョン》(アメリカン大学修士)は10日、米軍関係者と会談し、人民共和国は「日本に協力した朝鮮人利敵分子によって組織されたもの」であり、呂運亨《ヨ・ウンヒョン》は「反民族的親日派政治家で、朝鮮人の間で悪名高い人物」と述べた。カミングスは米軍進駐後10日間で、米軍政庁情報課(G2)日々《にちにち》報告書に名前が上がった朝鮮人情報提供者は、宋鎮禹《ソン・ジンウ》、金性洙《キム・ソンス》、張徳秀《チャン・ドクス》、徐相日《ソ・サンイル》、薛義植《ソル・ウィシク》、金用茂《キム・ヨンム》、金度演《キム・ドヨン》、任永信《イム・ヨンシン》、朴仁徳《パク・インドク》など、そのほとんどが韓民党指導者だったと明らかにした。このうち幾人かは解放直後、建準が発足すると、その周辺を徘徊していた日和見主義者だった。

彼らには最小限の良心もなかった。驚くべき英語力でホッジの心を捉えた李卯默は呂運亨と安在鴻は「親日派」、人民共和国は「共産主義者で占められている」と攻撃した。人民共和国が共産党に傾いたのは事実だが、呂運亨と安在鴻を親日派とすることはできない。昨日まで日本の聖戦勝利を叫び、鬼畜米英打倒を訴えていたのは李卯默自身だった。民族問題研究所が2009年に発行した『親日人名辞典』に氏名を掲載したのは、呂運亨と安在鴻、許憲《ホ・ホン》ではなく、金性洙と張徳秀、李卯默だった。韓民党は米軍に人民共和国が共産主義者と民族反逆者の集団だと主張する一方、自分たちだけが朝鮮南部の民主主義を守ることができる勢力という情報をインプットしつづけた。セシル・ニスト（Cecil W. Nist）情報局長は11日、幾人かの韓民党関係者をインタビューしたのち、彼らが「朝鮮の一般大衆を最もよく代表するだけでなく、保守層の大部分と有能で人気のある指導者、実業家を包括している」と評価した。1週間後にはその延長線上で、韓民党こそが「朝鮮人の大多数を代表する唯一の民主政党」(*29)と結論付けた。

ホッジの下に派遣された国務省の政治顧問メレル・ベニンホフ（Merrell Benninghoff）は15日、朝鮮半島の政治情勢を説明した長文の初めての報告書をジェームズ・バーンズ（James Byrnes）国務長官に提出した。ベニンホフは報告書で、解放直後の韓国政治情勢と米軍が直面せざるを得なかった状況を率直な筆致で表現している。彼らは保守主義者で構成された韓民党に急速な親近感を感じ、共産主義者の動向を極度に警戒した。米国は韓民党関係者が戦前に親日活動をしたことを知っていたが、それでも彼らを積極的に登用して、朝鮮を統治しようとした。

朝鮮半島南部の状況は、火花一発で一気に爆発する火薬庫のようだという説明が適切です。カイロ宣言にある「適切な時期」という表現を韓国語で表現すると、「数日後」

あるいは「もうすぐ（very soon）」に該当するという事実を最近知るに至りました。教育を受けた韓国人は、この違いの説明を聞いて非常に驚きます。このような理由から韓国人は、なぜ米軍が到着したのにただちに独立が与えられないのか、理解できずにいます。即時独立と日本人の一掃がなされていないことに大きな失望感を感じています。

（中略）

ソウルの現在の政治情勢の中で最も励みになる1つの要素は、年齢が高く、教育を受けた数百人の朝鮮人保守主義者がいるという事実です。彼らの多くが日本に加担しましたが、このような汚名は結局のところ消え去るでしょう。この者たちは臨時政府の帰還を支持しています。彼らが多数を構成することはないでしょうが、おそらく最大の1つの政治グループでしょう。

（中略）

ソ連のスパイが朝鮮南部に彼らの政治思想を広めていることは疑いの余地がありません。ソウルで行われたいくつかの行進と街頭デモは、共産主義者が主導したものと考えられます。共産主義者は現在、日本人財産の没収を擁護しており、彼らはおそらく法と秩序に対する脅威になるでしょう。十分な訓練を受けた扇動家たちが米国を拒否し、ソ連の自由と統制の肩を持つために、我々の占領地域に混乱をもたらそうとしています。（*30）

ホッジが呂運亨と会談したのは、京城進駐からほぼ1カ月が過ぎた10月5日だった。ホッジは突然、呂運亨に「あなたは日本人からどれだけ金をもらったのか」と尋ねた。呂運亨は真顔で、「どういう意味だかわからない」と答えた。ホッジは再び、「あなたが日本人から金をもらったという報告がたくさん上がっている」と話した。呂運亨が「その言葉を信じるのか」と問い質すと、ホッジは「調査の結果、嘘であることが分かった」と答えた。(＊31) 呂運亨は同日、米軍政から顧問になるよう要請を受けた。呂運亨が案内されて入った部屋には、金性洙、金用茂、金東元《キム・ドンウォン》、宋鎮禹、李容卨《イ・ヨンソル》、キム・ヨンスン、オ・ヨンス、姜炳順《カン・ビョンスン》、尹基益《ユン・ギイク》など韓民党員が集まっていた。呂運亨と宋鎮禹は互いの顔を見つけて大いに驚いた。米軍政が選定した11人の顧問団のうち9人が韓国民主党員で、残りの2人は呂運亨とソ連占領地域の平壌に滞在していた曺晩植だった。結局、呂運亨は顧問就任を断った。呂運亨は外国に依存して、「政治ゲームで他者を非難するダーティプレー」(＊32) を憎悪していたが、解放直後の朝鮮半島は彼が望んだ「フェアプレー」ができる環境ではなかった。

共産主義者が米軍進駐に備えて「人民総意の集結体」として急拵えで〃建国〃した人民共和国には、ほどなく死刑宣告が下された。彼らは9月6日、やっつけ仕事で中央人民委員会が招集されたという非難から逃れるため、10月3日、「1946年3月1日に第2回人民代表会議を招集する」と告知した。だが、米軍政は自らの権威に挑戦する人民共和国の行動を容認しなかった。アーノルド軍政長官は10日、「人民共和国は権威と実体が全くない。もし、このような身分をを僭称する者たちが興行的価値さえ疑うほどの傀儡劇を演じる俳優ならば、ただちに閉幕しなければならない」(*33)と警告した。ホッジはまた、2カ月後の12月12日、声明を通じて、「人民共和国はいかなる意味においても政府でもなく、そのような職能を執行するいかなる権利もない」とし、「いかなる政党であれ、政府として権勢を振りかざそうとする行動があるのならば、これは違法行動として取り扱うように米駐留軍と軍政庁に命令した」と明かした。人民共和国は朝鮮を代表して米軍政と交渉を行う主体になるどころか、3カ月後に非合法の烙印を押され、弾圧を受ける立場に陥った。米軍政と左翼の間で繰り広げられる悲劇の幕が開けた。

「人民は懸念している」

8月15日、寝耳に水の解放で朝鮮は歓喜に燃えた。人々は日本が長らく強要してきた国民服とモンペを脱ぎ捨て、白い朝鮮服に着替えて万歳を叫んだ。

日本の降伏事実を伝える玉音放送が流れる日の未明、呂運亨は遠藤政務総監から治安維持に協力してほしいという提案を受けた。呂運亨はこの提案を受け入れ、自身が、解放された祖国に新国家を建設する中心になろうとした。建準を設立して治安隊、保安隊を組織し、食糧や物資の配給、通貨の安定、米の供出、対日協力者対策などを行うことで行政権掌握を試みた。そして、呂運亨は京城に進駐するのは米国ではなくソ連だと考え、連合軍は日本軍を武装解除し、行政権を朝鮮人に渡したあと、この地を離れると信じていた。

朝鮮総督府は、朝鮮半島にいる70～80万の日本人の生命と財産を保護することに没頭した。最初は呂運亨の協力を得て、朝鮮人と日本人の間の流血事態を防ぐなど治安を維持しようとした。

しかし、これに不満を抱いた日本軍が介入した。日本軍は兵力を動員して京城など主要都市を占領し、建準など朝鮮人政治団体に圧力を加えた。京城の通りは戒厳令が敷かれたような恐怖が支配した。

総督府と日本軍は、朝鮮に駐留するのがソ連軍でなく米軍だと知ると、建準との協力的関係を放棄し、近く上陸してくる米軍に擦り寄った。この作戦は功を奏した。ホッジは占領初日、「日本の統治機構を維持する」という立場を明らかにした。だが、この計画はワシントンの介入でただちに撤回された。

日本敗戦の兆候を掴んだ8月10日以降、呂運亨と宋鎮禹を主人公にした、左右合作が試みられた。呂運亨の説得にもかかわらず、宋鎮禹は動かなかった。安在鴻は建準に民族主義者を取り込み、彼らが正面に立ち、共産主義者が後押しする「民共協力」を推進した。右派は右派で、旭日昇天の勢いで勢力を伸ばしていく左翼を牽制しつつ、建準に足場を確保するため合作に応じた。だが、米軍が京城に進駐することが明らかになった瞬間、右派は合作に興味を失い、独自組織の創設に乗り出した。建準の中で共産主義者と争うより、独自政党を建設する方が有利だと判断したからだ。左右合作をめぐる摩擦で、安在鴻は建準を離れた。すると、共産主義者はやっつけ仕事で人民代表者大会を開き、朝鮮人民共和国の〝建国〟を宣言した。このような状況を知った米軍政は驚愕し、自分たちと政治的思想と信条が近く、英語が堪能な韓民党と急速に結びついた。

米軍が京城に進駐した9月9日付「毎日新報」1面は、当時の朝鮮社会が直面した大混乱が凝縮されているようだ。降伏調印式の状況を伝える1面トップ記事の横には、3日前に人民共和国樹立を宣言した呂運亨の米軍進駐歓迎メッセージが掲載されている。呂運亨はこの文で、「我が人民共和国は、朝鮮全民族、国内・国外の各界各層の代表者を網羅した全国人民代表大会で選出した人民委員50人によって、その指導部を形成した朝鮮民族の統一的共和国」と主張した。また、この記事のすぐ横には、人民共和国に対抗して臨時政府絶対支持の方針を打ち出した宋鎮禹など右派が7日午後3時、光化門の旧東亜日報社屋の講堂で「国民大会招集準備会」を開いたという記事が掲載されている。さらにその記事の左側には、6日午後4時、大韓民主党と韓国国民党の代表者が協成実業学校の講堂に集まり、韓国民主党発足のための合同発起会を開いたという記事がある。その下段には、6日夜、人民共和国を設立した全国人民大会で選出された人民委員55人のうち37人が、8日午後4時、建準本部会議室で初めての会合を開いたという記事を読むことができる。

このような左右の尖鋭な対立を当時の人たちは、どのように感じていたのだろうか。米軍が京城に到着した9日付「毎日新報」は、「意地を捨てて戦線統一」という社説を掲載した。解放から少なからぬ時が経ったが、「これまで民族的なすべての勢力は統一・単一化されず、それぞれ分立している」とし、「連合軍を迎え、彼らと政治的交渉、折衝を行う民族的総意の集結体は、どの団体なのか。民心はこれを心配している」と嘆いた。これだけでも十分に嘆かわしいが、分断と同族相撃に帰結する韓国史の本当の悲劇は、ここから始まるのだった。

コラム

日本人はどこに行ったのか

敗戦により、朝鮮半島で暮らす日本人は一夜にして敗戦国民となった。彼らに対する日本政府の当初方針は、「自力更生」だった。東郷茂徳外相は終戦直後、在外公館に「居留民はできるだけ現地に定着させる」という電報を送った。8月24日には、内務省管理局が朝鮮と台湾、そして後にソ連の領土となる樺太に居住する日本人に、「過去の統治の成果を顧み、将来を考えて、できるだけ現地で共存共和の実を結ぶために、忍耐強く努力することを第1目標とする」と訓令した。内務次官が9月1日、遠藤政務総監に送った電報でも、8月24日の決定内容を繰り返し引用し、「浮き足立って安定を失わず、できるだけ政府方針に従うよう在留民を指導する」ように指示した。日本政府と総督府の庇護を失った日本人は援護組織「日本人世話会」を結成し、自衛せざるを得なかった。多難な前途が待ち受ける会長職は、穂積信六郎京城電気社長が引き受けた。

世話会が結成されると、引き続き朝鮮での暮らしを望む残留派と早期の帰国を望む帰還派の路線対立が始まった。残留派は、朝鮮を離れることはできず、この地で骨を埋めるべきだと考えていた。朝鮮に居住する日本人の中には、1876年の江華島条約締結後から仁川や釜山などに住みはじめ、終戦時には在朝鮮日本人2世、3世も多くいた。併合前から朝鮮で暮らす彼らは、5万世帯余りになった。朝鮮は生まれ育った「故郷」であり、人生における社会的・経済的基盤の地だった。日本人のための中等教育機関である京城中学校は32期、京城帝国大学は16期の卒業生を輩出していた。彼らは朝鮮各都市で強固なネットワークを構築する有志だった。世話会は当然、彼らを中心に構成されるしかなかった。彼らは朝鮮が独立した後も、「日本人居留民団」などを組織して、朝鮮に居住することを望んだ。これに対して、朝鮮生活が長くない帰還派は、帰国を急いだ。仁川などでは、両派の葛藤が激化した。

残留派は共存のために朝鮮語を学び始めた。朝鮮語講習は9月12日午後4時、小公洞（ソウル特別市中区）にあった京城YMCA青年会館で始まった。京城YMCAの笠谷保太郎総主事は、「昔も今も朝鮮を愛し、朝鮮のために働こうとする願いを持つ者は、まず言語を習得しなければならない」と語りかけ、世話会の伊藤事務局次長は、「ただ茫然自失の中で不安と後悔に満ちた生活を送るよりは、むしろ朝鮮語を学んで新たな朝鮮に協力しなければならない」と激励した。朝鮮の日本人は、それまで朝鮮語がわからなくとも、朝鮮のすべてを支配する排他的な日本人共同体の中で安穏な生活を送ることができた。だが、そのような暮らしは過去のものとなった。

次の問題は子供の教育だった。日本に残った在日朝鮮人が「朝鮮学校」を作ったように、在朝鮮日本人も子供のための教育機関を設立しようとした。日本人世話会の京城会では、在朝鮮日本人を現在のソウル特別市中区地域に集めて、日本人初等学校の中で最も歴史が古い日の出国民学校と龍谷高等女学校などを日本人学校とすることで意見が一致した。

しかし、彼らの願いは実現しなかった。米国は日本人を朝鮮から早急に一掃することを望んだ。トルーマン大統領は9月12日、「在朝鮮日本人は速やかに本国に送還される」と表明した。米軍政は10月3日、各地域の世話会に帰還希望者を登録させ、登録者以外の帰還を許可しないと決定した。8日には日本人が登録された町会所在地から10キロ圏外への外出を禁止した。また、日本人が経営していた企業は米軍政に接収され、朝鮮人に払い下げられた。逓信や鉄道など特殊な技術を持った者の滞留は認めたが、それさえも長くはなかった。

残留派が希望を捨てたのは、終戦から1カ月ほど経った１９４５年9月中旬以降だった。世話会は１９４５年9月2日から１９４６年2月1日まで計１２３回の会報を発行した。この会報を分析した崔永鎬《チェ・ヨンホ》の研究によれば、初号から11号までは残留希望についての記事を見ることができるが、12号が発行された9月14日以後、このような意見は消え、9月下旬に至ると帰還に関する情報のみが掲載されている。

日本の民間人の公式な送還は、10月10日に始まった。「毎日新報」は「日本人の送還問題は3千万の大きな関心事であり、いよいよこれら一般日本人の送還は10月10日から開始された。すなわち、3千人の日本人を乗せた列車は10日京城を出発して日本に帰るが、この列車が釜山から戻ってくる時には、日本から帰国した3千人の同胞が戻ってくることになるだろう」と書いている。

日本人帰還の流れを促したのは、悪辣な日本人への報復だった。日帝時代、京畿道警察部高等警察課の警部として数多くの独立運動家を拷問した斎賀七郎は11月2日、自宅付近の遠南町郵便局前の路上で射殺された。朝鮮人に編集権が移った「京城日報」は彼の死について、「思想警察の悪魔これが最期だ」という見出しの記事を掲載した。宋南憲によれば、彼を処断したのは、義烈団員の金聖壽《キム・ソンス》だった。この頃京城の中心部では、倭奴掃討本部の団体名義で「日本人は早く家を出て、この地から立ち去れ」という檄文が貼り出されはじめた。

朝鮮人による日本人排斥の動きが強まると、アーサー・レルヒ（Archer L. Lerch）軍政長官は1946年1月23日、世話会に「38度線以南の日本人は今後2週間以内に、軍政庁の直接・間接の事務担当者1千人、その家族をあわせて4千人を除き、他は全員引き揚げよ」と命令した。朝鮮を離れるにあたり、日本人が所持できる現金は千円に制限された。

日本の厚生省によると、終戦から1961年までに帰還した日本人の数は、38度線以南から59万6454人、以北地域から32万2585人、合わせて91万9039人だった。1945年当時、朝鮮に住む日本人の数は70万人余りといわれたが、実数は91万人超に達した。この差異は、朝鮮駐屯日本軍兵士が加わったためだと推測される。朝鮮半島にいた日本人のうち、87万6234人が1946年までに帰還した。

最後に、日本人の財産はほとんど没収された。1945年12月6日に公布された米軍政法令第33号により、北緯38度線以南の日本政府・企業・個人の財産はすべて米軍政庁の所有となった。このようにして没収された財産は、大韓民国建国後の1948年9月11日、韓国政府に一括移譲された。これにより解放された朝鮮半島から、日本人も、彼らが残した財産もすべて消え去った。

エピローグ

大韓民国に横たわる葛藤の起源を考える

南側とは異なるソ連の占領

ソ連軍第25軍団長のイワン・チスチャコフ（Ivan Chistyakov／1900〜1979）、が朝鮮半島に初めの一歩を踏み出したのは、ホッジよりも半月早い8月24日だった。軍団司令部があった満州の延吉から急遽飛行機に乗り、午後4時頃、咸興府に到着した。チスチャコフは飛行場に出迎えに来た日本陸軍第34軍司令官の櫛淵鍹一に「日本軍はよく戦った」(*1)と礼儀を示したあと、降伏手続きに入った。

チスチャコフが朝鮮占領を担うようになった理由は、ホッジと似ている。ソ連が日本に宣戦布告すると、第25軍団は沿海州から満州に進撃する第1極東方面軍の最左翼に配置された。ソ連軍の当初の作戦計画によると、第25軍団の開戦初期の任務は、朝鮮‐満州の国境に留まり、朝鮮方面からの日本軍の側面攻撃に備えることだった。そして、第1極東方面軍の主力が関東軍の要塞地帯を突破すれば、それに呼応して正面の東寧（中国黒竜江省）を越えて、朝鮮半島の東北部と接する南満州の汪清‐図們‐琿春をつなぐ三角地帯に進撃する予定だった。すなわち、第25軍団は朝鮮半島の最も近くに配置されたソ連軍の可用兵力だった。

日本の突然の降伏はソ連軍の作戦計画に大きな変化をもたらし、第25軍団の任務も南満州に配置された「関東軍撃滅」から、「朝鮮占領」に変わった。キリル・メレツコフ（Kirill Meretskov）第1極東方面軍司令官は、チスチャコフに速やかに進撃し、汪清‐図們‐琿春を奪取せよと命じた。さらにソ連海軍太平洋艦隊とともに朝鮮半島北東部の主要港である清津と元山を占領するよう指示した。ソ連軍は13日清津に上陸し、日本軍と熾烈な接戦の末、16日に占領した。次の攻略目標である元山は22日、日本軍が抵抗を止めたため、無血占領に成功した。スターリンは翌23日、「我が軍は全満州、南サハリン、千島列島を占領した。日本関東軍は反撃が失敗に終わった後、抵抗をあきらめ武器を捨てて降伏した」と宣言した。ここに朝鮮半島への言及は見当たらない。ソ連は朝鮮に対して、特段の戦略的関心を持たなかったのだ。

チスチャコフが到着したばかりの咸興一帯は、朝鮮最大の工業地帯だった。咸興‐興南‐元山地域には、東洋最大の肥料工場と呼ばれた日本窒素肥料咸興工場や小野田セメントの川内里工場などがあった。労働者が多かったので、共産主義勢力も深く根を張っていた。朝鮮が解放されたというニュースは咸興にもただちに伝わった。咸興市民も安在鴻の16日ラジオ演説を聞き、その日京城で開かれた万歳集会のニュースを知っていた。西大門刑務所と同様に、咸興刑務所からも200人余りの政治犯と経済犯が釈放された。(*2) 釈放された彼らはすぐに咸興府に駆けつけ、庭瀬信行府尹（訳注：地方官の職名）に行政権移譲を要求した。その日の夜、宋成寛《ソン・ソングァン》、金在圭《キム・ジェギュ》、朴庚得《パク・ギョンドゥク》ら釈放された共産主義者を中心に咸鏡南道人民委員会が結成された。また、京城の動きに歩調を合わせて、都容浩を中心に建国準備委員会咸鏡南道支部も結成された。

チスチャコフは咸興の第34軍司令部で、櫛淵司令官と日本軍の武装解除に関する協定を結んだ。続いて、岸勇一咸鏡南道知事など道庁幹部らと行政権の接収に関する協議を始めた。朝鮮を占領する準備ができていないのはソ連軍も同じだった。チスチャコフはホッジと同じく、非常に平凡な野戦将校だった。(*3) 1900年に農民の息子として生まれ、1917年のロシア革命後に発生した内戦に赤軍兵士として参戦した。第2次世界大戦以前は沿海州に配置されていたが、独ソ戦が勃発すると、欧州戦線で旅団長、師団長、軍団長と昇進を重ねた。チスチャコフの第一声はこの上なく殺伐としていた。「朝鮮人と日本人で現在地を離れる者があれば、ただちに絞首刑に処する」(*4) と脅した。そして、実務協議は参謀たちに一任し、30分で席を立った。翌25日に開かれた実務協議で、ソ連軍と朝鮮総督府の実務者たちは当分の間、日本の憲兵と警察が治安維持を担当し、行政事務もこれまでのように咸鏡南道知事と道庁職員が遂行することで合意した。ソ連軍も米軍と同じく、安定的な行政業務を継続するためには総督府官僚機構をしばらく活用することが望ましいと判断していた。

しかし、その後の展開は大きく違った。宋成寛や都容浩など咸鏡南道人民委員会と咸鏡南道建国準備委員会関係者らはソ連軍司令部を訪れ、自分たちが咸鏡南道執行委員会を設立した事実を知らせた。彼らは総督府が行使してきた行政権と、これまで日本人が享受してきた特権を自分たちに移譲することを要求した。チスチャコフは彼らの要求が妥当だと判断したのか、ただちに受け入れた。

ソ連軍と総督府の実務会議が行われた25日夜9時、チスチャコフは咸興カトリック教会堂で開かれたソ連軍高級将校会議に岸知事と咸興の主要人物を呼び出した。チスチャコフは、都容浩と崔明鶴《チェ・ミョンハク》、宋成寛の3人の朝鮮人を連れて現れ、「本日、都容浩を委員長、崔明鶴を副委員長とする咸鏡南道執行委員会が設置された。ソ連の命令の下、委員会が咸鏡南道の治安、行政一切の権限を行使する。（彼らが）憲兵と警察を武装解除し、官公庁と公共物を接収する」と告げた。青天の霹靂のような事態の逆転だった。慌てた岸知事は「総督の命令なしには署名できない」と食い下がったが、チスチャコフ大将の命令で署名すると付記せよ、という指示に従うほかなかった。(*5)その夜、人民委員会と建国準備委員会からそれぞれ11人、すなわち左右同数で構成された執行委員会が設けられた。

メレツコフは25日、チスチャコフに第25軍団をもって朝鮮北部を占領する任務を正式に下達し、司令部を咸興または平壌に設置するよう命じた。朝鮮北部の中心都市は昔も今も平壌だ。チスチャコフは翌26日、飛行機で平壌に到着した。続いて、平安南道の旧道庁庁舎に第25軍団司令部を設置し、「ソ連軍と同盟国軍隊は朝鮮半島から略奪者日本を駆逐した。朝鮮は自由な国になった」旨の布告文を発表した。この布告は平壌市民から好評を得たが、ソ連が今後、朝鮮南部でどのような政策を展開するのか、具体的な構想を盛り込んだものではなかった。

平壌は共産主義勢力が強かった咸興とは異なり、民族主義とキリスト教の伝統が強い都市だった。何よりも「朝鮮のガンジー」と呼ばれた民族主義指導者、曺晩植《チョ・マンシク》がいた。平壌市民は解放直後の17日、曺晩植を中心に建国準備委員会平安南道支部を結成していた。曺晩植の右腕である呉胤善《オ・ユンソン》が副委員長、烏山学校時代の教え子であり共産主義者である李周淵《イ・ジュヨン》（1903～1969）が総務部長を務めた。これは、平壌の民意を反映したそれなりの左右合作だった。その前日の16日、平壌西門通り（平壌直轄市中区域）のククス店協成麺屋2階では、玄俊爀《ヒョン・ジュンヒョク》（1906～1945）率いる朝鮮共産党平安南道地区委員会が結成された。

チスチャコフは到着当日の26日、自身の宿舎である平壌鉄道ホテルに古川兼雄平安南道知事と曺晩植、玄俊爀らを呼び出した。チスチャコフは「この日午後8時をもって平安南道の日本政府は消滅した」と宣言し、平安南道人民政治委員会が政権を引き継ぐと発表した。ソ連軍は29日、平安南道建国準備委員会の関係者を鉄道ホテルに再び呼び出して会談をもった。その場には思いもしなかった者たちが待機していた。平安南道の共産主義者だった。チスチャコフは数日前、咸興で行ったのと同じやり方で、平安南道建国準備委員会と朝鮮共産党平安南道地区委員会代表を1対1でまとめ、平安南道人民政治委員会を設置した。曺晩植らは人為的に左右均衡を図ろうとするソ連のやり方に違和感を感じたが、受け入れるしかなかった。平安南道人民政治委員会の委員長には曺晩植、副委員長には玄俊爀が任命された。玄俊爀は曺晩植を尊敬する穏健な人物だったが、9月3日昼、政治テロによる銃撃で暗殺される。

朝鮮総督府という公権力が消滅すると、日本人の生活は奈落の底に落ちた。彼らは、朝鮮北部を占領したソ連軍の略奪と性暴行に無防備にさらされた。当時、平壌の状況を目撃した呉泳鎮《オ・ヨンジン》は、昼のソ連軍は「素朴で無知で忠実」だったが、夜の彼らは「獰猛《どうもう》な獣」(*6)のようだったと記した。彼らはカレスキー（朝鮮人）、ヤポンスキー（日本人）、アメリカンスキー（米国人）を区別することができず、子どものような無邪気さで、田舎者のように時計と万年筆と傘を欲しがり、背広にネクタイを締めてみたがった。(*7)北朝鮮で教師生活を送り、朝鮮戦争の時に韓国に下ってきたハム・サムシクは、ソ連軍が「会うやいなや握手を求め、手首に時計を見つければ『ダバイ(よこせ)』と言った」と回想している。ソ連兵は、そのようにして奪った時計を腕にいくつも着けて街を闊歩した。(*8)日本の女性は、ソ連軍の性的暴行を避けるため、顔に泥や炭を塗ったり、頭を丸刈りにしたりしなければならなかった。[a]

ソ連は北緯38度を境界にして、南北の移動を禁じた。8月25日から26日、ソ連軍守備隊は京元線など南北を結んでいた主要鉄道を相次いで遮断した。チスチャコフはこの措置について、「38度線は米ソ両軍の進駐の境界線に過ぎず、政治的意味はない」と説明している。ソ連の占領政策に違和感を抱いた者の南下は、9月頃から本格的になった。

スターリンの決心と金日成の登場

朝鮮半島を分割占領した米ソは、朝鮮をどのように処理すべきか決めなければならなかった。

[a] 朝鮮南部に残された日本人は1945年10月、満州に残留している日本人は1946年春から帰還船に乗ることができたが、北朝鮮地域の日本人は1946年12月まで移動を禁止された。20万人を超える日本人が収容所を脱出して38度線を越え、その間に約3万5000人以上が命を失った。（NHK『NHKスペシャル知られざる脱出劇～北朝鮮・引き揚げの真実～』、2013年8月12日放送）

戦後初めてとなる米ソの会合は、9月11日から10月2日まで開かれたロンドン外相理事会だった。

この頃、ソ連の極東地域における最大の関心は、帝政ロシア時代から宿敵だった日本の軍国主義を徹底的に破壊することだった。そのためには、米国が主導する日本占領政策にソ連の意思を反映できる道を開かなければならなかった。(*9)これがこの会談に臨むソ連の最大の外交目標だった。これを受けたヴェチェスラフ・モロトフ(Vyacheslav Molotov)ソ連外務人民委員(外相)は24日、ロンドンでバーンズ米国務長官に対して、東京にソ連など連合国が参加する対日理事会を設けようと提案した。しかし、太平洋戦争で日本を事実上一国で制圧した米国に、単独占領を放棄する意思は全くなかった。バーンズがソ連の提案に敵対的態度を示し、会談は難行したまま終わった。慶応大学の小此木政夫名誉教授は『朝鮮半島分断の起源』で、「ロンドン外相理事会は、その後冷戦と名付けられた米ソ対決の最初の兆候になった」と評した。(*10)

スターリンは考えた。米国が占領地である日本で非妥協的な単独行動をとるのならば、ソ連も自国の占領地である北朝鮮地域で同様に行動すればいい。スターリンは日本占領に参加する道が閉ざされると、過去に米国と結んだ多くの合意を履行しないことを決心する。ロンドン外相理事会は、その後「20世紀最悪の外交失敗」という不名誉を抱えることになる。(*11)

ロンドンで外相理事会が進行していた9月20日、スターリンは今後の朝鮮半島占領方針を盛り込んだ「基本指令」をソ連軍に送った。和田春樹が1982年、ソ連の北朝鮮政策を扱った先駆的論文(*12)でこの文書を紹介した頃は、全7項中、核心となる1・2項が非公開だった。和田は省略された条項の中に、「北朝鮮だけの政権的組織樹立、北朝鮮だけの共産党創立と関連した内容があったと感じられる」と推論した。この推論は1993年2月26日付「毎日新聞」のスクープで事実であることが確認された。同紙は「スターリンが（同文書で）北朝鮮にブルジョア民主主義政権を樹立するよう指示」したと報じた。実際の指令2条には、「反日的な民主的政党・社会団体の広範囲な同盟に基づき、北朝鮮にブルジョア民主主義政権を樹立することに協力する」という内容が含まれている。スターリンが「朝鮮に」ではなく、「北朝鮮に」という用語を使った点に注目しなければならない。ソ連は1945年9月末、朝鮮を統合するのではなく、自分たちが占領している朝鮮北部に親ソ的な政府を作ることを決心したのだ。ソ連占領政策の基本方針が「北朝鮮に」ブルジョア民主主義政権を樹立することにあるのであれば、朝鮮人の意思と関係なく分断は固着化せざるを得なかった。

この決定はソ連の立場ではそれなりに合理的な選択だった。当初、ルーズベルトとスターリンが口頭合意したとおり、朝鮮半島に米ソ英中四大連合軍による信託統治を実施するならば、ソ連の発言権は4分の1に減る。しかし、現状を維持すれば、朝鮮北部、すなわち朝鮮半島の半分はソ連の影響下に残ることになる。その後、ソ連は分断を既成事実化する、いくつかの措置を1つずつ実施していく。10月13日には朝鮮共産党の北朝鮮分局が設置され、翌1946年2月8日には事実上、北朝鮮だけの単独政府機構である北朝鮮臨時人民委員会が設置された。

ソ連が北朝鮮に（独自の）ブルジョア民主主義政権を樹立することを決心すると、金日成（1912〜1994）が急浮上してくる。1912年4月、平壌郊外のキリスト教家庭に生まれた金日成は、1932年に抗日遊撃隊に身を投じた。この組織は1936年1月、東北抗日聯軍に再編されるが、金日成は朝鮮人隊員が最も多かった第1路軍第2軍隷下の第6師の師長を務めた。

この頃、金日成は朝鮮人の脳裏に強烈な印象を残した事件の主人公になる。26歳の青年だった金日成は1937年6月4日夜、部下とともにと咸鏡北道恵山近くの普天堡交番を襲撃した。この襲撃で日本側が受けた被害は、日本人の酔っ払い1人と日本人巡査の妻が背負っていた幼児が流れ弾を受けて死亡しただけだった。(*13) 実際の戦果は大したものではなかったが、朝鮮人ゲリラが国境を越えて日本の交番を襲撃したという事実だけで、朝鮮人は感激した。長い植民統治で敗北感に打ちひしがれていた朝鮮人にとって、恵みの雨になったのだ。「東亜日報」は浮かれて2回も号外を発行し、共匪（訳注：共産ゲリラ）による殺人・放火・略奪事件を連日特筆した。

しかし、1930年代末の満州は、ゲリラ闘争を展開し続けられるようなロマンチックな大地ではなかった。金日成と抗日ゲリラは日本軍の掃討作戦に耐え切れず、1940年9月から11月にかけて、「苦難の行軍」を経て沿海州ソ連領に退却した。ソ連は彼らをハバロフスク近郊に集め、1942年8月、極東軍第88独立狙撃旅団として再編成した。旅団長は東北抗日聯軍第2路軍総司令だった周保中《しゅう・ほちゅう》（1902〜1964）で、金日成はその下の第1大隊長だった。

解放の知らせは沿海州にも伝えられた。金日成は、ソ連軍の占領政策を補佐する政治工作者の任務を帯びて、9月5日にハバロフスクを発ち、陸路で朝鮮に入ろうとした。しかし、橋梁などが破壊され陸路での前進が困難だったため、ウラジオストクに移動して漁船を改造したソ連軍艦プガチョフ号に乗って、19日元山に上陸した。ソ連軍人として清津上陸作戦に参加し、元山に滞在していた鄭尚鎮《チョン・サンジン》は秋夕《チュソク》前日の9月22日、新たに上陸してくるソ連兵70人余りを出迎えるため港に向かった。そこで、痩せた1人の若者が彼に手を差し出し、「金成柱《キム・ソンジュ》です」と挨拶した。ソ連軍大尉の階級章をつけた33歳の青年は、このときまだ北朝鮮に特別な政治的基盤は持っていなかった。(*14)

伝説的な普天堡の戦いの主人公である金日成〝将軍〟が平壌市民の前に初めて姿を現したのは、それから数日後の10月14日だった。同日午後1時、平壌・箕林里（平壌直轄市牡丹峰区域）の平壌公設運動場で、ソ連軍歓迎群衆大会が開かれた。大会を控えた金日成は、ソ連の政治担当軍事委員、ニコライ・レベージェフ（Nikolai Lebedev）少将を訪ね、「将軍、この大会にはソ連勲章をつけていきます。朝鮮人民がいつまでも記憶する名演説を行います」と述べた。(*15)

運動場を埋め尽くした6万人の群衆の前に、金日成が登場した。金日成はこの日の演説で、「努力できる者は努力で、知識のある者は知識で、金のある者は金で、全民族が大同団結して民主主義自主独立国家を建設しよう」と訴えた。１９２８年に平壌で生まれた金南植は当時、現場で金日成が演説する姿を見守っていた。この日、平壌市民が運動場を埋め尽くしたのは、ソ連軍を歓迎するためというよりも、それまで名声を耳にするばかりだった金日成の姿をその目で見るためだった。だが、驚くことに、演壇に上がった男は重厚な老年の紳士ではなく、30代前半の痩せた若者だった。平壌市民は、この金日成が普天堡の戦いの主人公だということに多少の違和感を覚えた。「平壌市民が頭の中に浮かべた絵は、50歳を過ぎた白髪まじりで、髭を豊かに蓄えた堂々とした男の姿」だった。たちまち人々がざわめき始めた。運動場の後方に集まっていた者たちは露骨に、「若造の演説なんか聞くまでもない。帰ろう」と言い出した。(*16)しかし、1930年代の満州原野は白馬に跨った老将軍が活躍できるような場所ではなかった。このみすぼらしい若者が「その時のあの金日成」だったということは、間違いない歴史的事実だったのだ。

李承晩の帰国

臨時政府の承認問題をめぐり、凄絶な「外交戦」を繰り広げた李承晩《イ・スンマン》は、ワシントンで日本降伏のニュースに接した。彼は8月だけで5回にわたり、米国政府に「帰国を許してほしい」とロビー活動を行った。それでも帰国の道が開かれず、10月1日には国務省の親共・親日分子が帰国を阻んでいると嘆いた。

李承晩の帰国にどのような政治力が作用したのかについては、見解が分かれている。鄭秉峻は『雩南李承晩研究』で、朝鮮半島に反共的な単独政権樹立を望んだマッカーサーが李承晩の帰国を促したと見ている。李承晩は7月末からマッカーサーに自身の反共思想を盛り込んだ書簡を送り、これがマッカーサーの注意を引いたという。李承晩はマッカーサーの後ろ盾と国務省、陸軍省の許しを得て、東京を経て帰国する航空券を手にした。10月4日午後9時、知人数十人の見送りを受けてワシントンを出発し、サンフランシスコ、ホノルル、グアム等を経て、10月10日東京近隣の厚木飛行場に降り立った。鄭秉峻《チョン・ビョンジュン》は、李承晩はこの頃マッカーサーやホッジ、アチソンなどと、米軍政が主導する、李承晩と大韓民国臨時政府など右派勢力を中心とした諮問統治機構の構想を練ったと見ている。だが、李庭植は「この時点では、米国の対朝鮮政策がそれほど明確に決まっていなかった」とし、「李承晩が帰国したのは、現地司令官であるホッジが朝鮮南部の情勢安定のために彼の帰国を望んだからに過ぎない」と推測している。(*18)

10月16日の李承晩の帰国は、解放以降守勢に追い込まれていた右派の本格的な逆転の糸口となった。李承晩は帰国翌日の記者会見を控え、プリンストン大学の後輩、尹致暎《ユン・チヨン》をホテルに呼び出した。そして、尹致暎から連絡を受けた韓国民主党の主要人物たちが朝鮮ホテルで李承晩と面談した。これにより、左翼に比べて正統性が欠けていた韓民党と長年の外国生活で国内政治基盤がなかった李承晩の本格的な「連帯」が始まった。(*19)

4日後の10月20日午前10時、右派が長い間準備してきた連合軍歓迎会が開催された。この行事は、米軍政庁に名前が変わった旧総督府庁舎の前庭で行われた。高麗交響管弦楽団、第24軍団と第7師団の軍楽隊の演奏が鳴り響く中、大きな太極旗に続き四大連合国の国旗が順に入場した。開会の辞を務めたのは、連合国歓迎準備委員会の委員長を務めていた李仁だった。彼は1946年5月16日、米軍政の検察総長に就任すると、「機関銃を手にして左翼を掃討」し、国会反民族行為特別調査委員会の委員長時代には、同委員会の息の根を止める法案を提出した。(*20)のちに治安の総責任者である米軍政警務局長に就く趙炳玉が、連合国歓迎準備委員会事務長の資格で歓迎の辞を朗読した。

集まった5万人の前で、ホッジは李承晩を「過剰な」までの美辞麗句で紹介した。「この盛大な歓迎会も偉大な朝鮮の指導者を迎えるには物足りない。その方は圧迫者に追われて祖国を去ったが、その方の力は偉大だ。だが、その方は野心が全くない。その方が今ここにいらっしゃる。

みなさんはその方が『ハロー』と呼びかけてくれることを望んでいる」。(*21)ホッジは李承晩が演説する間、不動の姿勢をとって彼の権威を高めた。

李承晩は帰国してから1週間後の10月23日、独立促成中央協議会を組織し、政治勢力の一本化を図った。これに対しては、朝鮮共産党も不満の声をあげにくい状況だった。共産主義者が主導して作った人民共和国が9月16日に発表した組閣名簿で、李承晩を国家主席として推戴したからだ。李承晩であれば、左右合作を実現できるのではないかという世間の期待は高まっていった。しかし、李承晩は生涯共産主義と戦ってきた反共の化身だった。彼は11月7日、ソウル中央放送局を通じたラジオ演説で、「私は重慶政府の一員だ。臨時政府が戻ってきて正式な協議があるまでは、いかなることにも関与できない」(*22)とし、人民共和国主席の座を蹴った。面目を潰された人民共和国中央人民委員会は11月10日、「いまや博士を超党派的な人物として扱うことができなくなった」と宣言した。

左右対立は互いの存在すら認めないほどに溝が深まった。李承晩は12月17日、ソウル中央放送局を通じて「共産党に対する私の立場」という政見を発表した。この発表で李承晩は、「共産分子はソ連を自分たちの祖国と呼ぶというが、もしこれが事実ならば、我々が望むことは、彼らが韓国を離れて自分たちの祖国に帰り、自分たちの国に忠誠を尽くすこと」と皮肉った。怒った朴憲永《パク・ホンヨン》は23日、朝鮮共産党中央委員会代表名義で発表した声明で、李承晩を「民族反逆者および親日派の救世主」と糾弾した。李承晩の帰国は、左右対立の激化に帰結した。

信託と反信託で全国が二分する

米ソの分割占領が長期化の兆しを見せると、米軍政も不安を感じはじめた。ホッジは9月24日、マッカーサーに電報を発信し、「大きく食い違っている政策の下、2つの占領地区に朝鮮が分断されている事実は、朝鮮を1つの国民に統一させるには克服し難い障害要因である。国土の分割が続けば、致命的な事態を招くだろう」と明した。破局を回避するには、鍵を握る米国とソ連が直接乗り出して全面交渉を行わなければならなかった。

解放後の朝鮮半島の運命を事実上決定付けたモスクワ三国外相会議（訳注：米英ソ）は1945年12月16日から26日まで開かれた。米ソはこの会談で、朝鮮人のための臨時政府を作り、これを援助するために両国が参加する共同委員会を設けることで合意した。この共同委員会は、朝鮮の民主的政党・社会団体と協議し、「最高5カ年にわたる4カ国信託統治に関する協定」を結んだ。

モスクワ三国外相会議の合意案が公表されると、朝鮮半島は蜂の巣を突いたような騒ぎになった。解放された朝鮮半島に5年間の信託統治を施行するということは、朝鮮人の自治能力を疑うことと同義だった。反信託運動の先鋒に立ったのは、金九の大韓民国臨時政府だった。彼らは信託統治反対国民総動員委員会を設置し、12月31日午後2時からデモを行った。京城中が反信託の声であふれた。宋鎮禹《ソン・ジンウ》は臨時政府の徹底した反信託の主張に、「米軍政との衝突を避けなければならない」という慎重論で対抗したが、これは致命的だった。宋鎮禹は12月30日午前6時10分頃、苑西洞の自宅で床に入っていたところ、韓賢宇《ハン・ヒョンウ》など右派青年6人に銃撃され死亡した。韓国民主党は、このテロの背後に金九《キム・グ》がいると信じた。解放直後、左右合作を主張した呂運亨《ヨ・ウンヒョン》に「臨時政府奉戴」で対抗した韓民党と臨時政府の関係は、この事件で事実上破綻した。

朝鮮共産党も当初は反信託を強く主張した。しかし、朴憲永が急きょ平壌を訪問し、ソ連の立場を確認した1946年1月2日から、突如信託賛成に立場を変えた。朝鮮共産党が反信託から信託賛成に急旋回すると、右派は共産主義者と信託統治支持者を民族反逆者と規定し攻勢を強めた。(＊23)これを機に朝鮮共産党の正統性に大きな傷がつき、解放から続いてきた左派優位の政治構図が崩れはじめた。

モスクワ三国外相会議の合意案は、冷戦を前にした米ソがやっと合意に達した貴重な成果だった。その後の歴史を冷静に眺めると、この合意案は朝鮮半島の分断を避けられる最後の機会だった。朝鮮人は冷静に合意の意味を理解しようとするよりも、「朝鮮に5年間信託統治がなされる」という単純な事実だけに執着した。しかし、合意文をよく読んでみれば、それに先立ち朝鮮人で構成された「統一された臨時政府」が前提になっていることがわかる。故に何としても統一した臨時政府を樹立しなければならなかった。そうすれば、米ソに朝鮮人の単一の意思を伝え、ひいては貫徹することができた。しかし、すでに極限の左右対立が進んでいる状況で、冷静な理性が働く余地はなかった。右派は「信託統治の主唱者はソ連で、モスクワの決定に賛成する共産主義者はソ連の手先であり、売国奴であり、反託運動は即時独立のための愛国運動」と宣伝した。(＊24)残念なことだが、風の前の灯火のような民族の将来を考えると、「反信託だけ」を掲げて、無条件に反対する状況ではなかった。

モスクワ三国外相会議の決定のとおり、1946年3月20日午後1時、米ソ共同委員会が開幕した。朝鮮北部を占領したソ連の意図は明確だった。のちに駐北朝鮮ソ連大使に就任する、テレンチー・シュトイコフ（Terenty Shtykov／1907～1964）ソ連軍沿海州軍管区軍事評議会委員は開幕式で、「ソ連は朝鮮が友好的国家になることを期待する。そして、朝鮮が将来ソ連を侵犯するための要塞地と根拠地にならないことを願う」と述べた。モスクワ三国外相会議の合意に基づき、朝鮮を統合するための論議は行うが、朝鮮半島にソ連に友好的でない国家を作ることは容認しないという露骨な宣言だった。議論の過程でソ連が望む結論が得られない場合は、状況を覆し、スターリンの命令どおり、北朝鮮にブルジョア民主主義政権を樹立すればいいという話だった。

米ソ共同委員会は出だしから難関に直面した。モスクワ三国外相会議の合意文には、共同委が「朝鮮の民主的政党・社会団体と協議しなければならない」という一節が含まれていた。ソ連が考える民主的政党・社会団体とは、ソ連と共産党に友好的な団体という意味だった。ソ連代表団は、米ソ共同委員会はモスクワ三国外相会議の結論を実行するために設けられたものであるため、この結論に同意しない朝鮮半島の政党・社会団体、すなわち臨時政府と李承晩ら右派反信託勢力は参画できないと主張した。米ソは4月18日、米ソ共同委員会第5号声明を通じて、委員会に参画しようとする政党・社会団体はモスクワ協定履行に協力するという誓約書を提出させる折衷案に合意した。しかし、ソ連は4月23日に再度立場を変えて、「政党・社会団体は、（過去に）モスクワ決定と同盟国のいずれかの国に反対する積極的な行動で自身の名誉を傷つけた代表を協議に参加させてはならない」という新しい条件を提示した。それは、信託統治に反対したことがある「個人」を排除するという主張だった。

米軍政は、米ソ共同委員会が開かれる1カ月前から、李承晩を議長とする諮問機関である大韓民国代表民主議院（民主議院）を設けていた。民主議院は5月1日、米ソ共同委員会と協議し、「臨時政府樹立に参加することが、信託統治に反対できる契機であることを確認する」(*25)という声明を発表した。その意味するところは、ひとまず誓約書を提出し、米ソ共同委員会に参加したあと、信託統治に反対するということだった。ソ連はこの声明に強く反発し、民主議院に加入した団体とは協議しないと宣言した。米国は戸惑いを隠せなかった。ソ連の主張を受け入れ、米ソ共同委員会に右派の参加を阻止するなら、臨時政府は左派を中心に構成されることになる。そうなれば、今度は米国が占領地の半分を明け渡さなければならない。米国は尖鋭な対立が続く臨時政府樹立論議をやめ、異質化しつつある朝鮮半島の現在の状況を止めるための経済統一と38度線撤廃問題を先に論議するよう主張した。米国はソ連がこの提案を拒否すれば、米ソ共同委員会の議論を中止せざるを得ないと通知した。そして、シュトイコフらソ連代表団は5月9日、ソウルを離れた。(*26)

米ソ共同委員会は1947年5月21日に再開されるが、妥協はなかった。米ソ双方とも、朝鮮半島に樹立される政府が自国に友好的であることを望んだ。双方が相手の提案を遮る拒否権を握った状況で、これを実現させる方法は現実的になかった。米ソ共同委員会は決裂した。事実上この時点で、朝鮮半島の分断は確定した。

2つの選択肢

この時期、朝鮮の政治指導者には2つの選択肢があった。第1は、まず民族の統一を成し遂げたあとに国家を建設するという「先統一、後建国」路線であり、第2は、まず国家を建設したあとに統一を成し遂げようという「先建国、後統一」路線だった。このころ大勢を正確に把握していた人物は、李承晩と金日成の2人だけだった。

李承晩は米国政治の動きを知る老練な人物だった。彼は第2次世界大戦が終わった後に始まった米ソの死活的な対立を理解していた。チャーチル元英首相は1946年3月5日、ミズーリー州ウェストミンスター大学で興味深い演説をする。戦争が終わり、ソ連が「バルチック海のシュチェチンからアドリア海のトリエステまで鉄のカーテンを張っている」と皮肉ったのだ。ソ連は東欧市民の自由意識を無視して、ソ連に友好的な共産政権を強要していた。ソ連が引いた鉄のカーテンに米国などは大々的な封鎖政策で対抗した。ロナルド・レーガンとミハイル・ゴルバチョフが登場する1980年代末までの約40年間続く冷戦の始まりだった。

李承晩はこのような厳しい状況の中で朝鮮民族が生き残るためには、朝鮮南部だけでも政府を樹立しなければならないと判断した。米ソ共同委員会が決裂した直後の1946年6月3日、有名な「井邑《チョンウプ》発言」（訳注：井邑は全羅北道の地名）を行う。1946年6月4日付「ソウル新聞」に掲載された李承晩の発言は、「もはや無期休会された（米ソ）共同委員会が再開される気配もなく、統一政府を期待しているがままならないため、朝鮮南部だけでも臨時政府あるいは委員会のようなものを組織し、38度線以北からソ連が撤退するよう世界公論に訴えなければならない。

皆さんも決心しなければならない」(*27)だった。李承晩は、統一はこのように南側だけでも「政府を建てたあとに北側に訴える」(*28)、しかないと考えた。

金日成の考えも同じだった。ソ連の強い影響力の下にあった金日成は、ひとまず「『北朝鮮に』ブルジョア民主主義政権」を樹立しなければならなかった。金日成は11月17日、朝鮮共産党の北朝鮮分局第3回拡大執行委員会で、「現段階の北朝鮮における我が党の政治的総路線と実際の活動は、(中略)北朝鮮を統一的民主独立国家建設のための強力な政治・経済・文化的『民主基地』にすることにある」と述べた。北朝鮮にまず民主基地を建てたあと、その勢いを南側まで拡張していくという、いわゆる「民主基地論」だった。この発言が行われる前、平壌の呉泳鎮は私的な席で金日成と言葉を交わした。呉泳鎮は、金日成に、南北に分断された現状についての見解を聞いた。

「それでは将来、南北の交通はどうなりますか」

金日成は怒ったように固い口調で話した。

「南朝鮮ですか? 同志、南朝鮮のことは考える必要ありません。北風で南朝鮮を覆わなければなりません」

そして、金日成は断固たる態度でひと言付け加えた。

「我々は血を流さなければならない」(*29)

分断を回避するために多くの人々の血の滲む努力が続いた。朝鮮南部の左右合作のため、1946年から1947年にかけて、呂運亨と金奎植《キム・ギュシク》が左右合作委員会を設けて活動し、金九と金奎植は分断を目前にした１９４８年４月、ひと筋の希望を抱いて平壌に渡り南北連席会議に参加した。北朝鮮の曺晩植は、ソ連がモスクワ三国外相会議の決定に賛成するよう要請すると、「朝鮮半島に完全な独立国としての自由政府が作られなければならない。信託統治には賛成できない」という立場を固守した。しかし、ソ連は反対を許さなかった。曺晩植は１９４６年１月５日、平安南道人民政治委員会委員長を解任されたあと、ソ連軍によって突如軟禁された。南側に逃げろという周辺の警告に、「北朝鮮１千万人の民衆と運命をともにする」と応じなかった。彼の最期がどうだったのか、いまだ明らかにされていない。

分断を回避しようとする朝鮮人の善意と情熱が、強固な冷戦構図を解体することはできなかった。成均館大名誉教授の徐重錫《ソジュンソク》は、呂運亨や金奎植など中道派民族主義者と極左、極右との明白な違いは民族国家建設問題にあったと指摘する。李承晩と韓民党は早熟な冷戦論理で早くから単独政府を主張しており、同じ時期に北朝鮮は民主基地論で対抗した。彼らと違って中道派民族主義者たちは徹頭徹尾、統一民族国家建設のためにあらゆる努力を傾けた。一度でも分断されれば、ひどい民族的災難は計り知れないため、たとえ暫定的であっても分断を受け入れることができなかった。[*30]１９４８年２月22日、金奎植は南北連席会議に出て、李承晩に「祖国の分断が決定されるこの時、我々が最後の努力を傾けなければ、歴史は我々を逆賊と糾弾するだろう」と迫った。だが李承晩は、私が歴史に責任を負うから心配するなと応えた。[*31]李承晩は南北連席会議に臨む人々について、「大勢に暗いという嘲笑を免れないだろう」[*32]と酷評している。

２度にわたる米ソ共同委員会が決裂した後、米国は複雑な朝鮮問題から手を引くことにした。

米国は1947年10月、朝鮮から撤収することにし、朝鮮問題を国連に移管した。国連は11月14日、朝鮮半島全域で人口比例に基づく総選挙を実施することを決議し、選挙を促進・監督する9カ国で構成された国連臨時朝鮮委員会を設置した。同委員会は1948年1月、ソウルから入国した。ソ連は国連の決定に反発し、委員会の平壌入りを拒んだ。韓国側の単独政府樹立構想に対抗し、北朝鮮側も独自の手続きを進めた。1948年2月8日に朝鮮人民軍を創設し、2月10日には朝鮮民主主義人民共和国憲法草案を作成した。(*33) 残されたのは、北朝鮮における単独政府樹立だけだった。

国連は1948年2月26日、朝鮮半島の「可能な地域」でのみ総選挙を行うことを最終決定した。これによって1948年5月10日、北緯38度線以南地域で単独総選挙が行われ、8月15日に大韓民国が建国された。38度戦以北地域では8月25日、朝鮮最高人民会議選挙を通じて、9月9日に朝鮮民主主義人民共和国が樹立された。朝鮮半島はついに、互いに正統性を主張する2つの国家に分断された。

分断された祖国を統一する機会が1950年初めに訪れた。アチソン米国務長官が1950年1月12日、全国記者クラブ（NPC）で発表した「アジアの危機」という演説が発端になった。アチソンはこの演説で、米国の極東防衛線がアリューシャン列島から日本を通って沖縄とフィリピンにつながると言及した。米国が極東で守らなければならない領域から、大韓民国は除外されてしまった。

金日成はこの発言に注目した。祖国統一のために「血を流さなければならないとき」がついに到来したのだ。彼は3月30日、朴憲永を同行しモスクワに飛び、4月10日、スターリンと会談した。スターリンは、朝鮮半島の統一に向けた戦争を始めるという金日成の計画を最終的に承認し、毛沢東の意見を聞くように指示した。金日成は1950年5月13日、北京で毛沢東と会談し、肯定的な返事を得た。(*34) これで中国は1カ月半後に始まる戦争によって、毛沢東は息子の毛岸英（1922〜1950）と60万人の若者の命、そして台湾統一を果たす機会を失った。

金日成は数年前、呉泳鎮に公言したとおり、「北風を吹かして」南朝鮮に訴えることを決心した。戦争は1950年6月25日未明4時頃に始まった。この戦争で朝鮮民族が経験した苦痛は筆舌に尽くしがたい。

南南対立の根源を考える

解放から75年、大韓民国では朝鮮半島情勢の認識を異にする2つの勢力間の対立が続いてきた。第1の勢力は、朝鮮の独立は連合国の勝利による結果だという「解放の国際性」を受け入れる人々だ。この立場の人々は、韓国の国益を極大化するためには、世界情勢を冷静に分析し、それに応じた外交政策を立てなければならないと信じている。彼らは解放直後、混乱期にある韓国に急いで単独政府を樹立し、その後に統一を図らなければならないと考えた。そして、その後継者たちは今も、韓国の最大資産である米韓同盟を守るために、できるだけ米国の意に反してはならないという立場を維持している。このような脈絡から見てみると、今の大韓民国を作った国父は、単独政府樹立を推し進めた李承晩ただ1人という結論に至る。要するに、韓国人が自らの力で手に入れた成果は、棚からぼた餅のように訪れた解放（1945年8月15日）ではなく、自らの決断で成し遂げた建国（1948年8月15日）なのだ。このような立場の人々を「保守」と呼び、これらの人々は最近まで大韓民国の主流を自任してきた。

第2の勢力は、朝鮮の解放が連合国によってなされたことは事実だが、朝鮮人も少なくない血を流して寄与したという、「解放の主体性」を強調する人々だ。呂運亨は「そもそも朝鮮独立は単なる連合国の贈り物ではない。3000万人の同胞が過去36年間流血の闘争を続けてきたから、今日自主独立を獲得した」と述べた。(*35) 1946年から1947年に呂運亨と金奎植が主導した左右合作委員会が成功していれば、1948年の金九と金奎植の南北連席会議が成果を出していれば、朝鮮は分断と戦争を避けることができたのではないかと悲しむ。彼らの後継者たちは、金大中の「太陽政策」と盧武鉉の「北東アジア均衡者論」の失敗に胸を痛めており、そのため文在寅政権がより積極的に米朝の仲裁的役割を果たし、開城工業団地と金剛山観光を再開する決断を下すことを望んでいる。朝鮮半島を取り巻く周辺環境は依然として厳しいが、「我が民族同士」主体的な努力を通じて、自らの運命を自らの力で開拓していけると固く信じているのだ。さらに、解放は外勢によって与えられたものではなく、先代たちの血と汗で成し遂げたものであるから、大韓民国臨時政府を記憶しようとし、韓国人が一年のうちで忘れてはならない「ただ1日」があるとすれば、分断を固定化した「建国節」ではなく、それは「光復節」だと主張する。そして「自らの力で」、韓国人の運命を左右する最大の問題である北朝鮮の核問題を解決し、平和な東アジアの扉を開くための大胆な一歩を踏み出さなければならないと声を上げる。和解不可能なこの深淵のような認識の違いが、おそらく現在の大韓民国を2つに分断している殺伐とした境界線の1つだといえる。

１９４５年8月、朝鮮半島で最も短い1日を迎えた朝鮮人は、「米ソ」という外勢の強力な規定の中で、事実上身動きがとれなかった。それでも、一縷の望みをかけて左右合作のために努力したが、失敗した。外勢の圧倒的な規定力は、解放から75年が過ぎた今日まで根本的に変わっていない。これが韓国現代史に横たわった悲劇の源泉であり、ここから派生する問題が、現在においても韓国人の胸を締め付けている。夢にまで見た解放が訪れた日、呂運亨は良い国を創ることを望んだが失敗し、１９４７年7月19日に恵化洞（ソウル特別市鍾路区）のロータリーで撃たれ人生を終えた。そういう意味で、自力で運命を開拓することに失敗した解放の日は、朝鮮半島の「最も短い1日」だったと同時に、その後75年も続く苦難が始まった「最も長い1日」だったといえる。

あとがき

執筆を始めた2019年末は40年あまりの人生の中で、最も大変な時間だった。1年間、「ハンギョレ」新聞労働組合委員長として、さまざまなことを体験した。書こうにも限りも終わりもない話だから、沈黙することにする。ただ、その時間をともにしてくれた幾人かには感謝の気持ちを伝えたい。

労働組合の常勤者としてともに働いたホン・ソクジェとイ・ムンギには一生返せない恩を受けた。いつも心に留めて生きるつもりだ。毎朝出勤してピョ・ヒョンジンと交わした短い談笑から、楽しさとインスピレーションを得た。労組生活をともにしたイ・チュンジェ、イ・ジュヒョン、ユ・チャンソン、ユ・サンジン、キム・ソンヨン、ファン・ウネなどにも感謝する。これらの方々の応援のおかげで執筆を終えることができた。

西海文集編集長のキム・ジョンフンは、解放直後の26日間の話を書きたいという提案を快く受け入れてくれた。『私は朝鮮人神風だ』、『安昌男、三十年の花火のような人生』、『安倍三代』の

3冊をともに制作した友に、改めて感謝の意を表する。

妻のキム・ミョンアと愛する2人の母親であるカン・ホンジャ、チェ・インス女史に感謝の言葉を申し上げる。姉のキム・ミンジョンはFacebookのメッセンジャーを通じて、時折、執筆の進捗を聞いてくれた。これまでさまざまな本を書いてきたが、告白するに今回が最も大変な作業だった。皆の温かい関心と配慮がなかったら、この時間を耐えることができなかっただろう。

2020年8月5日
里門洞書斎にて

吉倫亨（キル・ユニョン）

訳者あとがき

私が本書の原書である、吉倫亨著の『26日間の光復　１９４５年８月15日－９月９日、朝鮮半島の今日を決定づけた時間』（西海文集、２０２０年）を知ったのは、原書が出版された３か月後、２０２０年11月であった。

当時、日本大学大学院総合社会情報研究科国際情報専攻博士前期課程に在学し、韓国軍の防諜機関である国軍機務司令部（機務司）の変遷を研究していた私は、２０１８年９月、進歩派の文在寅大統領（当時）によって機務司が解体されたことを捉えて、左右対立が続く韓国で、国家の「暴力装置」である機務司が解体されたことは、支配層（保守派）と被支配層（進歩派）が逆転したターニングポイントを象徴する出来事ではないかという仮説を立てて、機務司という視座から韓国現代史と政軍関係を研究していた。

あとがきを記している２０２３年４月現在、改めてこの仮説を振り返ると、韓国では２０２２年５月に保守派の尹錫悦政権が誕生し、機務司（当時、国軍安保支援司令部に再編）は同年11月、国軍防諜司令部として再建を遂げており、自身の浅学を恥じるとともに、韓国社会のダイナミズムを実感するばかりである。

この国軍防諜司令部という名称について、韓国では前時代的、先祖帰りなどと評価された。それは韓国軍防諜機関が朝鮮警備隊情報処特別調査課（1948年5月）として誕生し、朝鮮戦争が勃発する前年の1949年10月に陸軍情報局防諜隊として独立したという経緯があったからに他ならない。

韓国の歴代大統領は、韓国軍防諜機関を自らの守護者あるいは親衛隊として信任し続けた。その事実は、李承晩大統領と金昌龍陸軍特務部隊長との蜜月に始まり、朴正熙大統領による全斗煥国軍保安司令官の重用、国軍保安司令官出身者である全斗煥・盧泰愚の大統領就任、金大中・李明博・朴槿恵大統領が国軍機務司令官を同郷または近親者で固めたことからも明らかである。

つまり、韓国の大統領にとって、出自の左右に関わらず、軍を掌握、叛乱《はんらん》を防止し、人心の把握し、時には操作するための懐刀として、韓国軍防諜機関の存在と同機関からの忠誠が必要であったと、浅学非才の身ながら考えている。

然るに、尹錫悦大統領が韓国軍防諜機関の名称を先祖帰り的に国軍防諜司令部とした意図は、いずこにあるのだろうか。その答えは一つではないだろうが、見えてくるのは現在も続く、否、拡大あるいは深化する韓国内の左右対立である。

このような視座で韓国軍防諜機関の変遷を研究していた私は、上述のとおり2年余り前、韓国における左右対立の淵源として、本書に登場する「朝鮮人民共和国」（人共）があったことを知った。人共は国家承認こそされなかったが、韓国人が解放後、自らの手で初めて樹立した「国家」の萌芽と言って差し支えないのではないだろうか。解放された朝鮮半島の地で初めて樹立されようとした国家が、大韓民国でも朝鮮民主主義人民共和国でもなく、共産主義者による人共であったことに興奮した私は、韓国に住む知人のジャーナリストに電話をかけた。

知りたかったのは、私が興奮した歴史的事実について、今を生きる韓国人はどう評価しているのか、ということであった。だが、彼の言葉は興奮を冷ますと同時に、新たな好奇心を沸き起こさせるに十分であった。彼曰く、高校までの現代史で人共について触れないため、進歩派（日本でいう革新派）の一部が知っている程度で、進歩派のオヤジたちが屋台で焼酎片手に歴史のifで口角泡を飛ばすときの肴であり、進歩派の憧憬の対象に過ぎない――と。

そして、彼がそんな進歩派オヤジたちが思いを寄せる時代を描いた本が最近出版されたと紹介してくれたのが、２０１３年～17年にかけてハンギョレ新聞東京特派員を務めた吉倫亨氏が著した原書だった。韓国の左右対立の淵源をたどりたかった私は、彼を通じて吉氏と西海文集に連絡し、日本での出版権を得て、それから約2年におよぶ翻訳作業に取りかかることになる。

本書を訳し終えて理解できたことは、韓国の左右対立は、資本主義・自由主義対共産主義・社会主義というイデオロギーの枠に収まらないということである。氏はエピローグで、対立の軸を「解放」に関する認識であるとしている。そして、独立は連合国の勝利による結果という「解放の国際性」を受け入れる認識と、連合国の勝利によって独立したことは事実であるが朝鮮人も少なからぬ貢献をしたという「解放の主体性」を強調する認識の違いが、和解不可能な分裂を招いていると説いている。

この認識の違いが政策や行動として表出するとき、前者は保守派、後者は進歩派とステレオタイプに分類されるわけだが、その認識の根底に「民族」という核が存在することに着目しなければならない。日本では、民族は天皇とともに保守派のアイコンとなっており、日本人の帰属意識を表すキーワードとなっている。ゆえに、革新派は（日本の）民族について多くを語らず、むしろ、戦前の日本を想起させるキーワードとして否定的に取り扱っている。

訳者は、この民族に対する態度こそが、韓国の左右対立を理解する上で最も重要であると捉えており、対立を単純な、あるいは純粋なイデオロギーの相克と捉えては、理解が難しいのではないかと考えている。

もう一点、訳者が思慮したことは、韓国人の寛容と現実への適応力である。著者は、日韓双方の記録から、8月15日を境に支配者の立場から転落し、国家の庇護から外れた朝鮮半島在住日本人の姿を描き出した。「日帝三十六年」と称される民族史の汚辱を背負う韓国人は、流民と化した日本人に報復することなく、言い換えれば、日本人の存在を無視するかのように政治勢力の糾合を繰り返し、新国家樹立に動いた。

多くの読者がご存知のとおり、敗戦後、満州では多くの日本人が辛酸を舐めた。この満州での惨事を思い起こすとき、日本人は韓国人の寛容な態度を記憶すべきである。また、解放の混乱の中で素早く現実に対応した適応力は、最先端のＩＴ国家・社会を生み出し、韓流という文化コンテンツを世界中に広げるに至った、現在の韓国人にも受け継がれていると見るべきであろう。

最後に、本書の内容は日本人に馴染みのない人物や組織の変遷が中心であり、かつ、紙幅も多いことから、韓国現代史を手軽に学ぶための入門書ではない。しかし、大韓民国という国家がどのようにして誕生し、その成立過程が現在の韓国にどのような影響を与えたのかについて知り、それらが今後の日韓関係にどう影響するのかを考察する上で、良書であると考える。よって、韓国の芸能人や映画・ドラマ、歌謡などの文化に憧れ、韓国に関心を持つ、これからの日韓関係を担う若い世代に手に取ってもらえれば幸甚である。

本書の内容で不正確な部分や理解しがたい部分があれば、その責は訳者に帰する。業務の傍らの翻訳で締め切りを度々破ったにも関わらず、迅速な編集で出版を実現してくれた株式会社ハガツサの本間香奈氏に感謝する。名前を挙げることができず残念だが、校閲者のぴいたさんによる翻訳間違いの指摘を含む校閲がなければ、本書は書籍としての体を成すことができなかった。ぴいたさんに大いに感謝する。そして、私の翻訳と出版を最後まで見守り、応援してくれた妻に最大限の感謝を記して謝辞とする。

２０２３年10月吉日

吉永憲史

巻末脚注

プロローグ

*1 金仁植、「朝鮮建国準備委員会の建国構図」、『韓国民族運動史研究』、第84集、176頁。

第1節

*1 呂運弘、『夢陽　呂運亨』、青廈閣、1967、134頁。
*2 呂運弘、前掲書、134~135頁。
*3 宮田節子著、チョン・ジェジョン訳、『植民地の虚像と実情』、慧眼、2002、262~263頁
*4 呂運弘、前掲書、135頁。
*5 呂運弘、前掲書、135頁。
*6 姜徳相、『日帝末期暗黒時代の燈として』、新幹社、2019、216頁。
*7 金乙漢、『日帝強占期　東京留学生　そして土月会の話』、探求堂、1986、163頁。
*8 吉倫亨、『安昌男、三十年の花火のような人生』、西海文集、2019、187頁。
*9 李庭植、『呂運亨　時代と思想を超越した融和主義者』、ソウル大学校出版部、2008、369頁。
*10 姜徳相、前掲書、221頁。
*11 千寛宇、「民世安在鴻年譜」、『創作と批評』、1978年冬号、212頁。
*12 安在鴻、「呂運亨氏の追憶」、『民声』、1949年10月号。
*13 趙甲済『朴正煕　趙甲済記者のライフワーク　ある近代化革命家の悲壮な生涯』1、趙甲済ドットコム、2006、238頁。
*14 李東華「夢陽呂運亨の政治活動　再評価のために」上、『創作と批評』、1978年夏号、325頁。
*15 李庭植、前掲書、488頁。
*16 安在鴻、「八・一五当時の我が政界」、『新韓民報』、1949年9月15日。
*17 金乙漢、『人生をつかむ　あるジャーナリストの証言』、一潮閣、1989、126頁。
*18 李基炯、『呂運亨評伝』、実践文化社、2004、351頁。
*19 姜徳相、前掲書、287頁。
*20 李基炯、前掲書、352頁。
*21 姜徳相、前掲書、286頁。
*22 李基炯、前掲書、351頁。
*23 李庭植、前掲書、737頁。

第2節

*1 崔夏永、「政務総監　韓人課長呼び出す」

『月刊中央』1968年8月、122～124頁。
*2 森田芳夫、『朝鮮終戦の記録 米ソ両軍の進駐と日本人の引揚』、巌南堂書店、1964、67頁。
*3 崔夏永、前掲書、126～128頁。
*4 李東華、前掲書、386頁。
*5 姜徳相、前掲書、296頁。
*6 森田芳夫、前掲書、40～41頁。
*7 森田芳夫、前掲書、67～68頁。
*8 森田芳夫、前掲書、95頁。
*9 森田芳夫、前掲書、69頁。
*10 李基炯、前掲書、322～323頁。
*11 李基炯、前掲書、347頁。
*12 姜徳相、前掲書、387頁。
*13 呂運弘、前掲書、136頁。
*14 「朝鮮日報」2005年8月13日。
*15 呂運弘、前掲書、136頁。
*16 森田芳夫、前掲書、69～71頁。
*17 東亜日報社、『独立への執念 古下 宋鎮禹伝記』、東亜日報社、1999、444頁。
*18 翰林大学校アジア文化研究所、『朝鮮共産党文書資料集、1945～46』、翰林大学校出版部、1993、6～7頁。
*19 李庭植、前掲書、45頁。
*20 イム・ギョンソク、「被支配民族のためのインターナショナリズム」、『ハンギョレ21』、第1209号。
*21 呂運亨、「被疑者尋問調書」（1929年8月6日）、『夢陽呂運亨全集』1、ハヌル、1997、544頁。

第3節

*1 「東亜日報」1945年9月6日。
*2 国史編纂委員会、「ロシアへの恐怖」、『在韓米軍史1』、国試編纂委員会、2014。（この本は国史編纂委員会ホームページで内容を確認できる。http://db.history.go.kr/item/level.do?sort=levelId&dir=ASC&start=1&limit=20&page=1&pre_page=1&setId=-1&pr evPage=0&prevLimit=&itemId=husa&types=&synonym=off&chinessChar=on&bro ke rPagingInfo=&levelId=husa_001r&position=-1#）
*3 「東亜日報」1946年9月6日。
*4 「東亜日報」1946年9月10日。
*5 「東亜日報」1946年9月10日。
*6 柳光烈、『記者半世紀』、瑞文堂、1969、290頁。
*7 金俊淵『独立路線』、時事時報社、1959、256頁。
*8 東亜日報社、前掲書、415頁。

*9 金乙漢、『新聞夜話　30年代記者手帳』、一潮閣、1971、85頁。
*10 東亜日報社、前掲書、295〜296頁。
*11 金俊淵、前掲書、267頁。
*12 東亜日報社、前掲書、416頁。
*13 金俊淵、前掲書、260頁。
*14 東亜日報社、前掲書、418頁。
*15 安在鴻、「民政長官を辞任して」、『新天地』、1948年7月号。
*16 金俊淵、前掲書、254〜255頁。
*17 イ・ギョンナム、「独不将軍　金俊淵の政治曲芸」、『政経文化』1984年9月号、102頁。
*18 金俊淵、前掲書、259頁。
*19 東亜日報社、前掲書、425頁。
*20 小此木政夫、『朝鮮半島分断の起源』、ナナム、2019、240頁。
*21 李仁、「解放前後　片片録」、『新東亜』通巻36号、360頁。
*22 金俊淵、前掲書、2〜3頁。
*23 金俊淵、前掲書、3頁。
*24 金俊淵、前掲書、2〜4頁。
*25 金俊淵、前掲書、5頁。
*26 金俊淵、前掲書、4頁・268頁。
*27 韓国放送公社、『韓国放送60年史』、1987、72頁。
*28 イ・ネス、『物語　放送史　1924〜1948』、種をまく人、2001、223頁。
*29 イ・ネス、前掲書、227頁。
*30 韓国放送公社、前掲書、73頁。
*31 李庭植、前掲書、727頁。

第4節

*1 趙容萬、『京城夜話』、チャン、1992、212頁。
*2 趙容萬、前掲書、273頁。
*3 趙容萬、前掲書、280頁。
*4 沈之淵、『李康国研究』、白山書堂、2006、21〜23頁。
*5 趙容萬、前掲書、278頁。
*6 韓国放送公社、前掲書、66頁。
*7 半藤一利、『決定版　日本のいちばん長い日』、文春文庫、2006、312頁。
*8 半藤一利、前掲書、342頁。
*9 崔夏永、前掲書、128頁。
*10 半藤一利、前掲書、348頁。
*11 文済安ほか、『8・15の記憶　解放空間の風景　40人の歴史体験』、ハンギル社、2005、105頁。
*12 長田かな子、「45年8月15日」、『季刊三千里』31号、1982年8月、116頁。

＊13 森田芳夫、前掲書、74～75頁。
＊14 崔夏永、前掲書、128～129頁。
＊15 坪井幸生、『ある朝鮮総督府警察官僚の回想』、草思社、2004、134～137頁。
＊16 森田芳夫、「長田かな子」、『朝鮮終戦の記録資料編』2、巖南堂書店、1979、310～312頁。
＊17 森田芳夫、前掲書、148頁。

第5節

＊1 柳光烈、前掲書、162～163頁。
＊2 李秉喆、『湖南自伝』、ナナム、2014、73～74頁。
＊3 カン・インソン、「1945年8月15日、ソウルは静かだった」、『月刊朝鮮』1995年8月号。
＊4 呂鷰九、『私の父 呂運亨 失われた巨星の再照明』、キムヨン社、2001、139頁。
＊5 李庭植、前掲書、737頁。
＊6 李庭植、前掲書、374頁。
＊7 李庭植、前掲書、378頁。
＊8 李庭植、前掲書、366頁。
＊9 長田かな子、前掲書、116頁。
＊10 呂運亨、「被疑者尋問調書」（1929年8月6日）、前掲書、442～443頁。
＊11 李萬珪、前掲書、206頁。
＊12 李萬珪、前掲書、263～265頁。
＊13 李萬珪、前掲書、271頁。
＊14 李萬珪、前掲書、203～204頁。
＊15 呂運弘、前掲書、142頁。
＊16 安在鴻、「八・一五当時の我が政界」、『新韓民報』、1949年9月15日。
＊17 翰林大学校アジア文化研究所、前掲書、8頁。
＊18 宋建鎬、『宋建鎬全集』11、ハンギル社、2002、133頁。
＊19 文済安ほか、前掲書、9頁。

第6節

＊1 李基炯、前掲書、367～368頁。
＊2 李庭植、前掲書、786頁。
＊3 李庭植、「呂運亨と建国準備委員会」、『歴史学報』134・135号、1992年9月、42～43頁。
＊4 李庭植、『呂運亨 時代と思想を超越した融和主義者』、ソウル大学校出版部、2008、743頁。
＊5 李庭植、前掲書、739頁。
＊6 李仁、前掲書、128～129頁。
＊7 李仁、前掲書、359頁
＊8 東亜日報社、前掲書、437頁。
＊9 李仁、前掲書、360頁。

*10 李仁、前掲書、３６０頁。

*11 李仁、前掲書、３６６頁。

*12 イム・ジェギョン、『ペンで道を探す　イム・ジェギョン回顧録』、チャンビ、２０１５、47〜49頁。

*13 韓国語翻訳本は国史編纂委員会、『大韓民国臨時政府資料集、駐米外交委員部Ⅱ』（国史編纂委員会、２０００、１２０〜１２９頁）で確認することができる。

*14 鄭秉峻、「カイロ会談の韓国問題論議とカイロ宣言韓国条項の作成過程」、『歴史批評』通巻１０７号、２０１４年夏、２２７頁。

*15 United States Department of State〈The Hopkins Mission to Moscow〉《FRUS:diplomatic papers : the Conference of Berlin (the Potsdam Conference)》１９４５、47頁。

第7節

*1 李仁、『半世紀の証言』、明治大学出版部、１９７４、１４５頁。

*2 呂運弘、前掲書、１４２頁。

*3 李萬珪、前掲書、１８５頁。

*4 李仁、「解放前後　片片録」、『新東亜』通巻36号、１９６７年、３６０〜３１６頁。

*5 チョン・フ、「革命への道　左翼人の良心」、『新天地』、１９４５年4月、２４７頁。

*6 森田芳夫、前掲書、76頁。

*7 チョン・フ、前掲書、２４７頁。

*8 パニャ・イサアッコブナ・シャブシュバ著、キム・ミョンホ訳、『１９４５年韓国で』、ハヌル、１９９６、72頁。

*9 パニャ・イサアッコブナ・シャブシュバ、前掲書、73頁。

*10 チョン・フ、前掲書、２４８頁。

*11 「自由新聞」１９４６年8月11日。

*12 李庭植、「呂運亨と建国準備委員会」、25頁。

*13 呂運亨、「徽門中学校運動上で呂運亨演説」、前掲書、ハヌル、１９９７、２１３頁。

*14 「毎日新報」１９４５年8月17日。

*15 李萬珪、前掲書、１８５頁。

*16 李栄根、「呂運亨『建準』の挫折　統一日報会長故李栄根回顧録」上、『月刊朝鮮』１２５号、１９９０年8月、４３６頁。

*17 森田芳夫、前掲書、77頁。

*18 李栄根、前掲書、４３４〜４３８頁。

*19 李基炯、前掲書、３６９頁。

*20 李庭植、「『8・15ミステリー』ソ連軍進駐説の震源」、『新東亜』１９９１年8月、４３１頁。

*21 パニャ・イサアッコブナ・シャブシュバ、前掲書、74頁。

*22 森田芳夫・長田かな子、『朝鮮終戦の記録

資料編』2、巖南堂書店、１９７９、３１２頁。
＊23 森田芳夫・長田かな子、前掲書、３１２頁。
＊24 文済安ほか、前掲書、21～22頁。
＊25 森田芳夫、前掲書、80頁。
＊26 森田芳夫、前掲書、80頁。
＊27 呂運弘、前掲書、１８９頁。
＊28 森田芳夫、前掲書、80～81頁。
＊29 森田芳夫・長田かな子、前掲書、３１３頁。
＊30 イ・ヨンシク、『朝鮮を去って　１９４５年敗戦を迎えた日本の最後』、歴史批評社、２０１２、55頁。
＊31 李庭植、『呂運亨　時代と思想を超越した融和主義者』、ソウル大学校出版部、２００８、７４５頁。
＊32 李庭植、前掲書、45頁。
＊33 呂鸞九、前掲書、１４８～１４９頁。
＊34 李萬珪、前掲書、２２９頁。李基炯、前掲書、３７０頁。
＊35 井原潤二郎、「朝鮮軍参謀長時代を語る」、『東洋文化研究』6号、２００４年、３４４頁。

第8節

＊1 イ・ヨンシク、前掲書、18頁。森田芳夫・長田かな子、前掲書、２８４～２９５頁。
＊2 森田芳夫・長田かな子、『朝鮮終戦の記録　資料編』1、１２５頁。
＊3 森田芳夫・長田かな子、前掲書、１２６～１２７頁。
＊4 森田芳夫・長田かな子、前掲書、１２６頁。
＊5 森田芳夫、前掲書、１１５～１１６頁。
＊6 森田芳夫、前掲書、１１６頁。
＊7 森田芳夫、前掲書、１１５頁。
＊8 森田芳夫・長田かな子、前掲書、１２７頁。
＊9 森田芳夫・長田かな子、前掲書、１３３頁。
＊10 森田芳夫・長田かな子、前掲書、20頁。
＊11 坪井幸生、前掲書、１４３頁。
＊12 文済安ほか、前掲書、88頁。
＊13 文済安ほか、前掲書、36頁。
＊14 文済安ほか、前掲書、１９０～１９２頁。
＊15 森田芳夫、前掲書、80～81頁。
＊16 坪井幸生、前掲書、１４４頁。
＊17 平岡敬、『時代と記憶　メディア・朝鮮・ヒロシマ』、影書房、２０１１、１７７～１８３頁。
＊18 「ハンギョレ」２０１６年5月21日。
＊19 森田芳夫、前掲書、81頁。
＊20 イ・ギョンナム、前掲書、１０６～１０７頁。「京城日報」１９４５年8月20日。
＊21 宮田節子、前掲書、２７０～２７１頁。
＊22 「毎日新報」１９４５年8月17日。

*23 森田芳夫・長田かな子、前掲書、20頁。
*24 宮本正明、「朝鮮軍・解放前後の朝鮮」、『東洋文化研究』6号、2004年、271頁・344頁。
*25 森田芳夫、前掲書、103頁。
*26 文済安ほか、前掲書、24頁。
*27 鄭晋錫、『言論朝鮮総督府』、コミュニケーションブックス、2005、285〜286頁。
*28 ヤン・ジェハ、「再び輪転機の前で」、「京城日報」創刊号、1946年2月28日。
*29 文済安ほか、前掲書、182〜196頁。
*30 曺圭河・李庚文・姜聲才、『南北の対話』、高麗院、1987、45〜46頁。
*31 森田芳夫、前掲書、104頁。
*32 姜徳相、前掲書、296頁。
*33 李栄根、前掲書、443頁。
*34 森田芳夫、前掲書、104頁。
*35 李栄根、前掲書、444頁。
*36 李萬珪、前掲書、210頁。
*37 李栄根、前掲書、445〜447頁。
*38 森田芳夫、前掲書、105頁。

第9節

*1 東亜日報社、前掲書、448頁。
*2 李萬珪、前掲書、204頁。
*3 東亜日報社、前掲書、447頁。
*4 「毎日新報」1945年10月2日。
*5 李仁、前掲書、361頁。
*6 呂運弘、前掲書、150頁。
*7 「解放日報」1945年8月16日。
*8 「鉄格子の大物たち」、『東光』、第21号、1931年5月。
*9 安在鴻、「八・一五当時の我が政界」、「新韓民報」、1949年9月15日。
*10 趙炳玉、『私の回顧録』、ソンジン、2003、110頁。
*11 金俊燁・金昌順、『韓国共産主義運動史3』、清渓研究所、1986、36頁。
*12 東亜日報社、前掲書、296〜297頁。
*13 金俊燁・金昌順、前掲書、66〜67頁。
*14 曺圭河・李庚文・姜聲才、前掲書、54頁。
*15 韓国民主党宣伝部、『韓国民主党小史』、韓国民主党宣伝部、1948、4頁。
*16 李仁、『半世紀の証言』、明治大学出版部、1974、147頁。
*17 安在鴻、「夢陽呂運亨の追憶」、『民世』、1949年10月。
*18 呂運弘、前掲書、150頁。
*19 李萬珪、前掲書、213〜216頁。
*20 呂運弘、前掲書、150〜151頁。
*21 李萬珪、前掲書、217頁。

＊22 李萬珪、前掲書、217頁。
＊23 李基炯、前掲書、386頁。
＊24 呂運弘、前掲書、150頁。
＊25 李仁、「解放前後　片片録」、『新東亜』通巻36号、1967年、362頁。

第10節

＊1 河辺虎四郎、『河辺虎四郎回想録　市ヶ谷台から市ヶ谷台へ』、毎日出版社、1979、171頁。
＊2 河辺、前掲書、171頁。
＊3 河辺、前掲書、176頁。
＊4 河辺、前掲書、177頁。
＊5 河辺、前掲書、178頁。
＊6 河辺、前掲書、180頁。
＊7 河辺、前掲書、184頁。
＊8 河辺、前掲書、188頁。
＊9 森田芳夫・長田かな子『朝鮮終戦の記録　資料編』1、巖南堂書店、1979、18頁。
＊10 森田芳夫、前掲書、83頁。森田芳夫・長田かな子、前掲書、19頁。
＊11 森田芳夫、前掲書、154頁。
＊12 森田芳夫・長田かな子、前掲書、122頁。
＊13 森田芳夫・長田かな子、前掲書、122頁。

第11節

＊1 李仁、『半世紀の証言』、明治大学出版部、1974、148頁。
＊2 李仁、「解放前後　片片録」、『新東亜』通巻36号、1967年、363頁。
＊3 李庭植、『大韓民国の記憶』、一潮閣、2006、757頁。
＊4 李萬珪、前掲書、233頁。
＊5 韓民党、「臨時政府外に政権僭称する団体及び行動排撃決議声明書」、『資料大韓民国史』、第1巻。
＊6 韓国民主党宣伝部、前掲書、7~8頁。
＊7 イム・ギョンソク、「日帝が隠蔽した裁判朴憲永の法廷闘争」、『ハンギョレ21』、1237号。
＊8 金南植、『南労党研究』、トルベゲ、1984、20頁。
＊9 「而丁朴憲永全集」編集委員会、『而丁朴憲永全集』第2巻米軍政期著作編、先人、2004、50頁。
＊10 李庭植、前掲書、523頁。
＊11 「而丁朴憲永全集」編集委員会、前掲書、51頁。
＊12 金南植、前掲書、40頁。
＊13 李庭植、「呂運亨と建国準備委員会」、73頁。
＊14 李庭植、『呂運亨　時代と思想を超越した融

和主義者』、514頁。

＊15 李萬珪、前掲書、220頁

＊16 「毎日新報」1945年9月4日。

＊17 李庭植、前掲書、512頁。

＊18 沈之淵、『許憲研究』、歴史批評社、1994、94頁。

第12節

＊1 金九、『白凡逸志』、トルベゲ、2002、398~399頁。

＊2 李庭植、『大韓民国の記憶』、一潮閣、2006、300頁。

＊3 国史編纂委員会、『大韓民国臨時政府資料集』18、214頁。

＊4 張俊河、『石枕』、トルベゲ、2015、357頁。

＊5 張俊河、前掲書、259~261頁。

＊6 小此木政夫、前掲書、313頁。

＊7 金光載、「韓国光復軍と米OSS合同作戦」、『軍史』第45号、2002年4月、147~148頁。

＊8 張俊河、前掲書、275頁。

＊9 張俊河、前掲書、295頁。

＊10 金九、前掲書、399頁。

＊11 小此木政夫、前掲書、368頁。

＊12 張俊河、前掲書、307頁。

＊13 張俊河、前掲書、314頁。

＊14 張俊河、前掲書、316頁。

＊15 Maochun Yu,《OSS in China》,Yale University Press,1997、233~234頁。

＊16 Maochun Yu、前掲書、235頁。

＊17 1945年9月3日「ビラ」

＊18 韓詩俊、「大韓民国臨時政府の換局」、『韓国近現代研究』第25集、2003年夏、69~70頁。

＊19 「The Acting Secretaty of State to the Ambassador in China（Hurley）」,『FRUS: diplomatic papers, 1945 : The British Commonwealth, the Far East』、1945、1053~1054頁。

＊20 小此木政夫、前掲書、383頁。

＊21 張俊河、前掲書、371頁。

＊22 鄭秉峻、「南韓進駐を前後した駐韓米軍の対韓情報と初期占領計画」、『史学研究』51、1996年5月、174頁。

第13節

＊1 小此木政夫、前掲書、198頁。

＊2 国史編纂委員会、「情報」、『在韓米軍史1』、国試編纂委員会、2014

＊3 小此木政夫、前掲書、200頁。

＊4 森田芳夫・長田かな子、『朝鮮終戦の記録

資料編』1、25頁。
＊5 国史編纂委員会、「日本人との接触」、前掲書。
＊6 国史編纂委員会、「日本人との接触」、前掲書。
＊7 ブルース・カミングス、鄭敬謨他訳、『朝鮮戦争の起1　1945年～1947年　解放と南北分断体制の出現』、明石書店、2012、154～155頁。国史編纂委員会、「日本人の統治権維持」、前掲書
＊8 国史編纂委員会、「朝鮮人との関係」、前掲書。
＊9 呉永鎮、『一つの証言』、国民思想指導院、1952、71頁。
＊10 「毎日新報」1945年9月3日。
＊11 森田芳夫・長田かな子、前掲書、20～22頁。
＊12 森田芳夫・長田かな子、前掲書、22頁。
＊13 李景珉、前掲書、113頁。
＊14 国史編纂委員会、「日本人との接触」、前掲書。
＊15 森田芳夫、前掲書、271頁。
＊16 森田芳夫、前掲書、272頁。
＊17 森田芳夫、前掲書、275頁。
＊18 森田芳夫、前掲書、273頁。
＊19 森田芳夫・長田かな子、前掲書、31頁。
＊20 ブルース・カミングス、前掲書、156頁。
＊21 国史編纂委員会、「先発隊」、前掲書。
＊22 ブルース・カミングス、前掲書、154～155頁。
＊23 ブルース・カミングス、前掲書、156頁。
＊24 呂運弘、前掲書、163頁。
＊25 呂運弘、前掲書、165頁。
＊26 ブルース・カミングス、前掲書、169頁。
＊27 「毎日新報」1945年9月12日。
＊28 森田芳夫、前掲書、274頁。

第14節

＊1 李基炯、前掲書、391頁。
＊2 朴駉遠、『南労党総批判』上、極東情報社、1948、32頁。
＊3 李庭植、前掲書、536頁。
＊4 曺圭河・李庚文・姜聲才、前掲書、47頁。
＊5 李庭植、前掲書、547頁。
＊6 李栄根、「李承晩、朴憲永を制圧する　統一日報会長故李栄根回顧録」下、『月刊朝鮮』126号、1900年9月、429頁。
＊7 呂運弘、前傾書、155頁。
＊8 呂運弘、前傾書、153頁。
＊9 呂運弘、前傾書、428頁。
＊10 呂運弘、前傾書、534頁。
＊11 呂運弘、前傾書、753頁。
＊12 「自由新聞」10月9日。

*13 李庭植、前傾書、709頁。
*14 李庭植、前傾書、713頁。
*15 安在鴻、「夢陽 呂運弘氏の追憶」、『民声』、1949年10月。
*16 李庭植、前傾書、705頁。
*17 李庭植、前傾書、753頁。
*18 イム・ギョンソク、『而丁朴憲永一代記』、歴史批評社、2004、322頁。
*19 李庭植、前掲書、550頁。
*20 曺圭河・李庚文・姜聲才、前掲書、49頁。
*21 安在鴻、「八・一五当時の我が政界」、『新韓民報』、1949年9月15日。
*22 安在鴻、前傾の記事
*23 「毎日新報」1945年10月2日。
*24 「毎日新報」1945年10月2日。
*25 李仁、「解放前後　片片録」、『新東亜』通巻36号、355頁。
*26 姜徳相、前掲書、233頁。
*27 パク・テギュン、「パク・テギュンのバーチ報告書3『呂運亨の親日行跡を探せ』」、「京郷新聞」、2018年4月15日。
*28 李栄根、前掲書、429頁。

第15節

*1 「毎日新報」1945年9月9日。
*2 「毎日新報」1945年9月8日。
*3 「毎日新報」1945年9月9日。
*4 ブルース・カミングス、前掲書、166頁。
*5 国史編纂委員会、「第7師団のソウル占領」、前掲書。
*6 「毎日新報」1945年9月9日。
*7 国史編纂委員会、「第7師団のソウル占領」、前掲書。
*8 「毎日新報」194年9月9日。
*9 呉永鎮、前掲書、72頁。
*10 呉永鎮、前掲書、73頁。
*11 「毎日新報」1945年9月9日号外。
*12 ハン・ホンニョル、「日本降伏調印式の光景」、金史林編、『新聞記者手帳』、モダン出版、1948から再引用。
*13 森田芳夫、前掲書、282頁。
*14 国史編纂委員会、「統治権の引継ぎ」、前掲書。
*15 国史編纂委員会、「統治権の引継ぎ」、前掲書。
*16 森田芳夫、前掲書、289～290頁。
*17 ブルース・カミングス、前掲書、168頁。
*18 孫禎睦、『孫禎睦が書いた韓国近代化100年』、ハヌル、2015、184頁。
*19 国史編纂委員会、「統治権の引継ぎ」、前掲書。
*20 「毎日新報」1945年9月12日。

*21 「毎日新報」１９４５年９月13日。
*22 小此木政夫、前掲書、２７６頁。
*23 孫禎睦、前掲書、１８８頁。
*24 「毎日新報」１９４５年９月12日。
*25 李庭植、前掲書、１１３頁。
*26 安在鴻、「八・一五当時の我が政界」、『新韓民報』、１９４９年９月15日。
*27 李庭植、前掲書、１１３〜１１５頁。
*28 ブルース・カミングス、前掲書、１６３頁。
*29 ブルース・カミングス、前掲書、１７１頁。
*30 United States Department of State,〈The Political Adviser in Korea (Benninghoff) to the Secretary of State〉,《FRUS: diplomatic papers, 1945: The British Commonwealth, the Far East》, 1945, １０４９〜１０５１頁。
*31 李萬珪、前掲書、２４０頁。
*32 「毎日新報」１９４５年10月２日。
*33 「毎日新報」１９４５年10月11日。
*34 李萬珪、前掲書、２３８頁。
*35 崔永鎬、「朝鮮半島居住日本人の帰還過程にみる植民地支配に関する認識」、『北東アジア歴史論叢』第21号、２００８年９月号、２７０〜２７１頁。
*36 森田芳夫・永田かな子、『朝鮮終戦の記録資料編』２、３１４頁。
*37 森田芳夫、前掲書、３１７頁。
*38 崔永鎬、前掲書、２９５頁。
*39 宋南憲、前掲書、45頁。
*40 森田芳夫、前掲書、３９１頁。

エピローグ

*1 森田芳夫、前掲書、１６８頁。
*2 森田芳夫、前掲書、１６５頁。
*3 和田春樹、「ソ連の対北朝鮮政策、１９４５〜１９４６」、『分断前後の現代史』、一月書閣、１９８３、２５２頁。
*4 森田芳夫、前掲書、１６８頁。
*5 小此木政夫、前掲書、４１５〜４１６頁。
*6 呉永鎮、前掲書、87頁。
*7 呉永鎮、前掲書、88〜89頁。
*8 文済安ほか、前掲書、92頁。
*9 小此木政夫、前掲書、５２９頁。
*10 小此木政夫、前掲書、５３２頁。
*11 小此木政夫、前掲書、５４３頁。
*12 和田春樹、「ソ連の対北朝鮮政策、１９４５〜１９４６」、『分断前後の現代史』、一月書閣、１９８３、２４４頁。この論文の原作は和田春樹、「ソ連の朝鮮政策　１９４５年８月―11月」、『社会科学研究』（第33巻第４号、１９２８年）と「ソ連の朝鮮政策　１９４５年11月―１８４６年３月」、『社会科学研究』（第33巻第６号、１９８２年）で

ある。

＊13　ハン・ホング、「26歳の金日成を英雄にした普天堡戦闘…微々たる戦果だったが強力な衝撃打を放つ」、『ハンギョレ21』383号、2001年11月15日。

＊14　小此木政夫、前掲書、460頁。

＊15　古堂　曺晩植先生記念事業会編、『北朝鮮一千万同胞と生死をともにす：永遠の民族の師　古堂曺晩植伝記』、キパラン、2010、288頁。

＊16　文済安ほか、前掲書、95頁。

＊17　鄭秉峻、『雩南　李承晩研究』、472～438頁。

＊18　李庭植、『大韓民国の記憶』、一潮閣、2006、317～321頁。

＊19　小此木政夫、前掲書、335～336頁。

＊20　李仁、『半世紀の証言』、明治大学出版部、1974、215頁。

＊21　「毎日新報」1945年10月20日。

＊22　「自由新聞」1945年11月8日。

＊23　李庭植、前掲書、381頁。

＊24　チョン・ヒョンス、「38度線確定から南北首脳会談まで⑦　協議団体選定をめぐり口論に終始した米ソ共同委員会」、『新東亜』、2006年2月、358頁。

＊25　「朝鮮日報」、1946年5月3日。

＊26　チョン・ヒョンス、前掲書、363頁。

＊27　「ソウル新聞」1946年6月4日。

＊28　非常国民大会代表会、「第3回会議録」、1946年1月21日。鄭秉峻、前掲書、520頁から再引用。

＊29　呉永鎮、前掲書、177～178頁。

＊30　徐仲錫、「解放政局の中道政治勢力をどのようにみるのか」、『韓国民族運動史研究』第39集、2004年6月、8頁。

＊31　李庭植、前掲書、398頁。

＊32　「東亜日報」1948年4月2日。

＊33　和田春樹、『北朝鮮現代史』、岩波新書、2012、44頁。

＊34　和田春樹著、ソ・ドンマン、ナム・ギジョン共訳、『北朝鮮　遊撃大国から正規軍大国へ』、トルベゲ、2002、98頁。

＊35　「毎日新報」1945年10月2日。

参考文献

定期刊行物

［韓国］京郷新聞、東亜日報、毎日新報、ハンギョレ21
［日本］毎日新聞、東洋文化研究
［米国］The New York Times

資料集

大韓民国臨時政府資料集
米国外交文書史料集、FRUS
民世　安在鴻全集、http://waks.aks.ac.kr/rsh/?rshID=AKS-2012-EBZ-3101

単行本（原著記載順）

カン・ソンヒョン、ペク・ウォンダム編、『終戦から冷戦へ』（ジニジン、2017）
カン・ジュンシク、『血濃於水』（美しい本、2005）
古堂　曺晩植先生記念事業会編、『北朝鮮一千万同胞と生死をともにす：永遠の民族の師　古堂　曺晩植伝記』（キパラン、2010）
国史編纂委員会、『在韓米軍史1』（国試編纂委員会、2014）
吉倫亨、『私は朝鮮人神風だ』（西海文集、2012）
金九、『白凡逸志』（トルベゲ、2002）
キム・ゴンウ、『大韓民国の設計者たち』（けやき書房、2017）
金基協、『解放日記』（ノモブックス、2011）
金南植、『南労党研究』（トルベゲ、1984）

金斗植、『法律家たち』（チャンビ、２０１８）
金史林編、『新聞記者手帳』（モダン出版、１９４８）
金乙漢、『日帝強占期　東京留学生　そして土月会の話』（探求堂、１９８６）
――、『新聞夜話　30年代記者手帳』（一潮閣、１９７１）
――、『人生をつかむ　あるジャーナリストの証言』（一潮閣、１９８９）
――、『人間　英親王』（探求堂、１９８１）
金俊淵『独立路線』（時事時報社、１９５９）
金俊燁、『長征』（ナナム、１９８７）
金俊燁・金昌順、『韓国共産主義運動史』３（清渓研究所、１９８６）
キム・ヒョスン、『歴史家に問う』（西海文集、２０１１）
館野晳編、『あの時あの日本人たち』（ハンギル社、２００６）
東郷茂徳著、キム・インホ訳、『激動の世界史を語る』（ハクコジェ、２０００）
東亜日報社、『独立への執念　古下　宋鎮禹伝記』、東亜日報社、１９９９
ディーン・ラスク著、チョン・スンジェ訳、ホン・ヨンジュ訳、『冷戦の備忘録』（シゴン社、１９９１）
ロバート・スカラピーノ著、イ・ジョンシク訳、ハン・ホング訳、『韓国共産主義運動史』（トルベキ、２０１５）
レイ・ファン著、グ・ボムジン訳、『蔣介石日記を読む　レイ・ファンの中国近現代史思索』（青い歴史、２００９）
マイケル・ドブズ著、ホン・ヒボム訳、『１９４５　20世紀を揺るがした第２次世界大戦の最後の６か月』（モダンアーカイブ、２０１８）
宮田節子著、チョン・ジェジョン訳、『植民地の虚像と実情』（慧眼、２００２）
米陸軍第24軍戦史室、『駐韓米軍史』（HUSAFIK）（国史編纂委員会、２０１４）
夢陽呂運亨先生全集発刊委員会、『夢陽　呂運亨全集』１・２・３（ハヌル、１９９７）
文済安ほか、『８・15の記憶　解放空間の風景　40人の歴史体験』（ハンギル社、２００５）
朴馹遠、『南労党総批判』上（極東情報社、１９４８）
佐藤卓己、『８月15日の神話』（究理、２００５）

ソ連科学アカデミー編、『レニングラードから平壌まで　朝鮮解放においてソ連将官11人の記録』（喚声、1989）
孫禎睦、『孫禎睦が書いた韓国近代化100年』（ハヌル、2015）
宋建鎬、『宋建鎬全集』2・11（ハンギル社、2002）
沈之淵、『宋南憲回顧録』（ハヌル、2000）
――、『李康国研究』（白山書堂、2006）
――、『許憲研究』、歴史批評社、1994
相羽高徳・NHK取材班編、オ・ジョンファン訳、『韓国戦争　休戦戦の真実を追跡する』（東亜出版、1991）
アンドレイ・グロミコ著、パク・ヒョンギュ訳、『グロミコ回顧録』（文化思想社、1990）
呂鷰九、『私の父　呂運亨　失われた巨星の再照明』（キムヨン社、2001）
呂運弘、『夢陽　呂運亨』（青厦閣、1967）
呉永鎮、『一つの証言』（国民思想指導院、1952）
小此木政夫、『朝鮮半島分断の起源』（ナナム、2019）
柳光烈、『記者半世紀』（瑞文堂、1969）
和田春樹著、ソ・ドンマン、ナム・ギジョン共訳、『北朝鮮　遊撃大国から正規軍大国へ』（トルベゲ、2002）
イ・ギョンナム、『雪山　張徳秀』（東亜日報社、1982）
李基炯、『呂運亨評伝』（実践文化社、2004）
イ・ネス、『物語　放送史　1924〜1948』（種をまく人、2001）
李萬珪、『呂運亨先生闘争史』（民主文化社、1947）
李秉喆、『湖南自伝』（ナナム、2014）
「而丁朴憲永全集」編集委員会、『而丁朴憲永全集』第2巻米軍政期著作編（先人、2004）
李完範、『38度線確定の真実』（知識産業社、2001）
イ・ヨンシク、『朝鮮を去って　1945年敗戦を迎えた日本の最後』（歴史批評社、2012）
李仁、『半世紀の証言』（明治大学出版部、1974）

李庭植、『大韓民国の記憶』（一潮閣、２００６）
――、『呂運亨　時代と思想を超越した融和主義者』（ソウル大学校出版部、２００８）
イ・ヒョンヒ、『愛国の志士　趙東祜評伝』（ソルガ閣、２００７）
一月書閣編集部、『分断前後の現代史』（一月書閣、１９８３）
イム・ギョンソク、『而丁　朴憲永一代記』（歴史批評社、２００４）
――、『忘れるえない革命家の記憶』（歴史批評社、２００８）
林鍾国、朴魯埻、『流れた星座』２（国際文化社、１９６６）
イム・ジェギョン、『ペンで道を探す　イム・ジェギョン回顧録』（チャンビ、２０１５）
張乙炳、『人物で見る8・15空間』（凡愚社、２００７）
張俊河、『石枕』（トルベゲ、２０１５）
鄭秉峻、『雩南李承晩研究　韓国近代国家の形成と右派の道』（歴史批評社、２００４）
チョン・ユンジェ、『安在鴻評伝』（民音社、２０１８）
鄭晋錫、『言論朝鮮総督府』（コミュニケーションブックス、２００５）
趙甲済、『朴正熙　趙甲済記者のライフワーク　ある近代化革命家の悲壮な生涯』１（趙甲済ドットコム、２００６）
曺圭河、李庚文、姜聲才、『南北の対話』（高麗院、２９８７）
趙炳玉、『私の回顧録』（先進、２００３）
趙容萬、『京城夜話』（窓、１９９２）
チョ・ハンソン、『解放3年』（センガクチョンウォン、２０１５）
中央日報特別取材班、『秘録　朝鮮民主主義人民共和国』（中央日報社、１９９２）
崔永禧、『激動の解放3年』（翰林大学校出版部、１９９６）
パニャ・イサアッコブナ・シャブシュバ著、キム・ミョンホ訳、『1945年韓国で』（ハヌル、１９９６）
ヒョードル・チェルチズスキー、『金日成以前の北朝鮮』（ハヌル、２０１８）
フェリックス・チュエフ著、イ・ワンジョン訳、『モロトフ回顧録　スターリンのための弁明』（先人、２０１８）
長谷川毅著、ハン・スンドン訳、『終戦の設計者たち』（メディチ、２０１９）

韓国民主党宣伝部、『韓国民主党小史』（韓国民主党宣伝部、１９４８）
韓国放送公社、『韓国放送60年史』（１９８７）
翰林大学校アジア文化研究所、『朝鮮共産党文書資料集、１９４５～46』（翰林大学校出版部、１９９３）
韓寅燮、『歌人　金炳魯』（パクヨン社、２０１７）
ハリー・トールマン、『トールマン回顧録』（知文閣、１９６８）

加藤聖文、『「大日本帝国」崩壊　東アジアの１９４５年』（中公新書、２００９）
金聖甫、奇光舒、李信澈、韓興鉄訳、『写真と絵で見る北朝鮮現代史』（コモンズ、２０１０）
河辺虎四郎、『河辺虎四郎回想録　市ヶ谷台から市ヶ谷台へ』（毎日出版社、１９７９）
姜徳相、『日帝末期暗黒時代の燈として』（新幹社、２０１９）
共同通信社社会部、『沈黙のファイル「瀬島龍三」とは何だったのか』（新潮文庫、１９９７）
佐藤尚武、『回顧八十年』（時事通信社、１９６３）
坪江汕二、『朝鮮民族独立運動秘史』（巖南堂書店、１９６６）
坪井幸生、『ある朝鮮総督府警察官僚の回想』（草思社、２００４）
半藤一利、『決定版　日本のいちばん長い日』（文春文庫、２００６）
――、『ソ連が満洲に侵攻した夏』（文春文庫、２００２）
平岡敬、『時代と記憶　メディア・朝鮮・ヒロシマ』（影書房、２０１１）
松木秀文、夜久恭裕、『原爆投下　黙殺された極秘情報』（ＮＨＫ出版、２０１２）
森田芳夫、『朝鮮終戦の記録　米ソ両軍の進駐と日本人の引揚』（巖南堂書店、１９６４）
森田芳夫、『朝鮮終戦の記録　資料編』１～３（巖南堂書店、１９７９）
和田春樹、『北朝鮮現代史』（岩波新書、２０１２）
八木信雄、『日本と韓国』（日韓文化出版社、１９８３）
コーデル・ハル、『ハル回顧録』（中公文庫、２０１４）
ブルース・カミングス、鄭敬謨他訳、『朝鮮戦争の起源１　１９４５年～１９４７年　解放と南北分断体制の出現』（明石書店、２０１２）
Maochun Yu,《OSS in China》(Yale University Press, 1997)

論文

姜徳相、「対中国和平工作『アジア連盟』構想と呂運亨　大川、田中、近衛との交流をめぐって」、『夢陽　呂運亨全集』、ハヌル、１９９７
カン・インソン、「１９４５年８月15日、ソウルは静かだった」、「月刊朝鮮」１９９５年８月号
キ・グァンソ、「解放前のソ連の大韓半島構想と朝鮮政治勢力に対する立場」、『スラブ研究』第30巻４号、２０１４年12月
――、「訓令から見たソ連の米ソ共同委員会戦略」、『歴史問題研究』通巻24号、２０１０年10月
金光載、「韓国光復軍と米ＯＳＳ合同作戦」、『軍史』第24号、２００２年４月
キム・ギスン、「マスコミに現れた新幹会解体論争の展開過程」、『韓国独立運動史研究』第63集、２０１８
金泳燡、「８・15解放当時朝鮮総督府が呂運亨を選択した背景と談判内容」、『韓国学論叢』第29集、２００６
金乙漢、「夢陽と民世の解放前夜　東京で迎えた八一五、その歓喜の地籍図」、『世代』第９巻通巻97号、１９７１年８月
金仁植、「新幹会運動期ＭＬ系の民族共同戦線論と新幹会性格規定の変化」、『白山学報』第68号、２００４年４月
――、「朝鮮建国準備委員会の建国構図」、『韓国民族運動史研究』第84集、２０１５年９月
金仁植、「民主主義勢力の朝鮮建国準備委員会改造の動き」、『韓国民族運動史研究』第95集、２０１８年６月
パク・ソヨン、「米軍政期の通訳政治　李卯默を中心に」、『翻訳通訳研究』第23巻２号、２０１９年５月
宋南憲、「宋南憲が経た解放３年」、『政経文化』２５０号、１９８５年12月
徐仲錫、「解放政局の中道政治勢力をどのようにみるのか」、『韓国民族運動史研究』第39集、２００４年６月
愼鏞廈、「解放前後韓国人の歴史意識　統一独立国家建設問題を中心に」、『新東亜』３２６号、１９８６年11月
辛珠柏、「１９４５年朝鮮半島における日本軍の『本土決戦』準備」、『歴史と現実』通巻49号、２００３年９月
シン・ジェウク、「雪山張徳秀の親日活動」、『歴史と教育』第13集、２０１１年10月
呂運弘、「夢陽暗殺事件の真相」、『世代』第９巻通巻96号、１９７１年７月
柳光烈、「蒸し暑いある夏の正午　ソウルで迎えた八・一五、その歓喜の地積図」、『世代』第９巻通巻97号、

１９７１年8月
ユン・ドクヨン、「新幹会創立主導勢力と民族主義勢力の政治地形」、『韓国民族運動史研究』第68集、２０１１年9月
――、「8・15直後の朝鮮建国準備委員会の組織的限界と左右分立の背景」、『韓国史学会』第１００号、２０１０年12月
――、「日帝末期植民支配の叙事研究　大和塾日記、１９４４を中心に」、『国際語文』第72集、２０１７年3月
和田春樹、「カイロ宣言と日本の領土問題」、『政経文化』１９８４年9月号
イ・ギョンナム、「独不将軍　金俊淵の政治曲芸」、『政経文化』１９８４年9月号
李東華、「夢陽　呂運亨の政治活動　再評価のために」上・下、『創作と批評』１９７８年夏・秋号
李相哲、「蒋介石日記に現れた韓国独立運動関係資料」、『月刊朝鮮』33巻11号通巻３６８号、２０１０年11月
李栄根、「呂運亨『建準』の挫折　統一日報会長故李栄根回顧録」上、『月刊朝鮮』１２５号、１９００年８月
――、「李承晩、朴憲永を制圧する　統一日報会長故李栄根回顧録」下、『月刊朝鮮』１２６号、１９００年9月
李完範、「米国の38度線確定過程とその政治的意図　１９４５年8月10日～15日」、『韓国政治学会報』29巻１号、１９９５年10月
李仁、「解放前後　片片録」、『新東亜』通巻36号、１９６７年
李庭植、「呂運亨と建国準備委員会」、『歴史学報』１３４・１３５号、１９９２年9月
――、「『8・15ミステリー』ソ連軍進駐説の震源」、『新東亜』１９９１年8月
イ・ジェホ、「大韓民国臨時政府の国際共同管理案反対運動　１９４５～１９４３」、『韓国独立運動史研究』第48集、２０１４年8月
李哲順、「解放直後米軍の対韓政策」、『現代史広場』通巻4号、２０１４年12月
李賢周、「朝鮮共産党の権力構想と『朝鮮人民共和国』」、『韓国近現代史研究』第36集、２００６
――、「8・15直後朝鮮総督府の政策と朝鮮政治勢力の対応　民族主義右派の選択と国民大会準備会」、『国史館論叢』第１０８集、２００６年6月

――、「日帝下、修養同友会の民族運動論と新幹会」、『精神文化研究』第26巻3号通巻92号、2003年秋

チャン・ウォンソク、「8・15当時呂運亨の暫定政府構想と呂運亨・遠藤会談」、『アジア文化研究』第27集、2012年9月

田鉉秀、「解放直後ソ連の対韓政策」、『現代史広場』通巻4号、2014年12月

――、「38度線確定から南北首脳会談まで⑦　協議団体選定をめぐり口論に終始した米ソ共同委員会」、『新東亜』通巻557号、2006年2月

――、「韓国現代史とソ連の役割、1945~1948『シュティコフ日記』研究」、『東北歴史学』第27集、2004年8月

チョン・フ、「革命への道　左翼人の良心」、『新天地』、1945年4月

チョン・ビョンウク、「解放直後の日本人残留者　植民地支配の連続と断絶」、『歴史批評』通巻64号、2003

鄭秉峻、「解放直後夢陽　呂運亨の路線と活動」、『韓国現代史研究』創刊号、1986年6月

――、「カイロ会談の韓国問題論議とカイロ宣言韓国条項の作成過程」、『歴史批評』通巻107号、2014年夏

――、「南韓進駐を前後した駐韓米軍の対韓情報と初期占領計画」、『史学研究』51、1996年5月

丁相允、「建準天下20日」、『月刊四月』5巻9号、1971年10月

鄭晋錫、「6・25戦争60周年言論史探求　解放空間の言論人たち」上・下、『新聞と放送』通巻472~473号、2010年4~5号

――、「言論統制検閲機構総督府警務局図書課」、『クァンフンジャーナル』通関93号、2004年冬

――、「日帝高等警察殺害事件ミステリー」、『新東亜』第559号

――、「日帝末　短波放送受信で獄死した新聞記者文錫春・洪翼範　李承晩・金九の対日放送内容を宋鎮禹などに報告」、『月刊朝鮮』通巻325号、2007年4月

チェ・ソンウン、「植民地朝鮮における日帝の転向政策導入と変化の過程」、『史叢』第81集、2014年1月

崔永鎬、「朝鮮半島居住日本人の帰還過程にみる植民地支配に関する認識」、『北東アジア歴史論叢』第21号、2008年9月号

崔夏永、「政務総監　韓人課長呼び出す」『月刊中央』1968年8月

千寛宇、「民世安在鴻年譜」、『創作と批評』１９７８年冬号
韓詩俊、「大韓民国臨時政府の換局」、『韓国近現代研究』第25集、２００３年夏
――、「カイロ宣言と大韓民国臨時政府」、『韓国近現代史研究』第71集、２０１４年冬
黄善翌、「解放前後の在韓日本人の敗戦経験と韓国認識　森田芳雄を中心に」、『韓国が論考』第34集、２０１０年８月
井原潤二郎、「朝鮮軍参謀長時代を語る」、『東洋文化研究』６号、２００４年
宮本正明、「朝鮮軍・解放前後の朝鮮」、『東洋文化研究』６号、２００４年
李景珉、「朝鮮総督府終焉期の政策」、『思想』１９８５年８月
長田かな子、「45年８月15日」、『季刊三千里』31号、１９８２年８月
茂木又雄、「敗戦前後」、『季刊三千里』31号、１９８２年８月

放送

ＮＨＫ、「原爆投下　活かされなかった極秘情報」、『ＮＨＫスペシャル』２０１５年８月16日
――、「終戦はなぜ早く決められなかったのか」、『ＮＨＫスペシャル』２０１２年８月16日
――、「知られざる脱出劇　北朝鮮・引き揚げの真実」、『ＮＨＫスペシャル』２０１３年８月12日
――、「終戦　知られざる７日間」、『ＮＨＫスペシャル』２０１１年８月６日
――、「昭和の選択第２回『終戦への１３１日　鈴木貫太郎内閣の苦闘』」、『英雄たちの選択』２０１５年12月10日
――、「昭和の選択『ポツダム宣言受諾　外相東郷茂徳　和平への苦闘』」、『英雄たちの選択』２０１７年８月10日
――、「本土空襲全記録」、『ＮＨＫスペシャル』２０１７年８月12日

著者

吉 倫亨（キル・ユニョン）

1977年ソウル生まれ。西江大学で政治外交学を専攻。2001年11月「ハンギョレ」新聞に入社し、社会部、国際部などを経て、2013年9月から3年半の間、東京特派員として勤務。帰国後、週刊誌「ハンギョレ21」編集長と「ハンギョレ」国際ニュースチーム長を務め、現在、統一外交チーム長。安倍政権以降本格化した反動の流れの中で、日本軍「慰安婦」問題、日米同盟強化をはじめとする安保政策の変化に関する多くの記事を執筆。米中対立が先鋭化する新冷戦の時期に、朝鮮民族が生き残るためにはどのような選択をしなければならないのか苦悩する。著作に『安昌男　三十年の花火のような人生』『私は朝鮮人の神風だ』『安倍は誰なのか』『26日間の光復』（本書の原書）があり、訳書に『私は捏造記者ではない』『安倍三代』がある。サムスン言論賞（2003年）、林鍾国賞（2007年）、寛勲言論賞（2015年）などを受賞。次作は、植民地時代に取材の第一線で活動した先輩記者の話を描かなければならないと漠然と思う。力が及ぶ限り筆を取り続ける。

訳者

吉永憲史（よしなが・けんじ）

1972年生まれ。日本大学総合社会情報研究科博士前期課程修了、修士（国際情報）。日本国際情報学会に所属し、北東アジア情勢や韓国の政軍関係を研究。防衛省などで30年以上にわたって情報活動の最前線で活動した経歴を活かし、吉永ケンジ名義で安全保障ジャーナリスト、セキュリティコンサルタントとして活動。著作に監修『わたしたちもみんな子どもだった』（ハガツサブックス）がある。

1945年、26日間の独立
韓国建国に隠された左右対立悲史

2023年11月4日　第1刷発行

著者　吉倫亨
訳者　吉永憲史
編集　本間香奈
発行者　千吉良美樹
発行所　株式会社ハガツサ
〒154-0004
東京都世田谷区
太子堂4-23-13　2階
電話　03-6313-7795
https://hagazussabooks.com

装丁　木庭貴信＋角倉織音（オクターヴ）
DTP　中川理子
校閲　ぴいた
印刷・製本　モリモト印刷

落丁、乱丁の場合は、送料ハガツサブックス負担でお取替えいたします。
ただし、古書店で購入したものについてはお取り替えできません。

ISBN978-4-910034-18-8　C3020